"十四五"跨境电子商务专业规划教材
新商科人才培养创新型教材

U0958308

E-commerce Data Analysis

电子商务数据分析

刘计育 主 编
何东瑾 钟一杰 杨 奕 副主编

立信会计出版社

图书在版编目(CIP)数据

电子商务数据分析 / 刘计育主编. —上海：立信会计出版社，2023.5
ISBN 978-7-5429-7233-0

Ⅰ. ①电… Ⅱ. ①刘… Ⅲ. ①电子商务—数据处理 Ⅳ. ①F713.36②TP274

中国国家版本馆CIP数据核字(2023)第068853号

策划编辑　王悠然
责任编辑　郭　光
助理编辑　王悠然
美术编辑　吴博闻

电子商务数据分析
DIANZI SHANGWU SHUJU FENXI

出版发行	立信会计出版社		
地　　址	上海市中山西路2230号	邮政编码	200235
电　　话	(021)64411389	传　　真	(021)64411325
网　　址	www.lixinaph.com	电子邮箱	lixinaph2019@126.com
网上书店	http://lixin.jd.com		http://lxkjcbs.tmall.com
经　　销	各地新华书店		

印　　刷	浙江临安曙光印务有限公司		
开　　本	787毫米×1092毫米	1/16	
印　　张	13.25		
字　　数	223千字		
版　　次	2023年5月第1版		
印　　次	2023年5月第1次		
书　　号	ISBN 978-7-5429-7233-0/F		
定　　价	45.00元		

如有印订差错，请与本社联系调换

前　　言

电子商务在我国已经发展了20多年，成为很多人生活中不可或缺的一部分。随着科技的发展，近几年电子商务更是插上了大数据的“翅膀”，发展得更加迅猛。“数据驱动决策，数据支撑运营”的理念深深扎入每一个电子商务从业者的心中，越来越多的电子商务商家开始重视电子商务数据的分析，电子商务数据分析师也逐渐成为炙手可热的岗位之一。

本着“实用、够用”的原则，本书根据目前电子商务对数据分析师岗位的知识技能要求，以及高职高专院校相关课程教学在认知领域的能力培养目标，采用“项目引领，任务驱动”的模式进行编写而成。通过学习本书中的电子商务数据分析步骤及应用案例，读者可以初步学会电子商务数据分析的理论、方法，学会利用相关软件及网站分析工具，逐步培养自己的数据分析能力，为以后从事电子商务数据分析、运营等相关工作打下坚实基础。本书既可作为高职院校电子商务相关专业的教材，也可供电子商务数据分析行业的从业人员参考使用。

本书具有以下几个特点。

1. 理论联系实际，解决实际运营中的问题

本书以电子商务数据分析师及运营人员的能力培养为目标，以电子商务数据分析工作为主线，精心设置驱动任务。首先，本书介绍电子商务数据分析的基础知识，重点从行业、产品、客户、流量、运营等方面介绍了数据分析的具体工作。其次，本书涉及的操作部分均有详尽的步骤说明，并包含实际工作中数据分析的小技巧，使零基础的读者也可以轻松上手，便于实践。

2. 有趣不枯燥，让学习更轻松

本书在编写体例上，突破传统教材单纯理论叙述的框架，每个项目都设置便于理解的“案例导入”和“思维导图”，方便读者在学习知识前有一个整体认识；在正文中，本书为相关知识点设置了配套的微课立体化资源。本书力求内容丰富、形式多样，符合高职高专学生的使用需求，可以增强学生学习兴趣。

3. 培养读者数据分析的思维和能力

本书注重模型、方法的提炼与讲解，以培养正确的“数据思维模式”，通过案例、数据分析步骤、实训等，培养读者对数据分析的敏感性和自觉性，提高读者独立思考问题、分析问题的能力，而不只是学会使用一个工具。

全书分为九个项目。其中，项目一主要介绍了电子商务数据分析基础；项目二主要介绍电子商务数据采集、处理及可视化；项目三至项目八分别从市场与行业、竞争对手、产品、客户、流量、运营等方面详细介绍了数据分析的相关知识和具体分析方法，主要介绍在电子商务运营过程中如何进行数据分析，以及如何利用数据支持运营决策；项目九是实训实操内容，从选品、定价、流量、客户、运营五个方面对前面八个项目所学的内容进行复盘。

在本书的编写与出版的过程中，编者始终秉持精益求精的专业态度。书中如有不足之处，恳请广大读者批评指正。

编者

2023年5月

目　录

项目一 电子商务数据分析基础

知识目标

1. 了解电子商务数据分析的含义、常用术语
2. 熟悉电子商务数据的分类
3. 了解数据分析在电子商务行业中的作用
4. 掌握数据分析的思维和流程

技能目标

1. 能理解电子商务数据分析的基本流程
2. 能熟练使用电子数据分析的工具
3. 能应用电子商务数据分析模型解决问题

思政目标

1. 了解电子商务数据的相关政策与法规
2. 能在电子商务数据分析中坚持社会主义核心价值观

思维导图

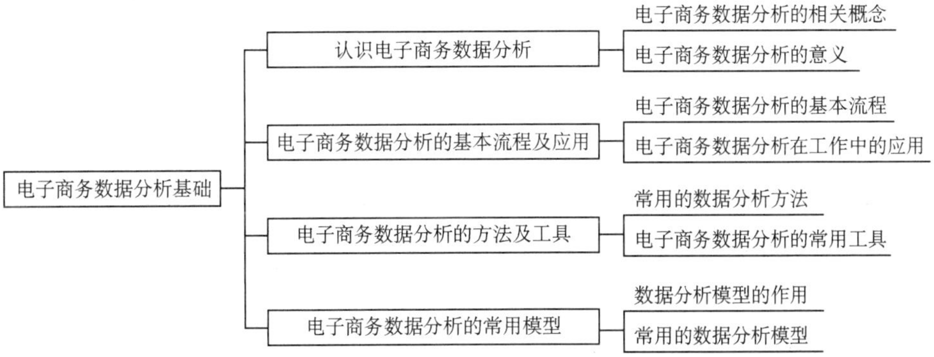

案例导入

返利网正式上线“清仓闪购”频道(图 1-1),帮助合作品牌商家进行定向尾货、库存货特卖。据悉,该频道已公测 2 个月,甚至出现过单款商品 1 分钟买光的情况。返利网的清仓玩法主要为限时限量抢购,分为“超低价抢购”和“今日清仓”两部分。“超低价抢购”是进行分时间段抢购,而“今日清仓”在每天 0 点上新,各种品牌正品,限时限量抢购。

图 1-1　返利网“清仓闪购”频道

返利网方面表示,“清仓闪购”频道是依据平台沉淀的消费大数据,进行 AI 大数据分析优化,产生最佳的选品结果,确保在物美价廉之外,能够以最高效的方式帮助商家完成库存销售,也能够帮助消费者匹配最需要的商品。

案例来源:联商网. 返利网正式上线“清仓闪购”频道帮品牌清库存[EB/OL]. (2019-04-29)[2022-06-30]. http://www.linkshop.com/news/2019423967.shtml.

案例思考

根据上述返利网“清仓闪购”的案例，请思考：

(1) 返利网如何利用大数据实现单款商品热销？

(2) 电子商务数据分析对店铺运营有何意义？

任务一　认识电子商务数据分析

一、电子商务数据分析的相关概念

电子商务数据分析(data analysis in e-commerce)是指运用适当的数理统计、数据挖掘以及大数据分析等方法对采集的大量电子商务数据进行分析和挖掘，为提取有用信息和形成结论而对数据加以详细研究和概括总结的过程。

相较于传统商务来说，电子商务的一个显著特点是可以通过数据来监控和改进交易。通过历史数据和实时数据，我们可以看到用户从哪里来、用户的产品喜好以及市场行情，从而决定如何组织运营产品，进而解决如何提高转化率、提升投放广告的效率以及提高利润等问题。

在掌握电子商务数据分析技术之前，学生应该先了解与电子商务数据分析相关的一些基本术语和相关数据，以便对电子商务数据分析建立初步的认识，为后续的深入学习打下坚实基础。

(一) 数据分析

数据分析是指有针对性地加工和整理数据，采用统计、挖掘技术分析和解释数据对信息进行提炼的过程。具体地说，数据分析是在业务逻辑的基础上，运用简单有效的分析方法和合理的分析工具对获取的数据进行处理的一个过程。

在统计学领域，学者们将数据分析划分为三类：探索性数据分析、验证性数据分析和定性数据分析。

探索性数据分析是指在尽量少的先验假定下，通过作图、制表、方程拟合、计算特征量等手段探索已有数据的结构和规律的一种数据分析方法。它侧重于在数据之中发现新的特征，讲究从客观数据出发，探索其内在的数据规律，让数据自身“说话”。

验证性数据分析是指在进行分析之前一般都有预先设定的模型，侧重于对已有假设的证实或证伪的一种数据分析方法。

定性数据分析是指对词语、照片、观察结果等非数值型数据（或资料）进行分析的一种数据分析方法。

（二）数据可视化

数据可视化是指将数据分析结果用简单、直观且视觉效果好的方式展示出来，一般运用文字、表格、图标和信息图等方式展示。数据可视化技术的基本思想是将数据库中的每一个数据项作为单个图元元素表示，大量的数据集构成数据图像，同时将数据的各个属性值以多维数据的形式表示，可以从不同的维度观察数据，从而对数据进行更深入的观察和分析。Excel、Tableau、Echarts（嵌套环形图示例如图 1-2 所示）、Flourish 等都可以作为数据可视化的展示工具。

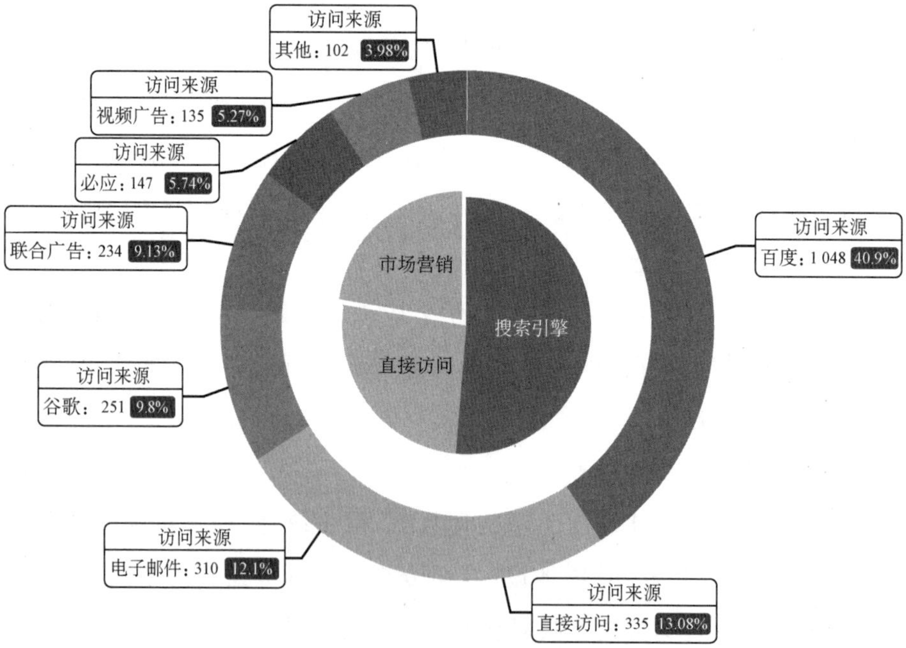

图 1-2　Echarts 嵌套环形图示例

数据可视化将复杂冗长的分析结果用清晰明了的图表呈现，让数据自己“说话”，数据使用者可直接看到分析结果，这就是数据可视化的作用。

(三)数据质量

质量好的数据意味着好的决策,质量好的数据能产生好的商业价值。因此,在进行数据分析和挖掘之前,我们必须完成数据质量的处理工作,保证数据质量。数据质量的处理工作需要关注原始数据和元数据,着重于数据的集成和数据的清洗两方面。

1. 数据的集成

数据的集成主要解决"信息孤岛"的问题,它将多个数据源中的数据合并至数据仓库,以及将不同数据源中的元数据集成至元数据系统。因此,数据质量管理主要集中在对数据仓库中的真实数据的质量探查和剖析,以及对元数据系统中元数据的数据质量的检查。

2. 数据的清洗

数据的清洗是提高数据质量的有效方法,主要是采用一些数据的清洗规则来去除噪声、无关数据、空值等,并需要考虑数据的动态变化,从而保证数据的准确性、及时性、一致性、完整性、唯一性和参考完备性。

(四)数据预测分析

数据预测分析是大数据技术的核心应用,如电子商务平台通过数据预测分析访客是否会购买推荐的产品,银行系统通过数据预测分析贷款方是否能按时还款,交通部门利用数据预测分析交通流量等。数据预测分析可以帮助企业作出正确的业务决策,让客户更省心。数据预测分析的成功有赖以下几个要素。

1. 数据分析人员

数据分析人员须了解业务需求,理解业务目标,采集相关度高、有质量的数据,并依据业务目标制定相应的预测分析规则。例如,在电子商务业务中,如何提高支付转化率、如何提高销售额、如何防止客户流失等。数据分析人员需要拥有数学、统计学、数量经济学等多个领域的知识。

2. 预测分析软件

数据分析人员须借助预测分析软件来评估分析模型和前期制定的预测分析规则,预测分析软件通过整合统计分析和机器学习算法发挥作用。例如,常用的 SPSS 和 SAS 可以设计响应面试实验,利用回归方程估计极值点、定制点,找出优化搭配。

3. 运营软件

运营软件制定了合适且通过评估的预测规则,预测规则也能通过业务规则管理系统和复杂事件处理平台进行优化。

二、电子商务数据分析的意义

数据分析的目的是把隐藏在一大批看似杂乱无章的数据中的有用信息提炼出来，以找出所研究对象的内在规律。在电子商务运营中，数据分析可帮助电子商务商家作出判断，进行合适的业务决策。

电子商务数据分析的价值包含三个方面：一是帮助运营作出决策；二是预防风险；三是把握市场动向。数据分析可以帮助电子商务商家发现做得好的方向和需要改进的地方，并指出店铺出现的问题，查找问题背后的原因，从而更好地为运营服务。

任务二　电子商务数据分析的基本流程及应用

二维码 1-1
数据分析的思维和基本流程

一、电子商务数据分析的基本流程

电子商务数据分析是以电子商务业务理论为基础，从数据入手，依托数据分析工具，以优化决策、解决运营问题为目标，通过采集、处理、分析数据，找到数据背后的规律，为电子商务业务运营提炼有价值信息的一个过程。数据分析的基本流程如图 1-3 所示。

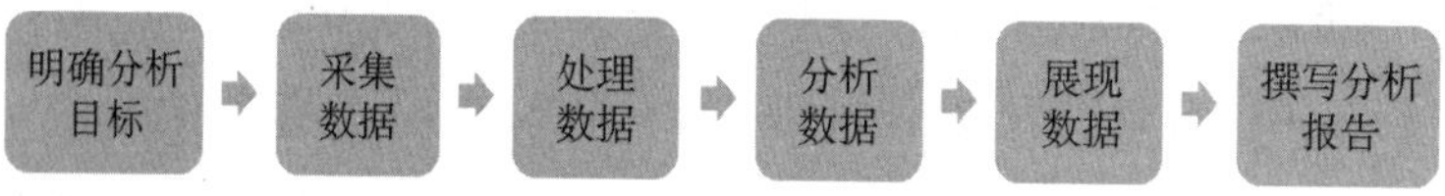

图 1-3　数据分析的基本流程

1. 明确分析目标

明确分析目标是确保电子商务数据分析过程有效性的首要条件，可以为数据采集、数据分析提供清晰的目标。在进行数据分析之前，数据分析人员必须明确分析的目的是什么、想要达到什么样的分析目标和需要解决的商务问题。只有深刻理解了数据分析的商务需求，才能整理出完整的数据分析框架和分析思路。

2. 采集数据

电子商务数据采集是在一个已明确分析目标的框架基础上，有目的地收集、整合相关数据的过程，是确保数据分析过程有效的基础。采集电子商务数据的途径有很多，如淘宝平台的生意参谋、京东平台的京东商智等。我们也可以通过第三方工具来采集数据，这些途径将在后续项目中作详细介绍。

3. 处理数据

处理数据是指对已采集的数据进行加工、整理，以便进一步开展数据分析的过程，它是数据分析前必不可少的阶段。处理数据一般包括数据审查、数据清洗、数据转换和数据验证 4 个步骤，它是一个逐步深入、由表及里的过程。

(1) 数据审查。该步骤主要是检查数据的数量(记录数)是否满足分析的最低要求，变量值的内容是否与研究目的一致，检查各个变量的数据类型等。

(2) 数据清洗。该步骤针对数据审查过程中发现的明显错误值、缺失值、异常值、可疑数据、重复数据，选用适当的方法“清洗”，使“脏”数据变为“干净”数据，这是保证后续数据分析能得出可靠结论的重要步骤。

(3) 数据转换。该步骤将计量单位不同的变量值转化为计量单位相同的数值，为接下来的数据分析做准备。

(4) 数据验证。该步骤的目的是初步评估和判断数据是否满足统计分析的需要，从而决定是否增加或减少数据量。数据分析人员可利用简单的线性模型及散点图、直方图、折线图等图形进行探索性分析，利用相关性分析、一致性检验等方法对数据的准确性进行验证，以确保不把错误和有偏差的数据带入数据分析模型。

数据预处理在整个数据分析过程中占据极为重要的地位，占数据分析全部工作量的 30%～50%，因为有时候数据分析人员会根据解决问题的需要反复抽取数据、清洗数据，直至将业务逻辑转变成可被分析的量化数据。一般的统计软件都会提供相应的功能进行数据预处理，如 SPSS 软件中的数据探索功能、Origin 软件中的数据分析功能。

4. 分析数据

在分析数据阶段，我们需要选用特定的数据分析方法，熟练操作数据分析工具(如 Excel、Power BI 等)，从而实现由数据到应用的过程。数据分析通常可分为探索分析、建模分析和推断分析 3 个层次。

(1) 探索分析。数据刚取得时，可能看不出其规律，这时我们可通过作图、造表、方程拟合、计算某些特征量等手段探索出数据规律的可能形式，寻找和揭示隐含在数据中的规律性。

（2）建模分析。建模分析是在探索性分析的基础上，采用数据分析的软件工具和方法进行数据建模，或者从几类可能的数据模型中挑选一定的模型，再进行统计分析、挖掘、预测处理。

（3）推断分析。推断分析即运用数理统计方法、数据挖掘法、大数据分析法等对所构建或选定模型的可靠程度和精确程度作出推断。

5. 展现数据

展现数据是指将数据分析结果借助可视化方法进行展现，使使用者可以更直观、更迅速地抓取分析结果。数据可视化展现常用的图形包括饼图、折线图、条形图、散点图、漏斗图、帕雷托图等。

6. 撰写分析报告

二维码 1-2 数据分析报告撰写

数据分析的最后一个阶段是撰写分析报告，综合呈现整个分析成果。数据分析人员通过分析报告，把数据分析的目的、过程、结果及应用方案完整地呈现出来，为达成商业目的提供参考。

分析报告要求分析框架科学合理、结构清晰、主次分明，以便读者能一目了然，正确理解报告内容。另外，分析报告需要有明确的结论、建议和解决方案，因为数据分析不仅仅是要求找出问题，更重要的是解决问题，否则数据分析便失去了意义。

二、电子商务数据分析在工作中的应用

我们在对电子商务数据分析相关术语有了一定了解和认知之后，接着来认识数据分析在电子商务行业中的作用。数据分析在电子商务行业中起着至关重要的作用，我们可以通过分析数据了解市场、正确选品，或通过分析数据优化业务流程与店铺营销等。其具体应用主要表现在以下几个方面。

1. 掌握运营现状

通过数据分析，我们能够迅速掌握店铺在当前阶段的运营状态，即店铺的客流量是上升还是下降、访客来源有哪些、店铺流量结构是否合理、付费流量是否带来客源、店铺盈利与否等。

例如，我们可以根据店铺最近 3 个月的运营数据、用户数据、流量数据、产品销售数据等多维度的数据来分析店铺的整体运营情况是否良好。首先，与同期相比，

若店铺各项指标均呈现出下降，则说明店铺运营出现了问题，亟须进行整改和优化；其次，与同行相比，分析店铺各项数据指标是否达到同行平均值，若没有，则需要从多方面来分析原因，制定出相应的解决方案。

电子商务平台要想取得好的运营效果，重点是运营人员每日、每周、每月都要对各项数据进行分析，并根据分析结果作出相应的调整。

2. 深入分析原因

在掌握店铺的运营现状之后，我们需要通过表面的数据表现，分析深层次的数据变化，得出数据变化的原因，找到出现变化的症结所在，从而对症下药，提高店铺的盈利。

例如，后台数据显示店铺转化率下降，在分析原因时，数据分析人员要采集影响这一结果的所有数据。与转化率直接相关的数据有 PC 和无线端转化率数据、单品流量转化数据、渠道流量转化数据、活动数据等；间接影响店铺转化率的数据有竞品数据、市场数据等。采集好这些数据后，数据分析人员通过深入分析数据，明确具体原因，才能达到数据分析的目的。若分析后发现，造成店铺转化率下降的原因是手淘流量带来的转化率下降，那么数据分析人员就要进一步解析手淘搜索渠道带来的流量在什么产品上的转化率有所下降；若继续分析后数据分析人员发现，影响店铺转化率下降的原因是某几个单品在手机端的转化率下降，那么其可能是由于手机端的差评及追加评价影响了访客的购物决策，从而影响了转化率的数据。得到该结论后，店铺运营人员就要对差评原因进行了解，如果是产品问题，就要从运营层面对产品作出优化和调整，如果是服务问题，就要联系客户，争取客户的谅解。

数据分析都是有理有据的，要以客观、真实的数据为支撑，具体问题具体分析，切忌脱离实际以免给店铺造成损失。

3. 预测店铺未来的运营

在掌握现状并分析原因后，接下来就应该进行预测，提前对店铺作出全方位的运营规划。例如，商家为了推广某一商品，在设置关键词之前做了引流能力测试，数据分析人员通过分析商品不同关键词的点击率，有如图 1-4 所示的发现。

通过图 1-4 可以知道，关键词“修身显瘦”的展现量和点击量都较高，且点击率最高，关键词“文艺森女”的点击率次之。因此，商家在设置关键词时应选择“修身显瘦”“文艺森女”作为商品的标题。为了保证店铺的良好运营，数据分析人员还需要对关键词带来的成交转化进行实时的监测，找出转化率高的关键词。

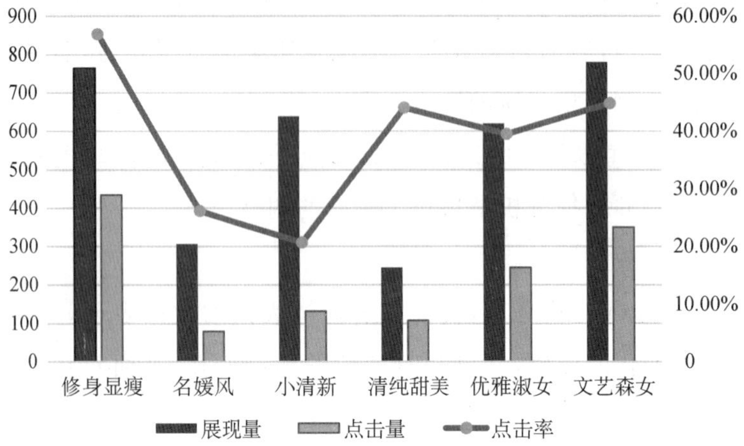

图 1-4　商品各关键词及其点击率

在充分积累了运营数据后，数据分析人员就需要对关键词带来的成交转化进行预测。例如，主流关键词“修身显瘦”在未来一周能够带来多少流量、高转化率的关键词在未来半个月中的转化率能够达到多少等。商家做好科学的数据预测，就能够对店铺的发展趋势做到心中有数。

4. 及时发现店铺问题

店铺在运营过程中，会出现各种问题，如店铺新上的商品成单率低、流量大幅度下降、转化率下降等。如果数据分析人员没有及时发现异常，则很容易给店铺带来巨大的损失。任何一种异常状况的背后必有原因，商家应及时发现问题，分析相关数据，找到原因并解决，才能稳定地运营店铺。

任务三　电子商务数据分析的方法及工具

数据分析人员根据不同的运营需求，借助多种方法和工具对电子商务数据进行分析。下面介绍几种常用的数据分析方法和分析工具。

二维码 1-3 电商数据分析的常用方法

一、常用的数据分析方法

我们都知道，单纯的数据是毫无意义的，直接分析数据很难发现其中的规律，只有借助分析方法对数据进行分析后，才能发现隐藏在数据背后的规律。下面介绍几种基础实用的分析方法。

(一)直接观察法

各电子商务平台均有自身的数据产品平台,如淘宝平台的生意参谋、京东平台的京东商智,通过这些数据产品平台,商家可以直接观察店铺的运营状况。

例如,商家可以在生意参谋里查看人群特征,如图 1-5 所示。图 1-5 中可以直接清晰地观察到无线端进店人群的性别分布(日均值)、年龄分布(日均值)、城市分布排行(日均值)、淘气值分布(日均值),根据这些信息以及转化人群特征,可以确定该店铺的客户人群特征,进而可针对该人群特征进行相应的营销策划。

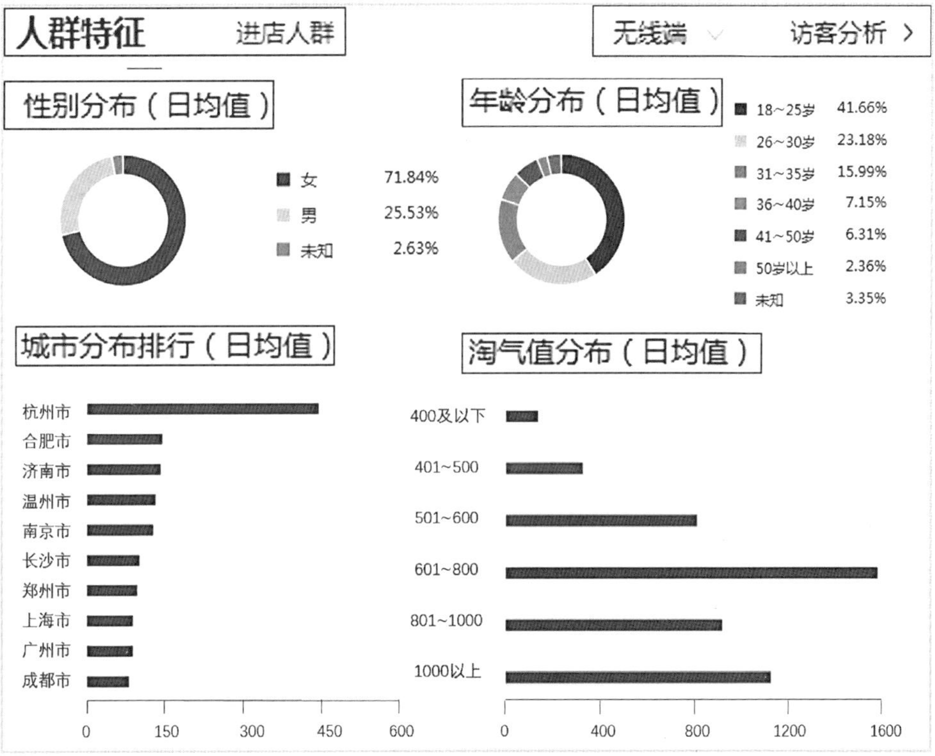

图 1-5　人群特征

(二)对比分析法

对比分析法也叫比较分析法,是将两个或两个以上的相关数据加以比较,通过查看各数据之间的差异,以达到挖掘差异背后原因的分析方法。在电子商务数据分析中,对比分析法是常用的分析方法。例如,某图书商家为了考察店铺的流量情况,将最近 30 天的流量来源数据下载并进行可视化分析,结果如图 1-6 所示。通过数据对比分析发现，在最近 30 天，店铺流量的主要来源是淘内免费流量，其次是付费流量和自主访问。可见，店铺流量结构较合理，可以适当进行广告投放，提高付费流量。

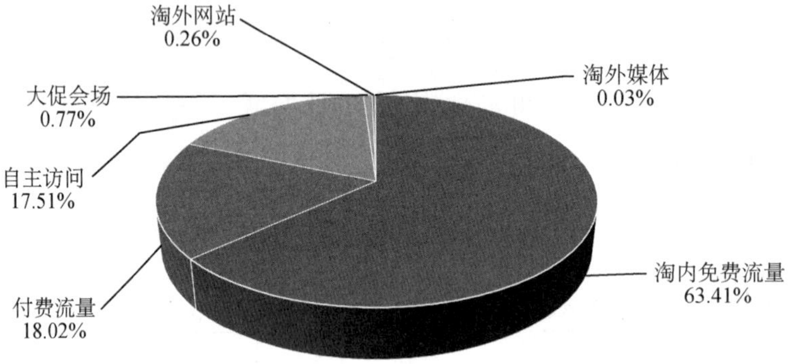

图 1-6　某图书网店流量来源

（三）AB 测试法

电子商务企业需要不断作出有效的策略以谋求发展，为了找出这些策略，电子商务企业需要不断地提出假设、验证假设。AB 测试法就是验证假设的好方法之一。AB 测试法是指为了某一个目标制定两个或两个及以上的方案，将这些方案进行测试，选择出更有效的方案的方法。AB 测试法常应用于优化客户体验、优化转化率，最常见的做法是优化广告。

例如，电子商务商家小王想要投放广告，他可以将一条广告分成文案和素材，使用 AB 测试法进行测试。如果发现图片点击率较低，可能是文案不佳造成的，他就可以测试另一种文案效果；如果发现点击率依然不高，则可能是图片不能吸引顾客注意力造成的，此时，他就可以测试新的图片。使用 AB 测试法不断测试，可以通过控制变量，优中选优，将创意组合出最好的效果。

（四）类聚分析法

电子商务行业的类聚分析法是指对具备类似购物行为和属性的客户群体，开展人群细分，以适用精细化管理的活动营销，产生更好的营销推广效果，进而降低成本。

例如，小王根据年龄属性对店铺访客进行分类（图 1-7），可以清楚地知道店铺访客人群的特征，即该店铺年龄在 30～34 岁的访客最多，小王可以对这些访客进行针对性营销。

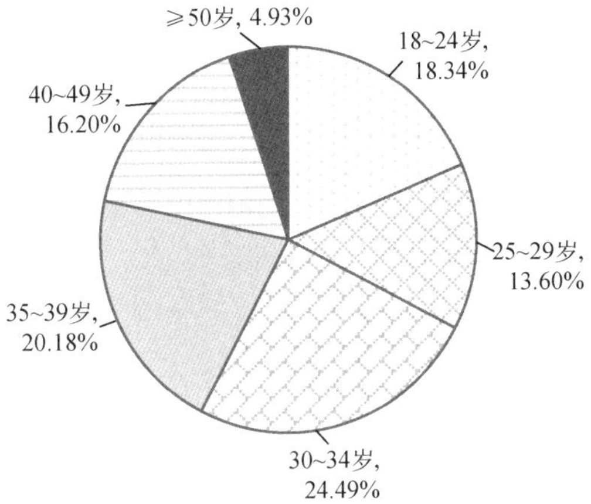

图 1-7　某店铺访客不同属性分类

类聚分析法对于主力用户群体的属性进行细分，旨在精准地定位用户群体，在后期运营、维护和推广阶段，能够由点到面地开展营销活动，引发用户的归属感，形成群体营销的局面，最大程度地降低推广成本。

二、电子商务数据分析的常用工具

随着电子商务的发展，电子商务经营者对数据分析愈发重视，各种数据分析工具也层出不穷，利用这些工具可以便捷地查看店铺流量、转化率、客户人群、关键词等，对做好数据分析以及店铺运营策略具有举足轻重的作用，下面进行详细介绍几款常用的数据分析工具。

（一）生意参谋

生意参谋是淘宝商家端的统一数据产品平台，它不仅是店铺数据的重要来源渠道，同时也是平台商家的重要数据采集工具，为商家提供流量、品类、交易等店铺运营数据展示、分析、解读以及预测等功能。例如，商家若要想了解他的天猫店铺的数据实时趋势，可打开生意参谋，点击“实时”板块，即可掌握店铺的实时趋势，如图 1-8 所示，可掌握店铺实时支付金额、访客数等情况。

（二）百度指数

百度指数是以百度海量网民行为数据为基础的数据分享平台，是当前互联网乃至整个数据时代极为重要的统计分析平台之一，可为众多企业的营销决策提供重要依据。

百度指数的主要功能模块有基于单个关键词的趋势研究（包含整体趋势、PC 趋势、移动趋势）、需求图谱、舆情管家、人群画像；基于行业的整体趋势、地域分布、人

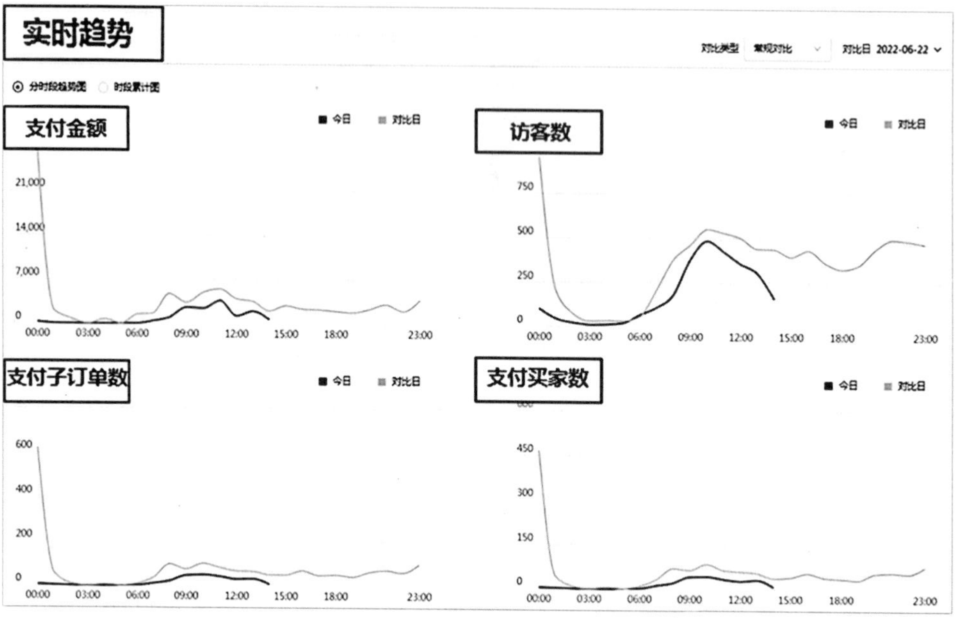

图 1-8　某店铺的实时趋势

群属性、搜索时间特征。图 1-9 为“连衣裙”关键词的需求图谱。

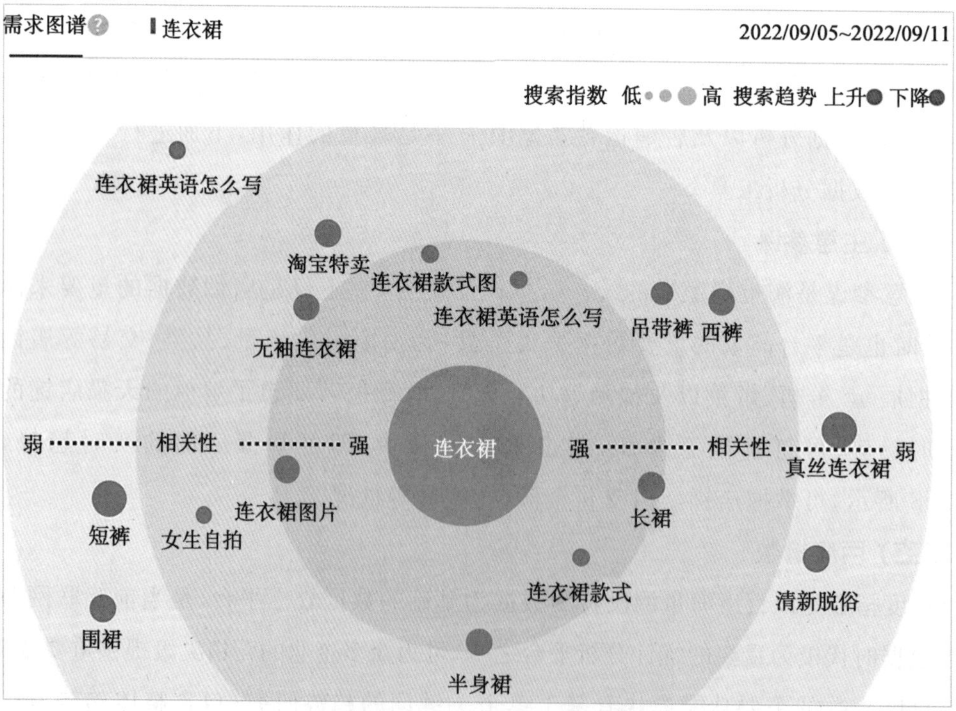

图 1-9　“连衣裙”关键词的需求图谱

（三）Excel 电子表格软件

Excel 是常用的数据分析工具之一。将电子商务平台的数据下载导出整理到 Excel 中，数据分析人员可以自主地对数据进行分析处理，以便作出更明智的电子商务业务决策，还可以编写公式对数据进行计算，以多种方式透视数据，并以各种具有专业外观的图表来显示数据。图 1-10 为使用 Excel 展示小王的店铺中，不同价格区间的支付买家数和支付买家数占比。

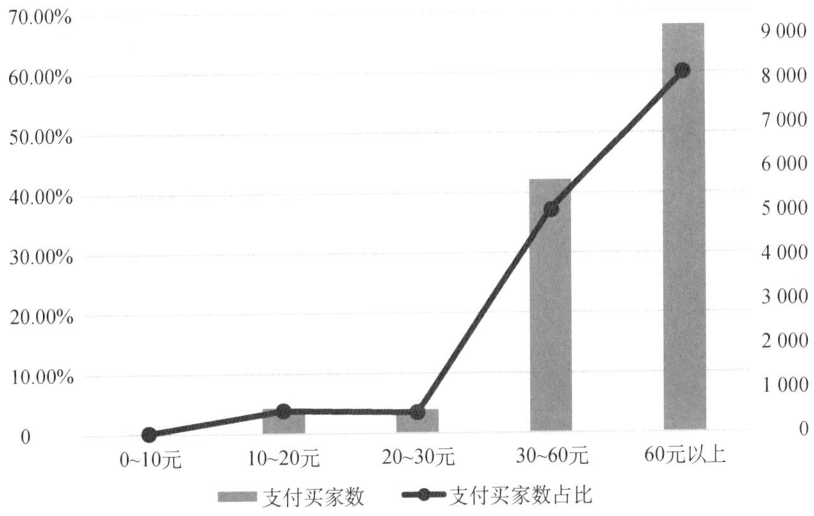

图 1-10　不同价格区间的支付买家数及占比

任务四　电子商务数据分析的常用模型

提及数据分析，肯定要用到数据分析模型。在进行数据分析之前，数据分析人员需要先搭建数据分析模型，根据模型中的内容，具体到不同的数据指标进行细化分析，最终得到科学的分析结果或结论。

一、数据分析模型的作用

（1）数据分析模型可以帮助数据分析人员理顺分析思路，确保数据分析结构体系化。

（2）数据分析模型可以把问题分解成相关联的部分，并显示它们的关系。

(3) 数据分析模型可以为后续数据分析的开展指引方向。

(4) 数据分析模型可以确保分析结构的有效性和正确性。

二、常用的数据分析模型

常用的数据分析模型主要有漏斗分析模型、5W2H 分析模型、矩阵模型、AARRR 模型等,下面对各模型进行简单介绍。

1. 漏斗分析模型

漏斗分析模型一般用来分析一个多步骤过程中每一步的转化与流失情况,需要将按照流程操作的用户进行各个转化层级上的监控,寻找每个层级的可优化点,对没有按照流程操作的用户,绘制该用户群体的转化路径,找到可提升用户体验、缩短路径的空间。

漏斗分析模型表现了从客户进入网站到最终购买商品的过程中客户数量的变化趋势,如图 1-11 所示。

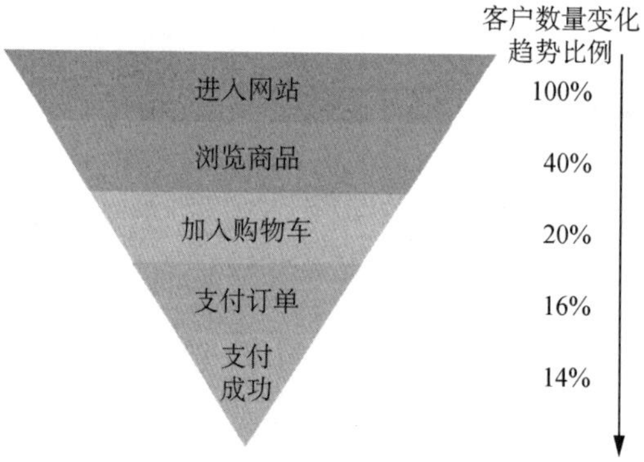

图 1-11　漏斗分析模型客户数量变化趋势

从客户进入网站到浏览商品页面,转化率是 40%;从浏览商品到加入购物车,转化率是 20%。如果想要找出该网店哪个环节的转化率最低,就需要有对比数据。例如,从进入网站到浏览商品,若同行业水平的转化率是 45%,而本网店只有 40%,那就说明这个过程的转化率没有达到行业平均水平,这时数据分析人员就需要先分析具体原因是什么,再针对性地去优化和改善。这是一种理想化的漏斗分析模型,数据有可能是经过汇总后得出的,而真实的客户行为往往可能不是按照这个简单流程来进行的。此时,数据分析人员就需要分析客户为什么要经过那么复杂的路径来达到最终目的,并思考这中间有没有可以优化的空间。

2. 5W2H 分析模型

对消费者购买行为进行分析时，我们可采用 5W2H 分析模型。5W2H 具体含义分别如下：What，顾客想买什么、需求是什么；Who，谁想买、谁做购买决定、谁实施购买、谁使用；When，何时购买、何时使用、何时复购；Where，在哪购买、渠道和场所分别在哪；Why，为什么购买、为什么在该渠道购买；How to do，如何购买、如何到达购买店铺；How much，购买多少、购买频率及购买价格分别是多少。

5W2H 分析模型是消费者购买行为分析的逻辑思维，通过不停地问为什么，再不停地寻找答案，从而完善消费者的购买行为。

3. 矩阵模型

矩阵模型又称波士顿矩阵法、四象限分析法，四象限分别是明星产品、金牛产品、瘦狗产品及问题产品。它常用于对企业产品、行业市场等进行分析，从而了解哪些产品或行业发展较为成熟、哪些处于成长期、哪些处于导入期、哪些已经衰退。这部分知识将在项目三中详细介绍。

4. AARRR 模型

AARRR 模型是产品经理必须要掌握的一个数据分析模型，是由硅谷的风险投资人戴维·麦克鲁尔在 2008 年时创建的。AARRR 分别是指获取（acquisition）、激活（activation）、留存（retention）、收入（revenue）和推荐（refer），分别对应产品生命周期中的五个重要环节，如图 1-12 所示。

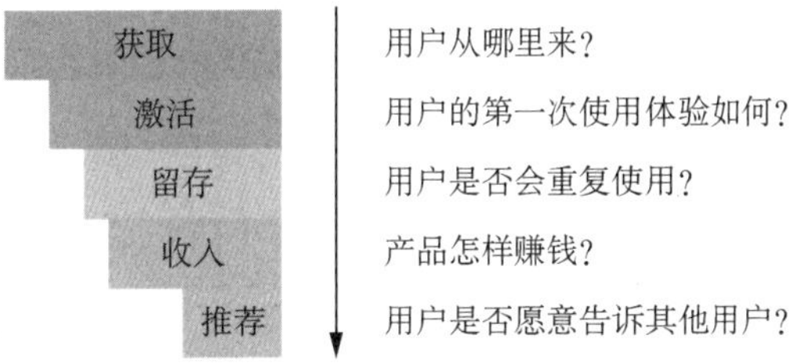

图 1-12 AARRR 模型的五个环节

（1）获取。获取流量是运营一款产品的第一步，也就是通常所说的推广。获取流量，其实就是电子商务商家从各相关渠道去发布产品的相关信息，然后吸引用户前来访问的一个过程。不同渠道获取的访客的数量和质量也不同，商家需要区别各渠道转化过来的访客数量和质量，重点关注投资回报率（ROI）比较高的推广渠道。

（2）激活。获取流量后，如何把访客转化为活跃用户，是电子商务商家面临的第一个问题。访客能否被激活，一个重要的因素是推广渠道的质量。差的推广渠道带来的是大量的一次性访客，他们通常访问一个页面就离开；好的推广渠道往往能有针对性地圈定目标人群，其带来的访客与网店设定的目标人群有很大吻合度，该类访客通常较易被激活。另外，挑选推广渠道时一定要先分析自己网店的特性（如销售的产品是否为小众品牌）及目标人群。某些推广渠道对有的网店来说是很不错的，对另外一些网店却不一定合适。访客能否被激活的另一个重要因素是产品本身是否能在访客访问之初的几秒钟内吸引他们，再好的产品，如果给人的第一印象不好，也会难以卖出去。

（3）留存。当访客被激活后，商家需要考虑如何增加客户黏性从而留住客户。通常，保留老客户的成本要远远低于获取新客户的成本。因此，商家需要通过日留存率、周留存率、月留存率等指标监控网店的客户流失情况，并在客户流失之前采取相应的手段，激励这些客户继续光顾网店。

（4）收入。企业的本质是逐利的，企业增加收入可以有很多种方法，如通过营销手段获取更多客户、拓展广告业务、提高产品单价等。获取收入是电子商务运营最核心的部分，所以运营人员需要关注 ROI。其公式如下：

$$\text{投资回报率(ROI)} = \text{某个时间周期的利润} \div \text{投入成本} \times 100\% \quad (1\text{-}1)$$

从式（1-1）中可以看出，我们可以通过降低投入成本提高投资回报率，或者通过提高单位投入的产出来提高投资回报率。

（5）推荐。以前的 AARRR 模型到第四个层次就结束了，随着社交网络的兴起，AARRR 模型又增加了一个层次，就是基于社交网络的“病毒式传播”，即推荐，这已经成为电子商务商家获取客户的一个新途径。这个方式的成本很低，而且效果可能非常好。唯一的前提是产品自身要足够好，有很好的口碑。从推荐到再次获取新客户，电子商务运营形成了一个螺旋式上升的轨道。而那些优秀的商家就可以很好地利用这个轨道，不断扩大自己的客户群体，被更多的客户所熟知和认可。

通过 AARRR 模型，我们看到获取客户只是整个电子商务运营中的第一步。如果只负责推广，不重视运营中的其他几个层次，任由客户流失，那么店铺就很难有收入，甚至会亏本。

下面我们通过一个例子，用 AARRR 模型来衡量一个渠道的好坏。例如，某网店通过渠道 A 和渠道 B 的引流情况如图 1-13 所示。

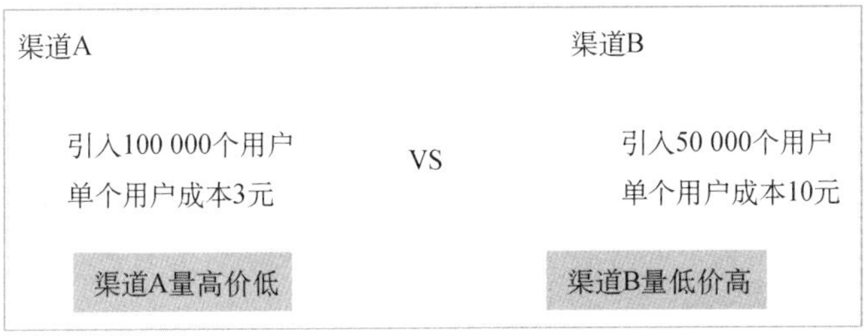

图 1-13 渠道 A 和渠道 B 的引流情况

如果单从数据表面来看，A 渠道的单个用户成本更低，会更划算，但实际这个结论是片面的。用 AARRR 模型具体分析如下：

渠道 A 的单个留存用户成本是 60 元，单个付费用户成本是 300 元，如图 1-14 所示。

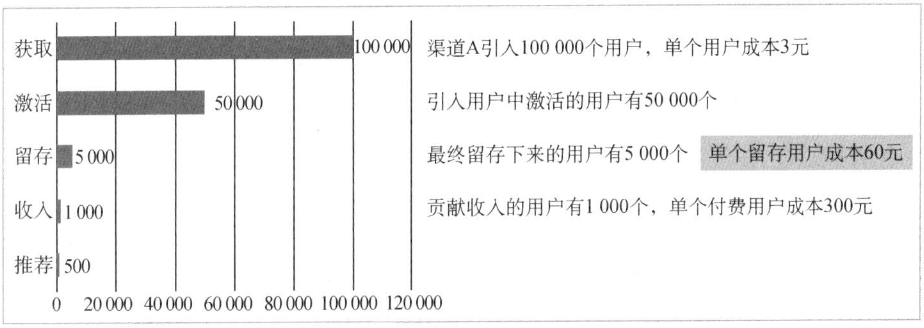

图 1-14 渠道 A 的单个留存用户成本

而渠道 B 的单个留存用户成本是 20 元，单个付费用户成本是 33 元，如图 1-15 所示。

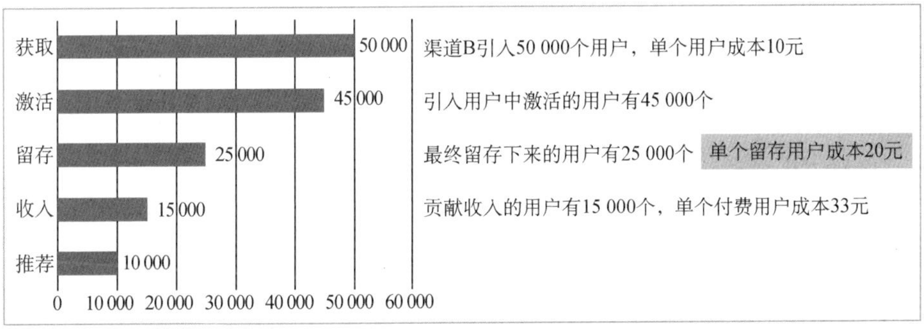

图 1-15 渠道 B 的单个留存用户成本

通过对比可以发现，B 渠道的优势远远大于 A 渠道。

项目习题

一、单项选择题

1. 下列选项中，有关数据分析说法错误的是(　　)。
   A. 数据可视化一般运用文字进行展示
   B. 定性数据分析是指对词语、照片、观察结果之类的非数值型数据进行分析
   C. 数据预测分析是大数据技术的核心应用
   D. 数据质量的处理工作主要包括两个方面：数据的集成和数据的清洗
2. 采集数据前，数据分析人员应对数据采集的过程进行组织策划，在策划时，下列说法错误的是(　　)。
   A. 将数据分析目标转化为具体的数据内容要求
   B. 只明确数据多少，不关注采集的渠道与方法
   C. 数据记录要便于分析使用
   D. 注意数据安全，防止数据丢失，并识别虚假数据
3. 电子商务数据分析在工作中的应用包括(　　)。
   A. 掌握运营现状　　B. 深入分析原因
   C. 预测店铺未来的运营　　D. 以上答案都对
4. 优化客户体验、优化转化率、优化广告应选用(　　)。
   A. 直接观察法　　B. 对比分析法
   C. AB 测试法　　D. 类聚分析法
5. 常用的电子商务数据分析模型包括(　　)。
   A. 漏斗分析模型　　B. 5W2H 分析模型
   C. AARRR 分析模型　　D. 以上答案都对

二、判断题

1. 数据分析是指收集、处理数据并获取信息的过程。　(　　)
2. 数据分析一般分为探索性数据分析和验证性数据分析。　(　　)
3. 处理数据是指对已采集的数据进行加工、整理，以便进一步开展数据分析的

过程。 ( )

4. 在对消费者购买行为进行分析时，一定要采用5W2H分析模型。 ( )

5. 矩阵模型四象限分别是明星产品、金牛产品、瘦狗产品及问题产品。 ( )

三、简答题

1. 请简要叙述数据分析的目的和价值。

2. 请简要叙述数据分析的三个层次。

3. 数据分析模型的作用有哪些？

项目二 电子商务数据采集、处理及可视化

知识目标

1. 了解电子商务数据采集的含义
2. 熟悉电子商务数据采集的流程
3. 熟悉电子商务数据清洗的流程
4. 掌握数据可视化的概念与方法

技能目标

1. 学会采集电子商务数据
2. 能熟练使用生意参谋等数据分析软件
3. 能够进行电子商务数据清洗

思政目标

1. 能在电子商务数据分析中坚持社会主义核心价值观
2. 培养认真、上进的职业精神

思维导图

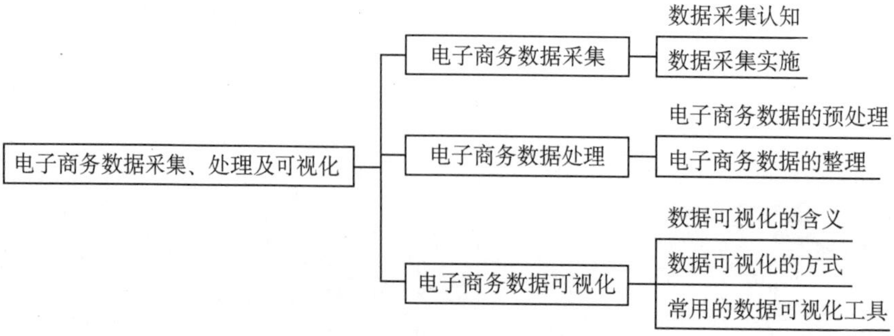

案例导入

小雅是一家淘宝网店的数据分析实习生，该网店主营儿童图书，现在网店老板想要拓展图书业务，需要小雅根据行业数据制订一份市场计划，并撰写《图书类目天猫市场行情分析报告》。

小雅查询到天猫图书类目下有许多图书分类，并且每个类目下还有细分，如图 2-1 所示。她该如何对图书行业进行数据分析呢？

图 2-1　天猫图书类目

一头雾水的小雅向指导老师请教。老师告诉她，随着电子商务的发展，数据成为商业发展的有力支撑，一位优秀的网店运营人员必须具备数据收集、提炼、分析的能力。通过对行业数据的分析，可以挖掘出更适合市场的目标商品。

首先，进行行业数据采集。要对图书行业的数据进行分析，需要先采集网上综合排名靠前的商家的数据，采集的数据包括店铺名称、商品类型、商品价格、近 30 天的销售额、近 7 天的销售额、商品收藏量、客户性别占比、年龄分布、地域分布、关键词等。

其次，分析所采集的数据。运用合适的数据分析工具对所采集的数据进行分析，明确哪些图书商品是最受消费者喜爱的，哪些图书商品畅销，畅销的图书有哪些营销活动等，并对消费者性别、年龄、所在地进行分析，分析消费者人群属性等。

最后，撰写数据分析报告。根据数据分析结果，提出相应的可行性意见。

小雅醍醐灌顶，在明确分析思路后，顺利完成了《图书类目天猫市场行情分析报告》。

案例思考

结合案例，思考并回答以下问题：

（1）以淘宝网为例，请说明我们可以从哪里采集图书的相关行业数据？

（2）试分析数据分析对电子商务店铺运营有什么意义？

任务一　电子商务数据采集

一、数据采集认知

（一）数据采集概念

数据采集是进行电子商务数据分析的基础，电子商务数据分析的后续所有工作内容均围绕这一环节所采集的数据展开。

在电子商务领域，数据采集也叫数据获取，是指通过在平台源程序中预设工具或程序代码，获取商品变化、支付变化、流量变化、用户行为和信息等数据内容的过程，其可以为后续数据分析提供数据准备。数据伴随着消费者和店铺的行为实时产生，其类型多种多样，既包括消费者的交易信息与基本信息、店铺的商品信息与交易信息，也包括消费者评论信息、行为信息、社交信息和地理位置信息等。电子商务平台中的数据是公开、共享的，但数据间的各种信息传输和分析需要有一个采集整理的过程。

（二）数据采集原则

在进行电子商务数据采集的过程中，只有及时、有效、准确且合法的数据才能转化为对电子商务运营和决策有帮助的结果。

1. 及时性

进行数据采集需要尽可能地获取电子商务平台最新数据，只有将最新的数据与往期数据进行比较才能更好地发现当前的问题，并预测变化趋势。

2. 有效性

在进行数据采集过程中，我们需要注意数值期限的有效性。例如，采集某商品的采购价时，由于市场行情变化，被采购方的价格都是有报价时效的，一旦超过时效价格就可能发生变化，从而影响采购预算。

3. 准确性

在数据分析过程中，每个指标的数据可能需要参与各种计算，有些数据的数值本身比较大，参与计算之后可能出现较大的偏差，在进行数据采集时需要确保所摘录的数据准确无误，避免数据分析时出现较大偏差。

4. 合法性

数据采集还需要注意合法性，如在进行竞争对手数据采集过程中，只能采集相关机构已经公布的公开数据，或是在对方同意的情况下获取的数据，而不能采用商业间谍、非法窃取等非法手段获取。

二、数据采集实施

(一) 数据采集方法

(1) 使用平台自带的工具进行采集，如淘宝的商家可以利用平台自带的生意参谋进行数据采集和分析，该方法简单实用，为大多数商家使用。

(2) 使用火车采集器、八爪鱼采集器等爬虫采集工具进行采集，该方法较为复杂。

(二) 数据采集工具

这里我们介绍商家最常用且较为简单的数据采集工具。

1. 生意参谋

生意参谋是淘宝商家端的统一数据产品平台，生意参谋的数据丰富，产品功能已实现店铺自有分析、店铺行业分析和店铺竞争分析三大基础业务模块，同时还支持多个专题工具以及自助取数等个性化需求。用户可以查看店铺数据及行业的相关数据，也可以下载数据进行详细分析，如流量来源数据、客服团队数据等，如图 2-2 所示。

2. 京东商智

京东商智是为京东商家提供数据服务的平台，商家可以获取店铺的流量、销量、客户、商品等数据，并能够获取整个行业及同行业中其他商家的数据，以支持运营决策。

图 2-2　生意参谋首页部分图示

此外，火车采集器、八爪鱼采集器等爬虫采集工具也可以进行数据的采集工作，数据采集人员也可以使用 Python、R 语言等工具进行采集，但需要工作人员具备编程基础，使用难度较大，在这里不作过多介绍。

（三）数据采集流程

数据采集是一项较为繁琐的工作，如何快速、准确地进行数据采集是数据分析人员的必备技能。数据采集的一般流程如图 2-3 所示，主要包括确定采集范围、建立指标规范和检查数据三个部分。

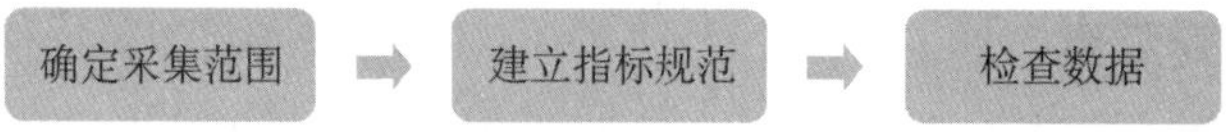

图 2-3　数据采集流程

1. 确定采集范围

例如，某电子商务商家发现店铺有很多访客，但是支付转化率却很低，那么商家的目标就是提高支付转化率，了解为什么用户没有购买，是哪一个环节让顾客离开了。进行数据采集前首先需要根据数据采集目标进行分析，在明确数据采集的指标范围、时间范围以及采集渠道后，再进行数据采集。

2. 建立指标规范

数据指标需对数据进行唯一性标识，并且贯穿之后的数据查询、分析和应用。建立数据指标规范是为了使后续工作有一个可以遵循的原则，也为庞杂的数据分析工作确定可以识别的唯一标识。

3. 检查数据

数据采集后还需要检查数据，确保数据完整、准确、规范。

任务二 电子商务数据处理

一、电子商务数据的预处理

(一) 电子商务数据预处理概述

在现实生活中，我们得到的数据往往是“脏”的，也就是说可能会缺少属性值，或者仅包含聚集的数据，或者含有异常的噪声数据或者标注错误的数据等。这就需要对数据进行预处理。

数据预处理的方法如下。

1. 数据清洗

数据清洗是指将数据中出现的重复数据或者多余、缺失、内容或格式不一致等数据进行筛选、更改或者删除。例如，对于缺失的数据，我们可以利用整体平均数对其进行填充，调整内容或格式有误的数据，使其统一。数据清洗是数据分析前非常关键的一步，相当于进行数据处理之前的校验过程，能保证数据的质量。数据清洗没有做好，将会直接影响数据分析的最终结果。

2. 数据集成

数据集成是将来自不同数据源的数据进行合并，这一过程包括实体识别和冗余属性识别。实体识别是指对名字相同但含义不同的数据进行区分，或者对含义相同但名字不同的数据进行整合。冗余属性识别是指将数据源中多次出现的同一属性的数据进行合并。

3. 数据变换

数据变换是指对原始数据通过简单函数进行变换，如将不具备正态分布的数据转换为服从正态分布的数据，利用平方根转换、对数转换等使数据可以达到方差分析的要求。

4. 数据归约

数据归约是指删除一些对目标分析指数没有较大影响或者无相关属性的数据，这样的操作能够减少数据中的无效数据或者错误数据，提高最后数据建模的准确性。

（二）数据清洗

数据清洗包含缺失值清洗、重复值清洗、格式内容清洗、逻辑错误清洗以及无价值数据清洗，其中缺失值清洗、重复值清洗、格式内容清洗较为常见，此处作详细介绍。

1. 缺失值清洗

需要进行缺失值清洗的情况主要有：一是有些信息无法获取，如在收集顾客婚姻状况和工作情况时，未婚人士的配偶、未成年儿童的工作单位等都是无法获取的信息；二是人为原因导致某些信息被遗漏或删除；三是数据收集或者保存失败造成数据缺失，如数据存储失败、存储器损坏、机械故障等。

【案例 2-1】某店铺在整理店铺的销售数据时发现有部分数据缺失，如图 2-4 所示。这可能会对数据分析结果产生影响，导致结果偏差，因此需要对其进行一定的处理才能继续使用。

订单号	用户	订单金额	下单时间	区域	付款状态	商品	商品数量
1		123	########	上海	1	上衣	1
2		928	########	北京	0	裤子	2
3		12	########	长沙	0	袜子	3
4			########	天津	1	鞋	4
5		145	########	广州	1	帽子	6
6			########	北京	1	内衣	4
7		243	########	长沙	0	大衣	8
8		1245	########	天津	1	袜子	10
9		235	########	深圳	1	鞋	23
10			########	株洲	0	帽子	13
11		466	########	北京	1	内衣	4
12		232	########	上海	0	上衣	5
13		156	########	天津	1	裤子	8
14		234	########	广州	0	袜子	12
15		769	########	北京	1	鞋	9
16			########	长沙	0	帽子	4
17		354	########	长沙	0	内衣	6
18		231	########	天津	0	内衣	12
19		123	########	深圳	1	上衣	10
20		35	########	株洲	1	裤子	2
21		567	########	北京	1	袜子	4
22			########	上海	0	内衣	6
23		257	########	天津	1	大衣	9

图 2-4 店铺销售数据

解析:[案例2-1]中采用了某店铺用户的购买数据,图2-4中的工作表为各用户的购买情况。其中“订单金额”列有缺失值,可能会影响分析结果,需要进行残缺数据处理。具体步骤如下:

步骤1:选中“订单金额”的数据区域之后,执行“开始”|“查找和选择”|“定位条件”命令,如图2-5所示。

图2-5 缺失值清洗步骤1

步骤2:在弹出的“定位条件”对话框中勾选“空值”选项,如图2-6所示,单击“确定”按钮。

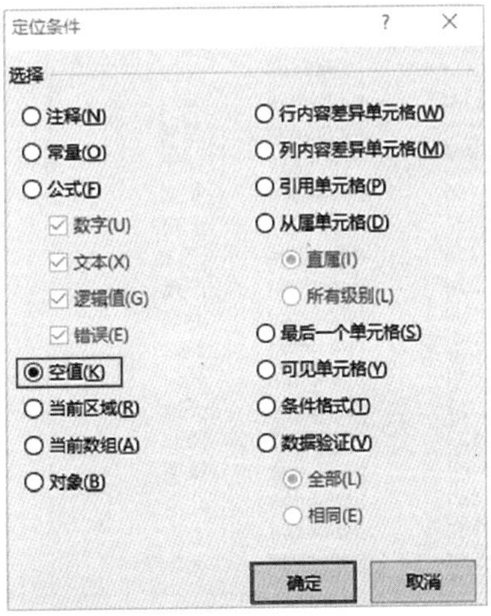

图2-6 缺失值清洗步骤2

步骤3：回到工作表，会发现所有缺失值处出现了浅灰底色，如图2-7所示，此时所有缺失值均被选中。

订单号	用户	订单金额	下单时间	区域	付款状态	商品	商品数量
1		123	########	上海	1	上衣	1
2		928	########	北京	0	裤子	2
3		12	########	长沙	0	袜子	3
4			########	天津	1	鞋	4
5		145	########	广州	1	帽子	6
6			########	北京	1	内衣	4
7		243	########	长沙	0	大衣	8
8		1245	########	天津	1	袜子	10
9		235	########	深圳	1	鞋	23
10			########	株洲	0	帽子	13
11		466	########	北京	1	内衣	4
12		232	########	上海	0	上衣	5
13		156	########	天津	1	裤子	8
14		234	########	广州	0	袜子	12
15		769	########	北京	1	鞋	9
16			########	长沙	0	帽子	4
17		354	########	长沙	0	内衣	6
18		231	########	天津	0	内衣	12
19		123	########	深圳	1	上衣	10
20		35	########	株洲	1	裤子	2
21		567	########	北京	1	袜子	4
22			########	上海	0	内衣	6
23		257	########	天津	1	大衣	9

图2-7　缺失值清洗步骤3

步骤4：[案例2-1]中采用样本的“平均值”来代替缺失值，假设这里的平均值为“600”，直接输入“600”，然后按“Ctrl+Enter”快捷键进行填充，如图2-8所示。

订单号	用户	订单金额	下单时间	区域	付款状态	商品	商品数量
1		123	########	上海	1	上衣	1
2		928	########	北京	0	裤子	2
3		12	########	长沙	0	袜子	3
4		600	########	天津	1	鞋	4
5		145	########	广州	1	帽子	6
6		600	########	北京	1	内衣	4
7		243	########	长沙	0	大衣	8
8		1245	########	天津	1	袜子	10
9		235	########	深圳	1	鞋	23
10		600	########	株洲	0	帽子	13
11		466	########	北京	1	内衣	4
12		232	########	上海	0	上衣	5
13		156	########	天津	1	裤子	8
14		234	########	广州	0	袜子	12
15		769	########	北京	1	鞋	9
16		600	########	长沙	0	帽子	4
17		354	########	长沙	0	内衣	6
18		231	########	天津	0	内衣	12
19		123	########	深圳	1	上衣	10
20		35	########	株洲	1	裤子	2
21		567	########	北京	1	袜子	4
22		600	########	上海	0	内衣	6
23		257	########	天津	1	大衣	9

图2-8　缺失值清洗步骤4

2. 重复值清洗

【案例 2-2】在操作时，会出现数据重复的情况，如图 2-9 所示。

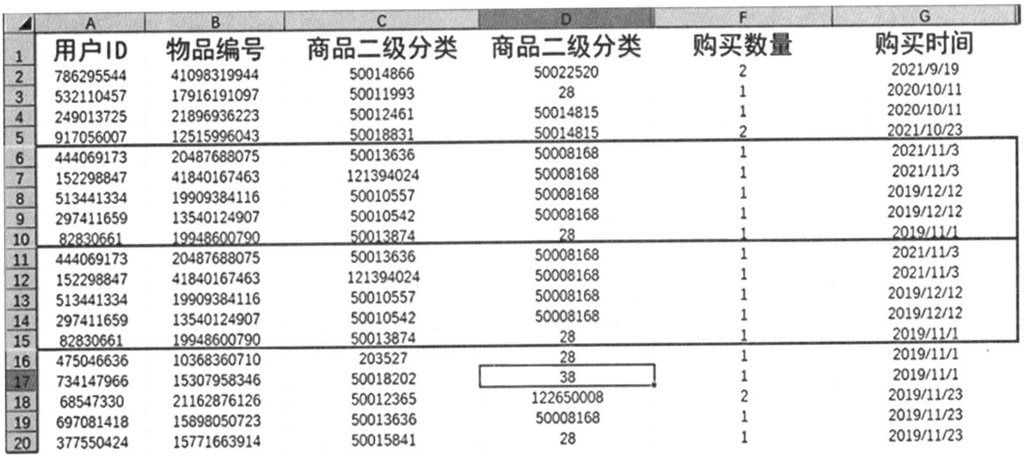

用户ID	物品编号	商品二级分类	商品二级分类	购买数量	购买时间
786295544	41098319944	50014866	50022520	2	2021/9/19
532110457	17916191097	50011993	28	1	2020/10/11
249013725	21896936223	50012461	50014815	1	2020/10/11
917056007	12515996043	50018831	50014815	2	2021/10/23
444069173	20487688075	50013636	50008168	1	2021/11/3
152298847	41840167463	121394024	50008168	1	2021/11/3
513441334	19909384116	50010557	50008168	1	2019/12/12
297411659	13540124907	50010542	50008168	1	2019/12/12
82830661	19948600790	50013874	28	1	2019/11/1
444069173	20487688075	50013636	50008168	1	2021/11/3
152298847	41840167463	121394024	50008168	1	2021/11/3
513441334	19909384116	50010557	50008168	1	2019/12/12
297411659	13540124907	50010542	50008168	1	2019/12/12
82830661	19948600790	50013874	28	1	2019/11/1
475046636	10368360710	203527	28	1	2019/11/1
734147966	15307958346	50018202	38	1	2019/11/1
68547330	21162876126	50012365	122650008	2	2019/11/23
697081418	15898050723	50013636	50008168	1	2019/11/23
377550424	15771663914	50015841	28	1	2019/11/23

图 2-9　需清洗数据

重复数据会影响数据处理结果的正确性，从而导致数据分析出现偏差，因此需要对数据进行去重操作。具体步骤如下：

步骤 1：选择需要处理的单元格区域，执行“数据”|“重复值”|“删除重复值”命令，如图 2-10 所示，即可删除重复值。

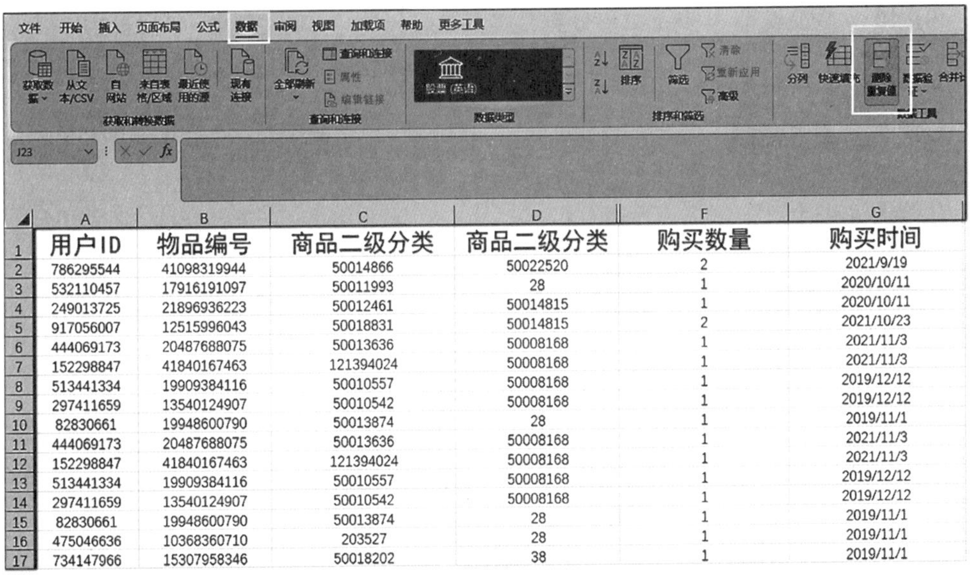

用户ID	物品编号	商品二级分类	商品二级分类	购买数量	购买时间
786295544	41098319944	50014866	50022520	2	2021/9/19
532110457	17916191097	50011993	28	1	2020/10/11
249013725	21896936223	50012461	50014815	1	2020/10/11
917056007	12515996043	50018831	50014815	2	2021/10/23
444069173	20487688075	50013636	50008168	1	2021/11/3
152298847	41840167463	121394024	50008168	1	2021/11/3
513441334	19909384116	50010557	50008168	1	2019/12/12
297411659	13540124907	50010542	50008168	1	2019/12/12
82830661	19948600790	50013874	28	1	2019/11/1
444069173	20487688075	50013636	50008168	1	2021/11/3
152298847	41840167463	121394024	50008168	1	2021/11/3
513441334	19909384116	50010557	50008168	1	2019/12/12
297411659	13540124907	50010542	50008168	1	2019/12/12
82830661	19948600790	50013874	28	1	2019/11/1
475046636	10368360710	203527	28	1	2019/11/1
734147966	15307958346	50018202	38	1	2019/11/1

图 2-10　重复值清洗步骤 1

步骤 2:选择需要去重的字段,单击“删除重复值”按钮,如图 2-11 所示,系统会根据这几个字段内容是否完全一致进行去重处理。

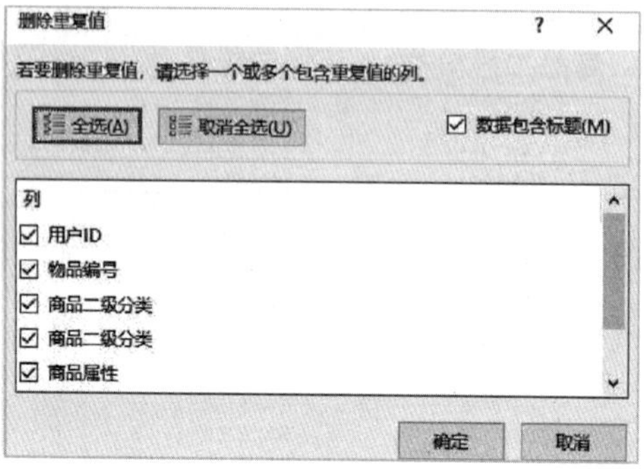

图 2-11　重复值清洗步骤 2

步骤 3:查看去重结果,如图 2-12 所示,其效果如图 2-13 所示。

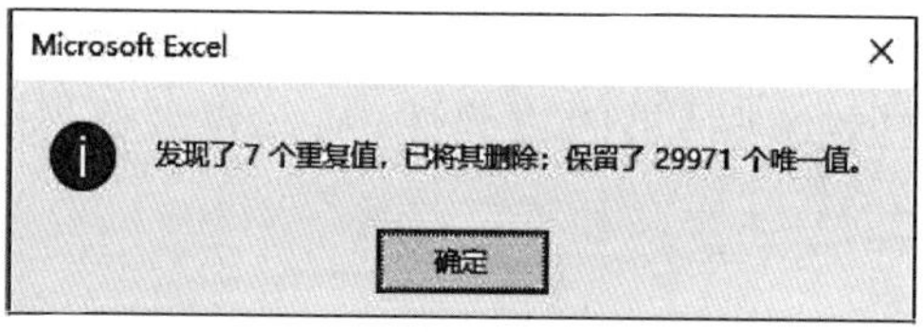

图 2-12　重复值清洗步骤 3

	A	B	C	D	F	G
1	用户ID	物品编号	商品二级分类	商品二级分类	购买数量	购买时间
2	786295544	41098319944	50014866	50022520	2	2021/9/19
3	532110457	17916191097	50011993	28	1	2020/10/11
4	249013725	21896936223	50012461	50014815	1	2020/10/11
5	917056007	12515996043	50018831	50014815	2	2021/10/23
6	444069173	20487688075	50013636	50008168	1	2021/11/3
7	152298847	41840167463	121394024	50008168	1	2021/11/3
8	513441334	19909384116	50010557	50008168	1	2019/12/12
9	297411659	13540124907	50010542	50008168	1	2019/12/12
10	82830661	19948600790	50013874	28	1	2019/11/1
11	475046636	10368360710	203527	28	1	2019/11/1
12	734147966	15307958346	50018202	38	1	2019/11/1
13	68547330	21162876126	50012365	122650008	2	2019/11/23
14	697081418	15898050723	50013636	50008168	1	2019/11/23
15	377550424	15771663914	50015841	28	1	2019/11/23
16	88313935	22532727492	50013711	50008168	1	2020/10/5
17	25918750	16078389250	50012359	122650008	1	2020/10/5
18	350288528	35086271572	50010544	50008168	1	2020/11/29
19	348090113	17436967558	50009540	50014815	1	2020/11/29
20	1635282280	36153356431	50013207	50008168	1	2020/11/29
21	530850018	22058239899	50024147	28	1	2021/2/10
22	749507708	19171641742	50018860	28	1	2021/2/10
23	201088567	38564176352	50013207	50008168	1	2021/5/2

图 2-13　重复值清洗结果

3. 格式内容清洗

【案例 2-3】 如图 2-14 所示,我们需将商品数量单位进行统一,如将“1.2 万”更改为“12000”，具体步骤如下：

订单号	区域	付款状态	商品数量
9	深圳	1	2.3万
10	株洲	0	1.3万
14	广州	0	1.2万
18	天津	0	12000
8	天津	1	10000
19	深圳	1	10000
15	北京	1	9000
23	天津	1	9000
7	长沙	0	8000
13	天津	1	0.8万

图 2-14　所需清洗格式内容的表格

步骤 1：选择需要处理的单元格区域，执行“数据”|“筛选”命令，如图 2-15 所示。

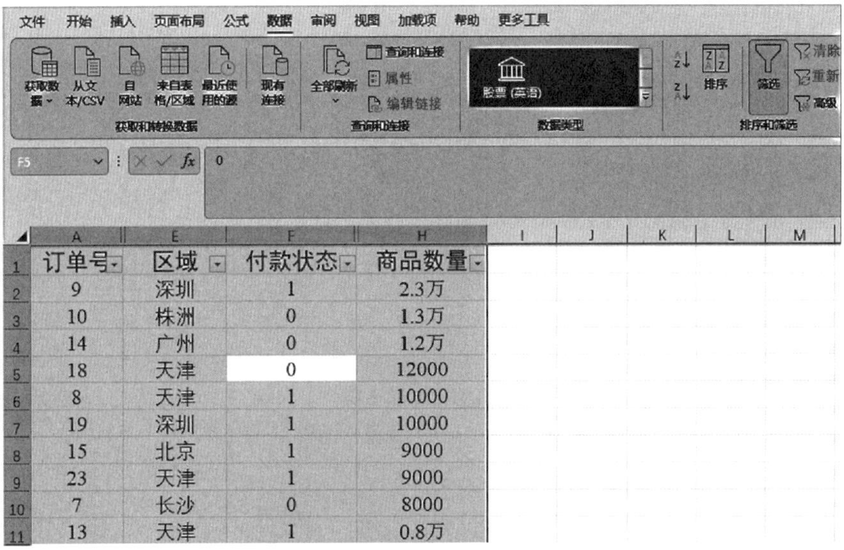

订单号	区域	付款状态	商品数量
9	深圳	1	2.3万
10	株洲	0	1.3万
14	广州	0	1.2万
18	天津	0	12000
8	天津	1	10000
19	深圳	1	10000
15	北京	1	9000
23	天津	1	9000
7	长沙	0	8000
13	天津	1	0.8万

图 2-15　格式内容清洗步骤 1

步骤 2：单击“商品数量”的下拉按钮，在“数字筛选”文本框中输入“万”字，单击“确定”按钮，如图 2-16 所示，即可筛选出所有需要处理的内容。

步骤 3：复制筛选后的内容，单击下方的 Sheet2 标签，将数据粘贴到 Sheet2 工作表中，如图 2-17 所示。

步骤 4：返回 Sheet1 工作表，选中筛选数据后，单击鼠标右键，在弹出的快捷菜单中执行“删除”命令，再在弹出的提示对话框中单击“确定”按钮，删除整行，如图 2-18 所示。

步骤 5：单击“价格”下拉列表，勾选“从‘原价’中清除筛选”选项，可以看到当前表格中只剩下没有“万”单位的数据。

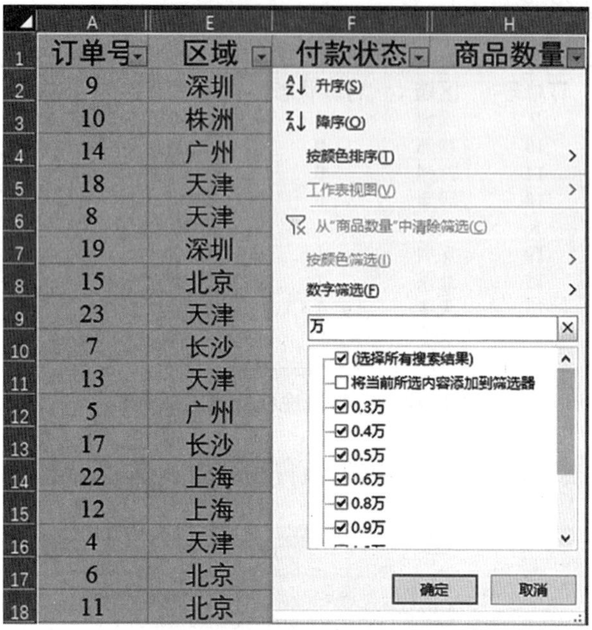

图 2-16　格式内容清洗步骤 2

	A	E	F	H	I	J
1	订单号	区域	付款状态	商品数量		
2	9	深圳	1	2.3万		
3	10	株洲	0	1.3万		
4	14	广州	0	1.2万		
7	19	深圳	1	1万		
9	23	天津	1	0.9万		
11	13	天津	1	0.8万		
14	22	上海	0	0.6万		
15	12	上海	0	0.5万		
17	6	北京	1	0.4万		
21	3	长沙	0	0.3万		

图 2-17　格式内容清洗步骤 3

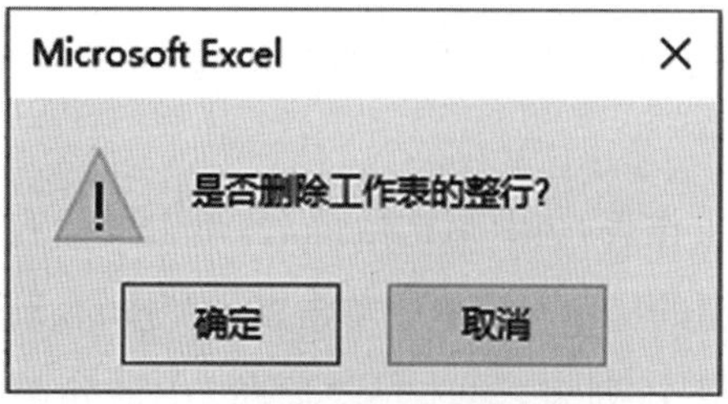

图 2-18　格式内容清洗步骤 4

步骤 6：返回 Sheet2 工作表，选择需要清洗的数据，执行“开始”|“查找和选择”|“替换”命令，打开“查找和替换”对话框，在“查找内容”文本框中输入“万”字，单击“全部替换”按钮，如图 2-19 所示，即可替换数据内容。该步骤的目的是去除所有“万”字。

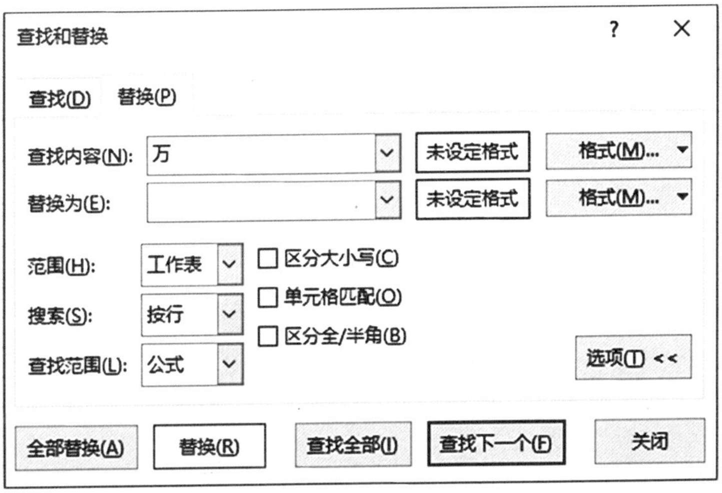

图 2-19 格式内容清洗步骤 6

步骤 7：在空白单元格处输入 10 000，如图 2-20 所示，并进行复制。

	A	B	C	D	E	F
1	订单号	区域	付款状态	商品数量		
2	9	深圳	1	2.3	10000	
3	10	株洲	0	1.3		
4	14	广州	0	1.2		
5	19	深圳	1	1		
6	23	天津	1	0.9		
7	13	天津	1	0.8		
8	22	上海	0	0.6		
9	12	上海	0	0.5		
10	6	北京	1	0.4		
11	3	长沙	0	0.3		

图 2-20 格式内容清洗步骤 7

步骤 8：选中需要清洗的字段，单击鼠标右键，在弹出的快捷菜单中选择“选择性粘贴”命令，打开“选择性粘贴”对话框，在“运算”区域中选中“乘”单选项，单击“确定”按钮即可，如图 2-21 所示。将清洗完成的数据复制、粘贴至原数据表格中，如图 2-22 所示。

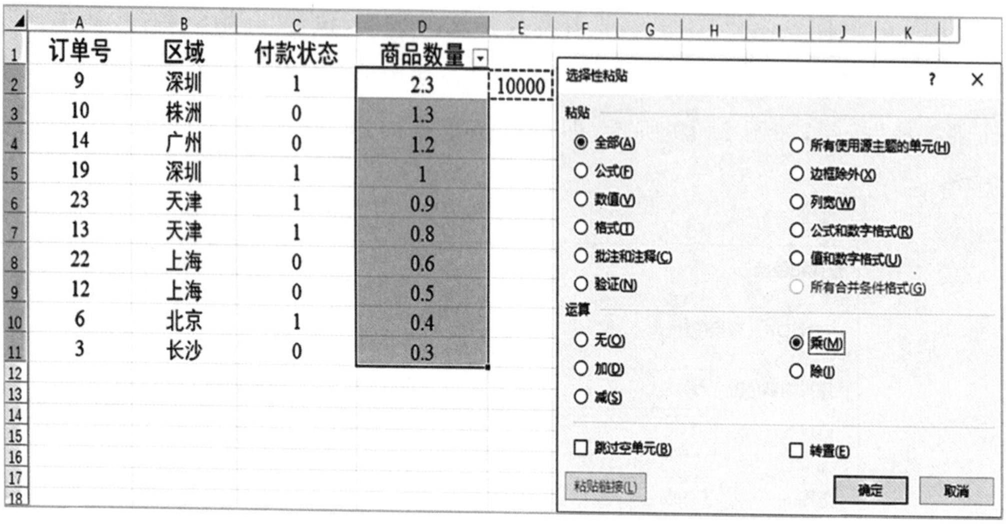

订单号	区域	付款状态	商品数量	
9	深圳	1	2.3	10000
10	株洲	0	1.3	
14	广州	0	1.2	
19	深圳	1	1	
23	天津	1	0.9	
13	天津	1	0.8	
22	上海	0	0.6	
12	上海	0	0.5	
6	北京	1	0.4	
3	长沙	0	0.3	

图 2-21　格式内容清洗步骤 8

订单号	区域	付款状态	商品数量
18	天津	0	12000
8	天津	1	10000
15	北京	1	9000
23	天津	1	9000
7	长沙	0	8000
5	广州	1	6000
17	长沙	0	6000
4	天津	1	4000
11	北京	1	4000
16	长沙	0	4000
21	北京	1	4000
2	北京	0	2000
20	株洲	1	2000
1	上海	1	1000
9	深圳	1	23000
10	株洲	0	13000
14	广州	0	12000
19	深圳	1	10000
23	天津	1	9000
13	天津	1	8000
22	上海	0	6000
12	上海	0	5000
6	北京	1	4000
3	长沙	0	3000

图 2-22　格式内容清洗结果

【案例 2-4】小王准备在天猫平台上开一家售卖生活用品的店铺，但不知道哪些物品最为畅销，所以小王收集到了一份数据。数据来自淘宝平台和天猫平台上购买生活用品的用户，购买商品表主要描述的是不同用户在不同时间购买的不同类别和不同属性的婴幼儿商品的数量，如图 2-23 所示。

用户ID	物品编号	商品二级分类	商品二级分类	商品属性	购买数量	购买时间
786295544	41098319944	50014866	50022520	21458:86755362;13023209:35	2	20210919
532110457	17916191097	50011993	28	21458:11399317;1628862:325	1	20201018
249013725	21896936223	50012461	50014815	21458:30992;1628665:92012;:	1	20201018
917056007	12515996043	50018831	50014815	21458:15841995;21956:34940	2	20218023
444069173	20487688075	50013636	50008168	21458:30992;13658074:33230	1	20218103
152298847	41840167463	121394024	50008168	21458:3408353;13023209:727	1	20218103
513441334	19909384116	50010557	50008168	25935:21991;1628665:29784;:	1	20191919
297411659	13540124907	50010542	50008168	21458:60020529;25935:31381	1	20191919
82830661	19948600790	50013874	28	21458:11580;21475:137325	1	20191801
475046636	10368360710	203527	28	22724:40168;22729:40278;21	1	20191801
734147966	15307958346	50018202	38	21458:3270827;7361532:2871	2	20191801
68547330	21162876126	50012365	122650008	1628665:3233941;1628665:32	1	20191893
697081418	15898050723	50013636	50008168	21458:19726868;1633959:179	1	20191893
377550424	15771663914	50015841	28	1628665:3233941;1628665:32	1	20191893
88313935	22532727492	50013711	50008168	1628665:3233941;1628665:32	1	20201005
25918750	16078389250	50012359	122650008	21458:3405407;1633959:6186	1	20201005
350288528	35086271572	50010544	50008168	21458:61813;25935:21991;16	1	20201899
348090113	17436967558	50009540	50014815	21458:21910;3110425:30696	1	20201899
1635282280	36153356431	50013207	50008168	1628665:29784;1628665:2979	1	20201899
530850018	22058239899	50024147	28	21458:205007542;43307470:5	1	20210210
749507708	19171641742	50018860	28	21458:3602856;1628665:3233	1	20210210
201088567	38564176352	50013207	50008168	1628665:3233941;1628665:32	1	20210502
469517728	8232924597	211122	38	21458:21782;36786:42781029	6	20210502
691367866	17712372914	121434042	50014815	21458:49341152;8021059:552	1	20210804

图 2-23 购买商品表原始数据

小王处理这份数据的详细操作如下：

步骤 1：选择子集隐藏。由于商品属性对我们分析数据来说，没有什么特别大的意义，隐藏商品属性这一列，如图 2-24 所示，隐藏后的效果如图 2-25 所示。

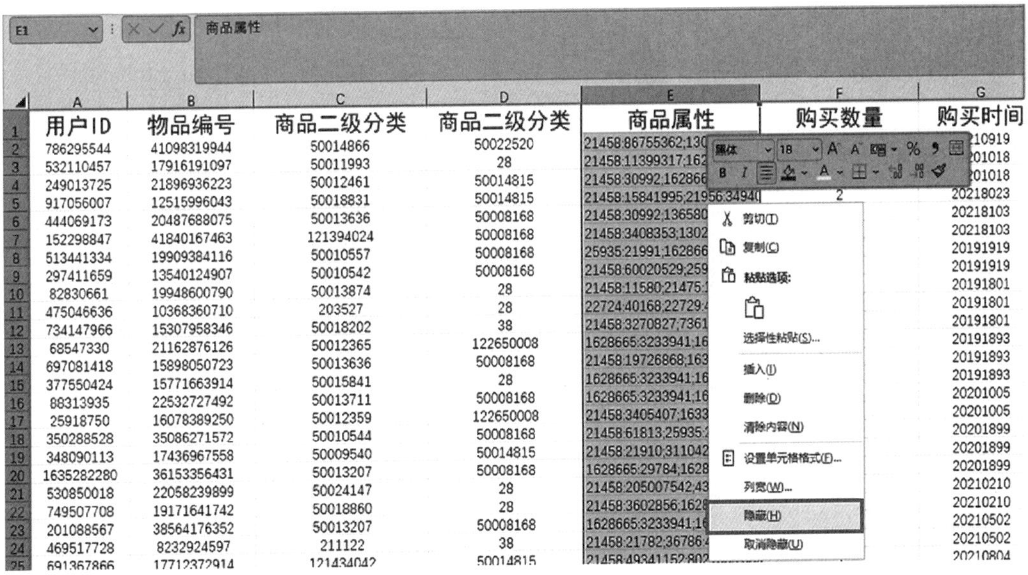

图 2-24 选择子集隐藏

步骤 2：删除重复值。如果数据有重复值，我们可以通过下面的方法删除重复值，如图 2-26 所示。

用户ID	物品编号	商品二级分类	商品二级分类	购买数量	购买时间
786295544	41098319944	50014866	50022520	2	20210919
532110457	17916191097	50011993	28	1	20201018
249013725	21896936223	50012461	50014815	1	20201018
917056007	12515996043	50018831	50014815	2	20218023
444069173	20487688075	50013636	50008168	1	20218103
152298847	41840167463	121394024	50008168	1	20218103
513441334	19909384116	50010557	50008168	1	20191919
297411659	13540124907	50010542	50008168	1	20191919
82830661	19948600790	50013874	28	1	20191801
475046636	10368360710	203527	28	1	20191801

图 2-25　隐藏商品属性后效果

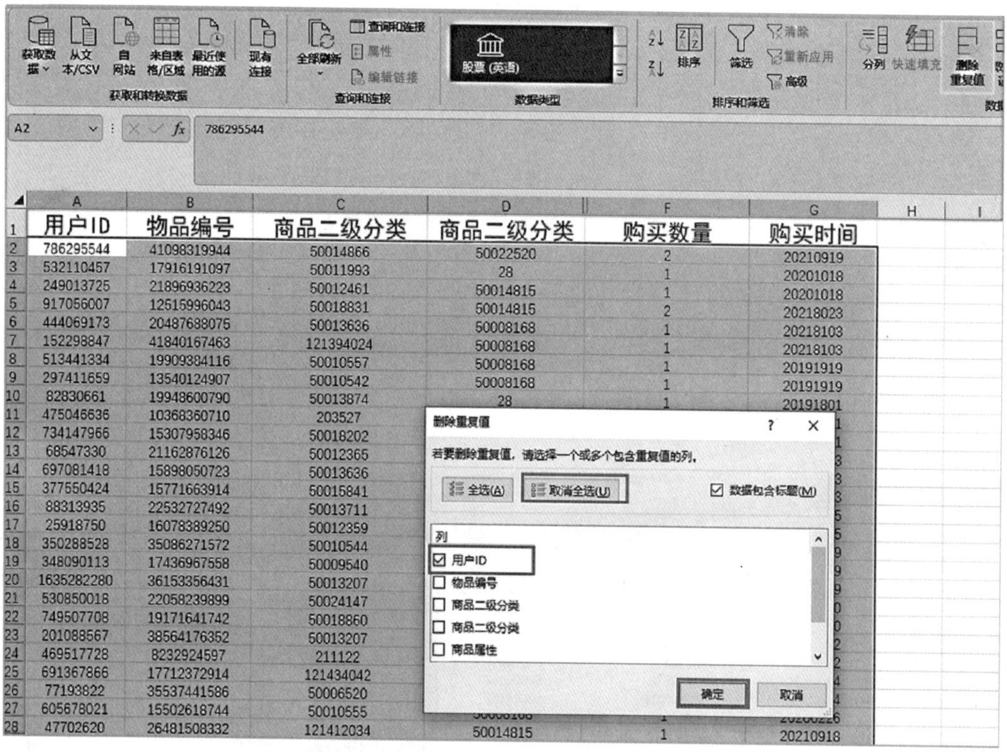

图 2-26　删除重复列

通过做数据透视表，我们将用户 ID 作为分组对象，对购买时间计数，发现用户 ID 有重复值；查看重复值的用户 ID，发现是同一个用户 ID 在不同时间购买的商品，是正常数值，所以不作处理。

步骤 3：缺失值处理。执行“开始”|“查找和选择”|“定位条件”|“空值”|“确定”命令（图 2-27），发现只有购买商品表存在两个缺失值，不作处理。

步骤 4：异常值处理。购买商品表描述统计认为用户购买数量最大值“10 000”可能是异常值，我们通过业务分析发现，搞批发的用户或者高价值用户是存在购买

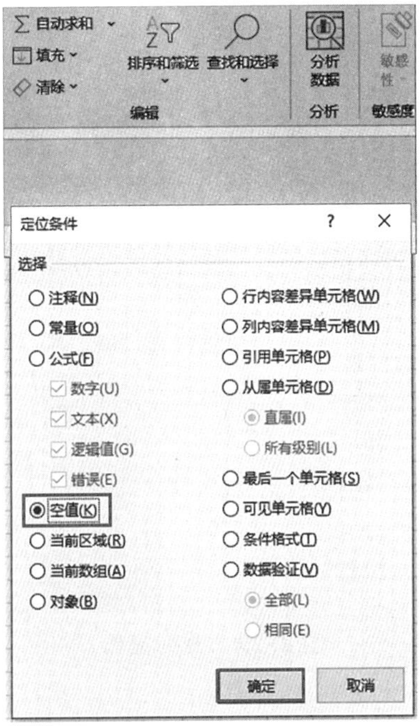

图 2-27 缺失值处理

数量达到“10 000”的情况的，所以不能将其视为异常值。

我们通过观察发现，购买商品表中“购买时间”列的日期类型不正确，如图 2-28 所示，把“购买时间”列改成日期类型才有利于后期的计算和统计。

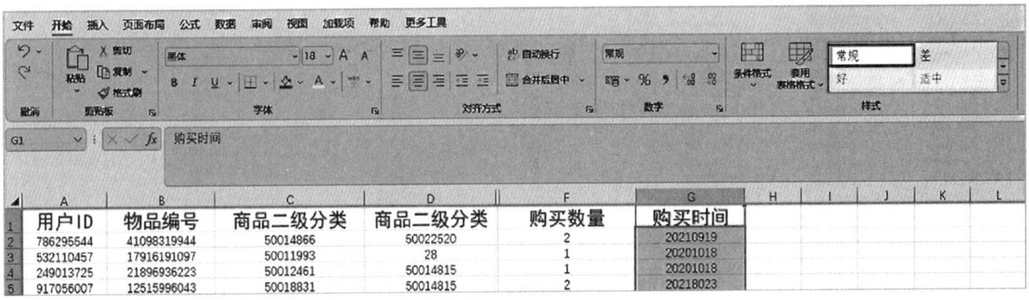

图 2-28 发现异常值

购买商品表中的购买时间都是常规类型，需要我们对购买时间先进行分列，如图 2-29 所示，再将购买时间列的常规类型改为日期类型，如图 2-30 所示。

图 2-29　分列操作

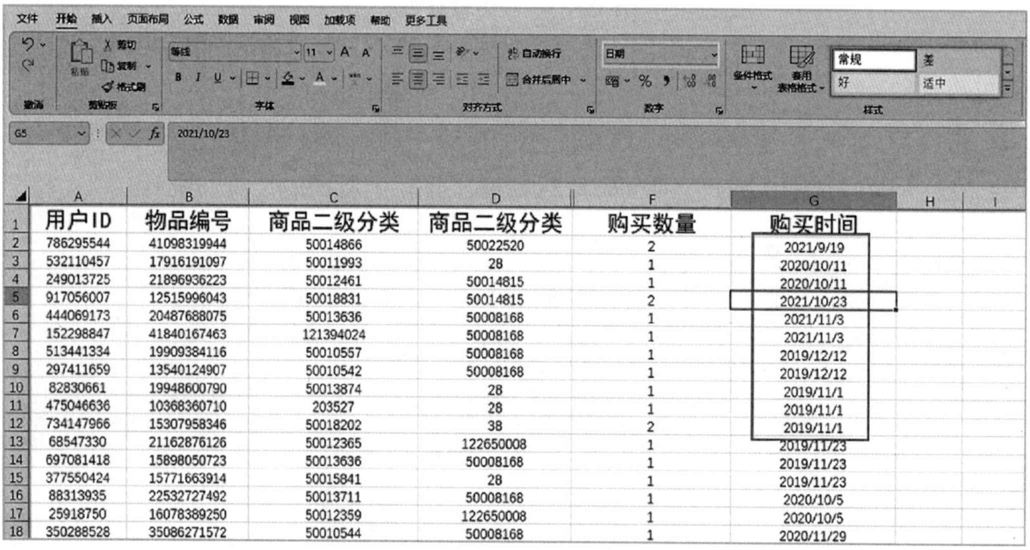

图 2-30　改为短日期类型

二、电子商务数据的整理

(一) 电子商务数据整理的目的

在店铺的经营过程中，平台会产生大量的相关数据。例如，在美妆店铺的运营过程中，平台会产生大量的与美妆产品有关的数据，这些数据是美妆店铺研究美妆电商行业市场现状及发展趋势、制订运营计划、调整经营策略的基本依据。但从网上下载的原始数据往往是无序的，且可读性较差，为了方便数据分析人员快速分析出数据之间的关系，提高数据分析人员的工作效率，我们须对数据进行相应的整理，如从大量的数据当中抽取部分数据进行分析，或者利用相应的软件对大量的数据进行统计计算。

（二）电子商务数据排序

数据排序是按一定顺序将数据进行排列，以便研究者通过浏览数据发现一些明显的特征或趋势，找到解决问题的线索。此外，排序还有助于对数据进行检查和纠错，为数据重新归类或分组等，提供方便。排序分为升序和降序。

1．升序

【案例 2-5】小王将选自不同地域购买的服装商品数量数据进行对比。为了明确了解每个地域购买多少，针对每个地域购买的商品数量进行排序，以便了解每个地域购买产品数量排行。具体步骤如下：

步骤 1：选中“商品数量”，执行“数据”|“排序”命令，如图 2-31 所示。

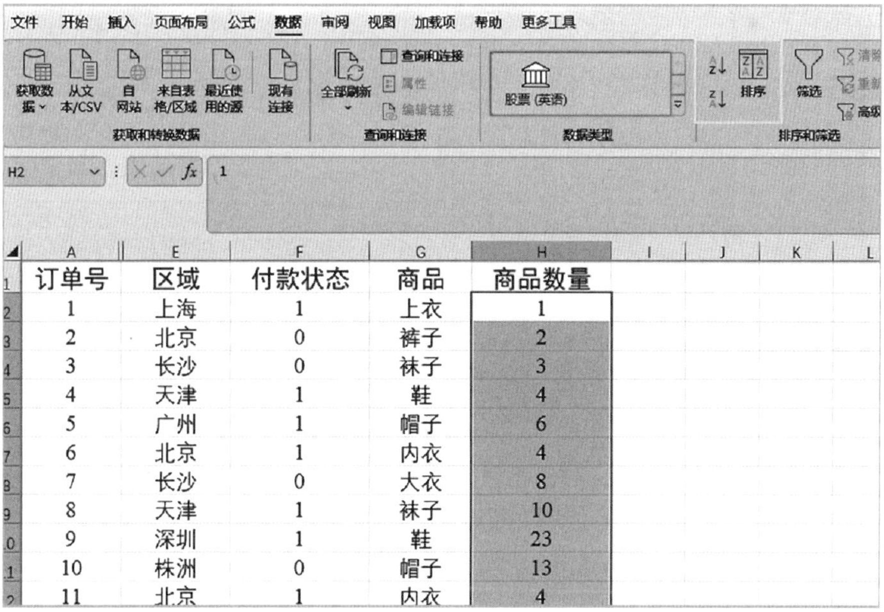

订单号	区域	付款状态	商品	商品数量
1	上海	1	上衣	1
2	北京	0	裤子	2
3	长沙	0	袜子	3
4	天津	1	鞋	4
5	广州	1	帽子	6
6	北京	1	内衣	4
7	长沙	0	大衣	8
8	天津	1	袜子	10
9	深圳	1	鞋	23
10	株洲	0	帽子	13
11	北京	1	内衣	4

图 2-31 升序操作步骤 1

步骤 2：在弹出的“排序提醒”对话框中，单击“排序”按钮，如图 2-32 所示。

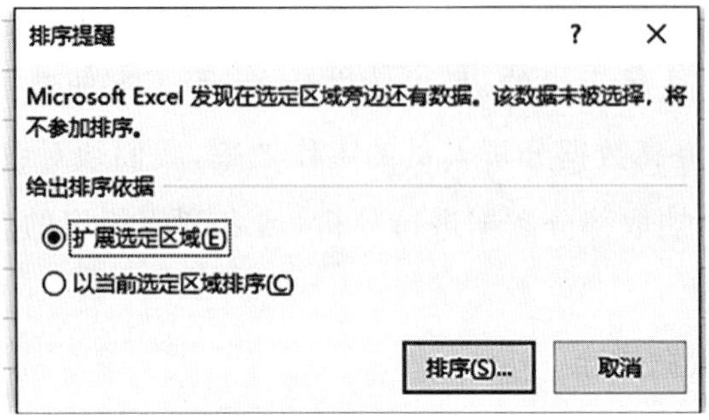

图 2-32　升序操作步骤 2

步骤 3:在弹出的“排序”对话框中,单击“主要关键字”下拉按钮,选择“商品数量”,选择次序为“升序”,单击“确定”按钮,如图 2-33 所示。

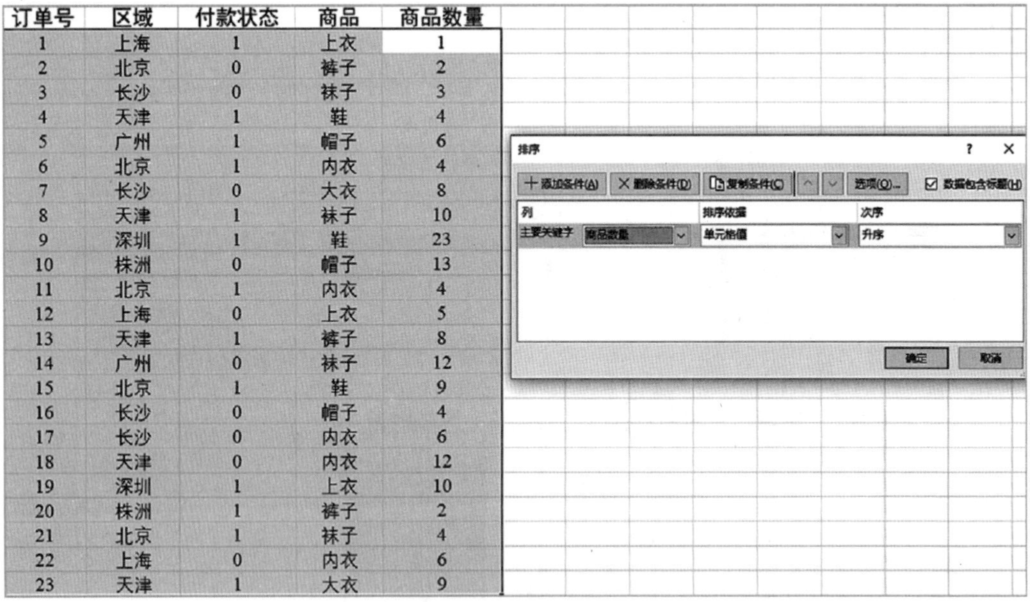

订单号	区域	付款状态	商品	商品数量
1	上海	1	上衣	1
2	北京	0	裤子	2
3	长沙	0	袜子	3
4	天津	1	鞋	4
5	广州	1	帽子	6
6	北京	1	内衣	4
7	长沙	0	大衣	8
8	天津	1	袜子	10
9	深圳	1	鞋	23
10	株洲	0	帽子	13
11	北京	1	内衣	4
12	上海	0	上衣	5
13	天津	1	裤子	8
14	广州	0	袜子	12
15	北京	1	鞋	9
16	长沙	0	帽子	4
17	长沙	0	内衣	6
18	天津	0	内衣	12
19	深圳	1	上衣	10
20	株洲	1	裤子	2
21	北京	1	袜子	4
22	上海	0	内衣	6
23	天津	1	大衣	9

图 2-33　升序操作步骤 3

2. 降序

同[案例 2-5]中升序操作,降序操作结果如图 2-34 所示。

订单号	区域	付款状态	商品	商品数量
9	深圳	1	鞋	23
10	株洲	0	帽子	13
14	广州	0	袜子	12
18	天津	0	内衣	12
8	天津	1	袜子	10
19	深圳	1	上衣	10
15	北京	1	鞋	9
23	天津	1	大衣	9
7	长沙	0	大衣	8
13	天津	1	裤子	8
5	广州	1	帽子	6
17	长沙	0	内衣	6
22	上海	0	内衣	6
12	上海	0	上衣	5
4	天津	1	鞋	4
6	北京	1	内衣	4
11	北京	1	内衣	4
16	长沙	0	帽子	4
21	北京	1	袜子	4
3	长沙	0	袜子	3
2	北京	0	裤子	2
20	株洲	1	裤子	2
1	上海	1	上衣	1

图 2-34　降序操作结果

任务三　电子商务数据可视化

一、数据可视化的含义

(一) 数据可视化和电子商务数据可视化的概念

二维码 2-1 数据可视化分析

在计算机学科的分类中，数据可视化是指基于人的视觉感知原理，利用计算机图形学和图像处理技术，将数据转换成图形或图像在屏幕上显示出来，再进行交互处理的理论、方法和技术。数据可视化可以看到交互界面，能对数据进行更形象、直观地解释，更适合于探索性地分析数据。

电子商务数据可视化是指将所需分析的电子商务数据进行一系列处理后，通过图形化的手段进行视觉化呈现，借助人脑的视觉思维能力，帮助运营者理解海量的数据信息，提高运营决策的正确率。

(二) 电子商务数据可视化流程

电子商务数据可视化的处理工具繁多，如项目一介绍的 Excel、Tableau、Echarts、Flourish 等，但无论使用何种可视化工具，都需要清楚地了解电子商务数据可视化的流程，这样有利于标准化数据可视化的过程。一般我们可以将电子商务数据可视化流程分成以下三个步骤。

1. 明确数据可视化需求

在对一组数据进行可视化处理之前，我们首先需要明确的是希望通过图表反映出怎样的问题，抑或是怎样帮助读者明白数据所传递的信息。清晰的需求有助于提高处理问题的效率，帮助读者快速高效地读懂图表。

2. 选择基本图形

在确定了数据可视化需求之后，下一步是选择一个基本的图形，如饼图、柱形图、折线图等，具体选用什么样的图形，需根据数据的内容确定。在明确可视化图表所要传达的核心信息时，我们需要明确以下几个问题：

(1) 我们需要展示什么变量?

(2) X 轴和 Y 轴代表什么?

(3) 数据点的大小有什么含义?

(4) 不同颜色分别有什么含义?

不同类型的数据各自有其最适合的图表类型。例如，线形图横坐标一般是表示与指标相关的时间，因此最适合表现与时间有关的趋势，或是两个变量间的潜在关系。当数据集中的数据点过多时，使用散点图进行可视化会比较容易。

3. 可视化布局及设计

在明确可视化的信息并选择合适的图形后，我们需要对所选中的数据进行可视化呈现，在页面布局上要注意突出重点，将读者注意力引向关键信息。

(三) 电子商务数据可视化的分类

电子商务数据可视化可按其最后呈现的效果和实际用途进行分类，若按照效果可分为静态、动态和交互可视化；若按照用途可分为科学和信息可视化。下面对几类电子商务数据可视化进行具体分析。

1. 按照效果分类

(1) 静态可视化。静态可视化通常展示的数据类型是二维数据，展示选择的是基础类的图表。静态可视化传递数据信息直观、有效，但是受数据类型和基础类图表所限，只能展示表层的、简单的数据，不能展示深层次的、关系复杂的数据。静态可视化的典型是信息图，通过图标、图表、文字组合，展示某个主题的信息、数据，这种表达方式可以让读者快速获取关键信息，简洁明了。

（2）动态可视化。动态可视化可以体现的数据类型为多维数据，在充分利用交互可视化的基础上，将所有的信息整合处理，以微动态的形式展示各维数据间的变化情况。

（3）交互可视化。其核心在于人机交互，通常展示的数据类型是多维数据，展示选择的是组合型基础图表。交互可视化能够促进人与数据的交流，增强自主参与度，通过筛选和锁定条件快速、高效地寻找目标信息。

2. 按照用途分类

（1）科学可视化。科学可视化面向科学和工程领域，以几何、拓扑和形状特征来呈现数据中蕴含的规律。

（2）信息可视化。信息可视化从大规模、高维度、复杂的数据中提取出有用信息，并通过视觉设计将其直观地表达出来。

（四）电子商务数据可视化的特征

1. 易懂性

电子商务数据可视化一般是通过图像、曲线、动画等将数据信息展现出来，以更加直观的方式解读数据背后的含义，为电子商务运营者提供运营决策的数据支撑。例如，面对庞杂的流量来源数据，我们可能不太确定各流量占比多少，但将数据处理并可视化之后，我们可以非常清楚地知道各项流量的比重，并根据该结果对店铺运营作出决策。

2. 多维性

可视化可多维地展现电子商务数据信息，能够帮助数据运营人员了解各数据之间的关联，并对其中的一个或多个变量先进行标识，再对每一维度的数据进行排列组合和分类。

3. 专业性

电子商务数据可视化的表现形式也与各专业领域息息相关，因此具有一定的专业性。

二、数据可视化的方式

二维码 2-2 常见的可视化方式

（一）尺寸可视化

尺寸可视化也叫面积可视化，是指对同一类图形（如柱形图、圆环图、蜘蛛图等)的长度、高度或面积加以区别,来表达不同指标对应的指标值之间的对比,如图 2-35 所示。

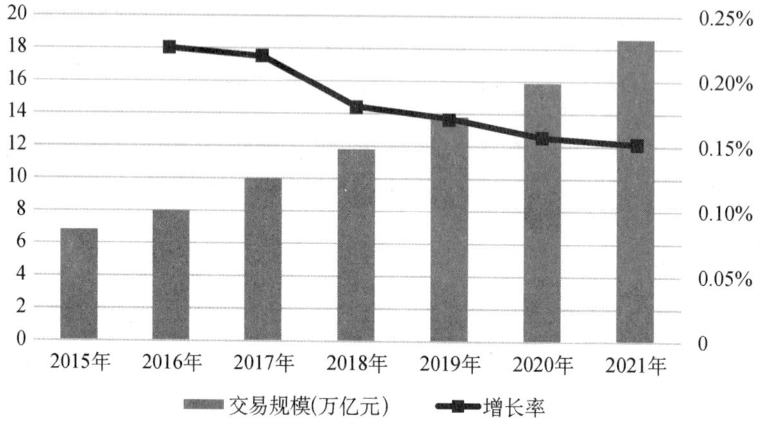

图 2-35　尺寸可视化示例

(二) 图形可视化

在设计指标及数据时,结合使用有对应实际含义的图形,会使数据图表得到更加生动的展现,更便于读者理解图表所要表达的主题和效果。图形可视化示例如图 2-36 所示,我们利用不同的颜色分别代表不同的容量百分比。

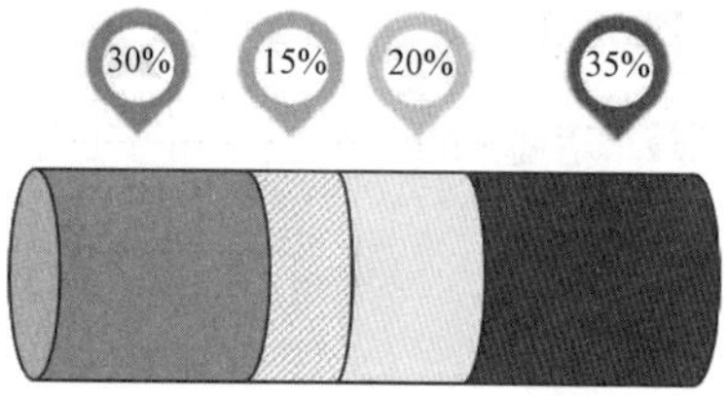

图 2-36　图形可视化示例

(三) 空间可视化

空间可视化也称地域空间可视化,当指标数据要表达的主题与地域有关联时,搭配地图,并和图形可视化等方法结合使用,用户可以直观地了解整体的数据情况,同时也可以根据地理位置快速地定位到某一地区来查看详细数据。

(四) 概念可视化

概念可视化是指将抽象的指标数据转换成熟悉的、容易感知的数据,使用户更容易理解图形要表达的意义。

三、常用的数据可视化工具

(一) Excel

Excel 是 Microsoft Office 中的一款电子表格处理软件。Excel 有三大常用功能对于数据分析人员来说至关重要：图表制作、内置函数以及数据透视表。一般来说，利用 Excel 制作数据可视化图表适用于数据量较小的数据，Excel 的图表插入。不仅简洁方便，而且软件内置的样式颇多，无疑是小数据量制图的首选，如图 2-37 所示。

从图 2-37 中可知，Excel 支持的图表类型也极为丰富，除了常规的柱形图、折线图、饼图和条形图，还支持雷达图、旭日图、箱形图等视觉效果更好的图形。同时，Excel 具有丰富的设置效果，而且都是极为简便易懂的，几乎不需要教程即可掌握。

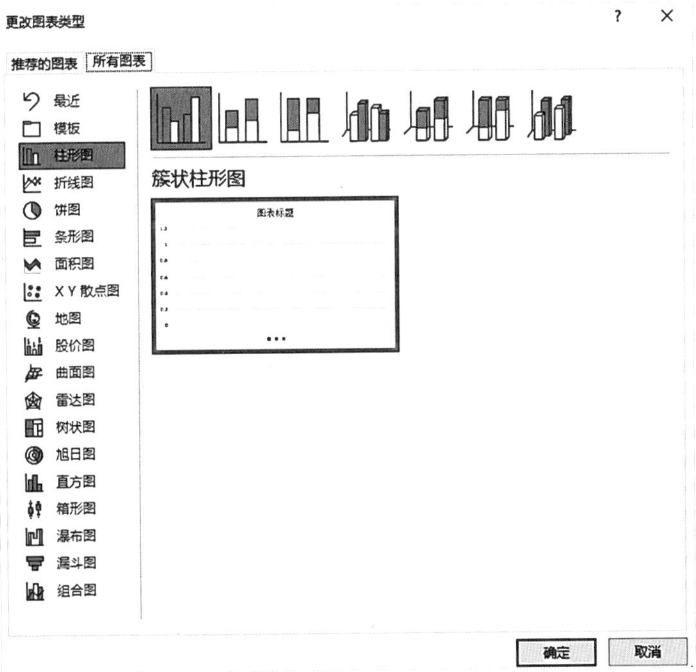

图 2-37 Excel 实现数据可视化

(二) 生意参谋

相较于 Excel 表格的可视化需要处理操作，生意参谋则直接提供了可视化的页面，如图 2-38 所示，用户只需根据运营的不同需求，点击相应的按钮，就可以显示出不同的可视化图表。

二维码 2-3 生意参谋的功能详解

例如，某图书商家想要查看店铺商品退款的原因，执行“服务”|“体验诊断”命

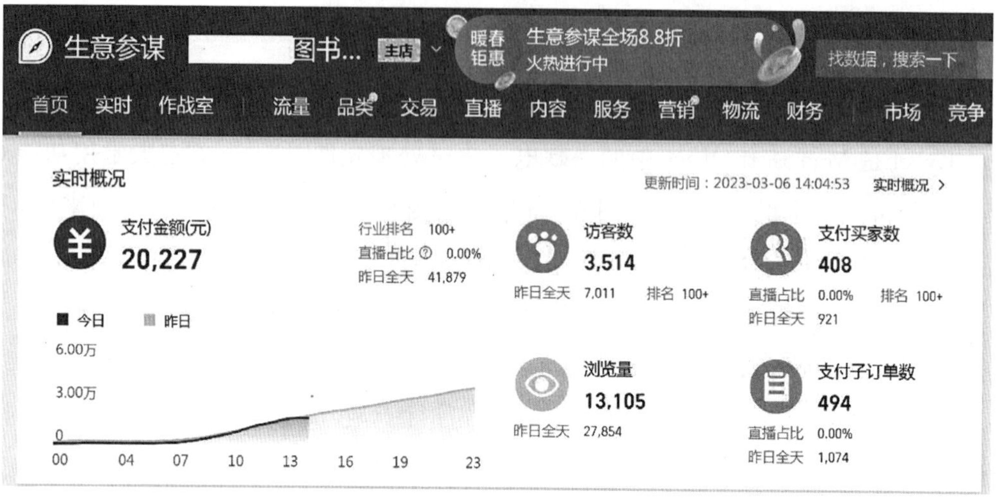

图 2-38　生意参谋首页

令，如图 2-39 所示，即可清楚地看到商品的问题明细以及商品退款原因明细，可知退款的原因主要是脱胶/印刷问题，退货的顾客对商品整体不满意，那么商家在后期运营中需对品控提高要求，为顾客提供更优质的书籍。

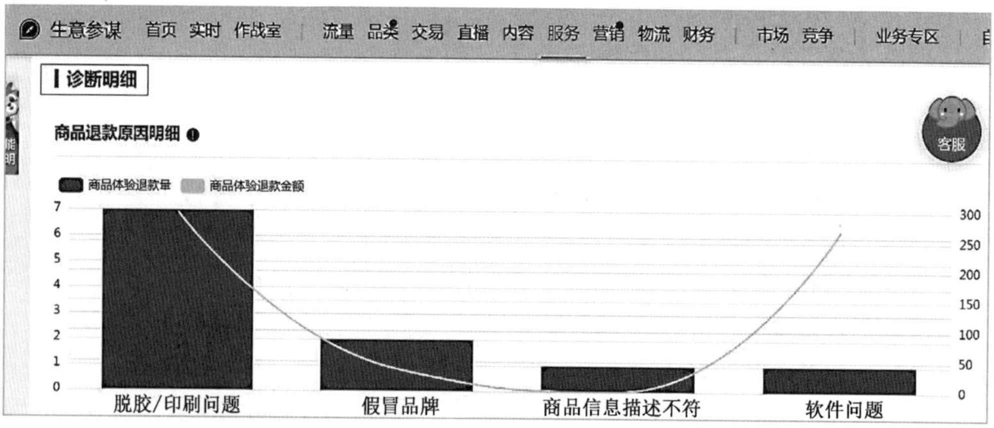

图 2-39　生意参谋体验诊断

（三）京东商智

二维码 2-4 京东商智功能详解

与淘宝平台的生意参谋类似，京东平台的京东商智也具有可视化功能。其可视化的功能如下：

（1）实时数据，即刻洞察。店铺实时数据汇总，大促运营作战阵地。实时销售、流量数据细分，任务进度精准把握。实时商品明细，实时成交转化，拆分细节，发现问题。实时大屏提升运营士气，烘托大促气氛。

（2）流量明细，深度解析。细分流量来源去向，付费、免费流量全覆盖，具有丰富的流量数量、质量及转化指标，支持评估引流效果、搜索排名，支持获取更准确的原始排名。

（3）商品表现，全面分析。商品表现具有流量、销量、关注、加购、评价等数据的全面支持，单品流量来源、客户画像等深度解读。

（4）行业态势，多维解读。行业特征实时掌握，数据多维解读，实时了解行业动态，跟踪 TOP 商家运营进展。类目、品牌、属性、客户数据全面开放，实时了解行业动态，跟踪 TOP 商家商品的运营进展，洞察行业客户的消费需求，为运营决策提供更全面的数据支持。

项目习题

一、单项选择题

1. 数据采集的原则不包括（　　）。

   A. 及时性　　B. 有效性　　C. 合法性　　D. 高效性

2. 数据预处理不包括（　　）。

   A. 数据清洗　　B. 数据集成　　C. 数据分析　　D. 数据变换

3. 电子商务数据可视化基本元素包括（　　）。

   A. 数据　　B. 全局

   C. 图形　　D. 以上答案都对

4. 电子商务数据可视化的特征包括（　　）。

   A. 易懂性　　B. 逻辑性　　C. 多维性　　D. 专业性

5. 数据可视化的方式包括（　　）。

   A. 尺寸可视化　　B. 图形可视化

   C. 空间可视化　　D. 以上答案都对

二、判断题

1. 数据采集是进行电子商务数据分析的基础。（　　）

2. 数据分析前一定要对数据进行清洗。（　　）

3. 数据清洗是指将数据中出现的重复数据或者多余、缺失、内容或格式不一致等数据进行筛选、更改或者删除。（ ）

4. 电子商务数据可视化只能按其最后呈现的效果进行分类。（ ）

5. 概念可视化是指将抽象的指标数据转换成熟悉的、容易感知的数据。（ ）

三、简答题

1. 请简要叙述数据清洗的定义与步骤。

2. 请简要叙述电子商务数据可视化流程。

3. 电子商务数据可视化的特征有哪些?

项目三

市场与行业数据分析

知识目标

1. 了解市场分析的作用和目的
2. 了解主要市场行情及市场分析的内容
3. 学会用数据展现市场行情
4. 掌握影响市场稳定性的因素
5. 掌握行业集中度的计算方法
6. 学会环比与同比数据的计算
7. 了解波士顿矩阵

技能目标

1. 掌握市场容量分析的操作方法
2. 掌握市场趋势分析的操作方法
3. 掌握市场潜力分析的操作方法
4. 掌握市场行情分析的操作方法
5. 掌握数据挖掘的操作方法

思政目标

1. 培养遵纪守法、保护用户隐私的意识
2. 培养互联网思维
3. 培养爱岗敬业的职业观

思维导图

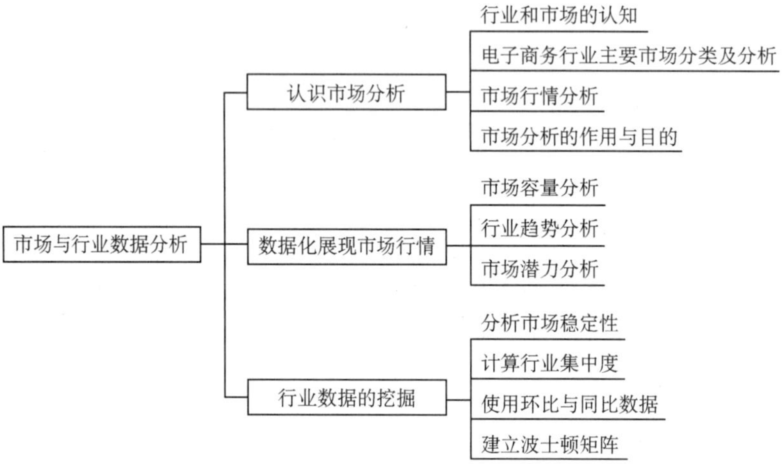

案例导入

随着电子商务如火如荼的发展，刚毕业的小王也想开个网店，但苦于毫无经验，只得向一个从事电子商务行业超过十年的朋友“取经”。朋友告诉他，从事电子商务行业，首先就要选对商品类目。

就跨境电子商务而言，如果想销售跨境电子商务方面的商品，首先要观察整个市场内的其他跨境电子商务选择了哪些类目。例如，我们发现“服饰箱包”和“美妆护理”是跨境电子商务较热门的商品领域，就可以优先选择这些商品，而没有必要选择市场需求不高的商品来尝试。另外，既然是跨境商品，那么商品的来源就有很多，不同国家和地区的商品受欢迎的程度也不相同。通过市场数据的分析，我们可以发现韩国的美妆护肤商品较受客户欢迎，其服饰、箱包等商品市场较小，日韩、欧美的服饰有一定的市场，但都不是主力商品。结合市场需求的商品和最受客户欢迎的商品，我们可以尝试销售韩国的美妆护肤商品。

朋友的一番话，让小王找到了开网店的方向。

案例思考

结合案例，思考并回答以下问题：

(1) 从事电子商务行业,为什么要对市场进行分析?

(2) 实践是检验真理的唯一标准,只有深入研究市场,才能对自己的网店有更清晰的定位。在了解市场的基础上,我们应如何进行市场分析呢?

任务一 认识市场分析

电子商务伴随着社会的进步而飞速发展,已成为冲击传统购物市场中不可忽视的力量,电子商务在多行业领域都具有了举足轻重的地位。对于商家而言,做好电子商务的首要任务就是选择行业,行业市场的大小决定了商家未来的发展方向和空间。如果我们仅凭个人主观判断盲目地选择行业,而不去分析行业市场,则很容易经营惨淡,甚至导致失败。因此,了解市场行情,是做好电子商务的先决条件。

市场分析指的是对外部市场状况的调查研究以及本项目适应性的调查分析,判断有无市场需求,不是单纯的"外部"分析,而是项目与环境的适应性分析。市场数据分析人员可以依托其网购平台的历史数据和实时数据来展现并分析市场行情,将广泛的、多方面的以及大量个别的、片面的市场行业信息汇总后进行综合分析,从而形成对某类商品的市场供求情况及形势的全面判断和行情报告。

一、行业和市场的认知

(一) 行业认知

行业是指从事国民经济中同性质的生产或其他经济社会的经营单位或者个体的组织结构体系,如食品行业、服装行业、图书行业等。在认知行业中各种商品特征的同时,需要认知与行业商品相关的原材料、产品研发、生产工艺、产品设计以及产品营销等情况,并且还要对该行业在国内外的发展概况、相关政策等有所了解。

以新能源汽车为例,近年来,由于受到政策支持等因素的影响,我国新能源汽车行业得到迅速发展。新能源汽车主要包括纯电动汽车、混合动力汽车和燃料电池汽车等,其国内制造商品牌有比亚迪、蔚来、小鹏、理想、北汽、吉利和奇瑞等。

不同企业的企业文化、产品研发路线、生产工艺不尽相同,品牌影响力不同,国内外的营销渠道也各有所长。例如,比亚迪作为国内较早的新能源汽车制造商,其产品主要集中在动力电池、新能源汽车等领域,在面向国际市场的同时,在国内市场也占据一定份额。

汽车价格、外形、性能的不同，其消费群体也有所差别。例如，奇瑞 icar 微型车系列的新能源汽车因其价格适中、外观时尚精美，更受年轻消费者喜爱；蔚来新能源汽车因其外观设计简洁有力、空间宽敞舒适，更受商务人士青睐。

（二）市场认知

市场是指具有特定的需要，愿意并且能够通过交换来满足这种需要的全部潜在客户。以新能源汽车为例，自 2012 年国务院发布实施《节能与新能源汽车产业发展规划（2012—2020 年）》以来，我国坚持纯电驱动战略取向，新能源汽车产业稳步发展，成为世界汽车产业发展转型的重要力量之一。如图 3-1 所示，2016—2018 年，新能源汽车销量逐年增长，在 2019 年受补贴减少的影响，销量增速出现放缓，预示着市场的阶段性调整已开启，到 2021 年销量实现了翻倍式增长。

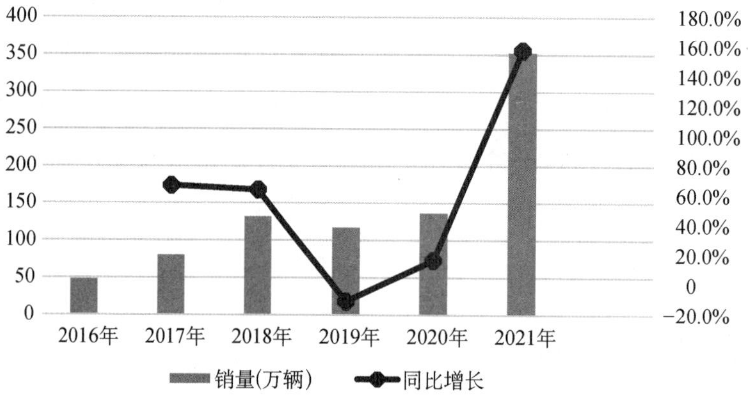

图 3-1　2016—2021 年中国新能源汽车销量

2022 年上半年，国内汽车累计、销量分别约为 1 211.7 万辆和 1 205.7 万辆，同比分别下降 3.7%和 6.6%；新能源汽车今年上半年产、销量分别约为 266.1 万辆和 260 万辆，同比均增长约 1.2 倍，市场占有率达 21.6%。由此可见，新能源汽车在我国的市场正逐渐扩大。

二、电子商务行业主要市场分类及分析

二维码 3-1 市场品类结构分析

（一）3C 产品

3C 产品是计算机类（computer）、通信类（communication）和消费类电子产品（consumer electronics）三者的统称，如电脑、平板电脑、手机等。3C 产品是较早在网

络渠道销售的产品，也是线上销售额最高的产品之一。3C 产品的电子商务市场复杂多变，一方面是因为网络销售的 3C 产品良莠不齐，另一方面是因为网购渠道多样。

促进我国 3C 产品网购市场不断发展的主要因素有以下三点：

（1）网购用户规模扩大，3C 产品相对标准化程度较高，更适合网购。

（2）我国网络购物环境的不断成熟与完善。

（3）传统家电企业纷纷向电子商务转型，为行业注入活力。

我国 3C 产品网购市场的特点如下：

（1）主要集中在大城市，但每个城市均有差异。

（2）消费者的学历、收入、年龄都相对较高，男性消费者占比较高。

（3）3C 产品价格战日趋激烈，同类平台间的竞争增大，传统家电企业纷纷加入 3C 产品网购市场。

（二）日常消费品

随着国际网络零售市场的发展成熟，中国网络零售市场交易规模增长率维持良好势头，不同品类产品的线上销售占比存在较大差异。众所周知，日常消费品在整个零售市场中占据非常重要的地位，但是线上销售却稍显低迷。消费者的消费特征及日常消费品本身的产品特性，使日常消费品在销售过程中表现出高场景化、高时效性和冲动型消费的需求，而目前线上零售渠道并未表现出相关优势，且相对于产品单价来说，物流成本较高。传统日常消费品线下零售渠道发展较为成熟，在满足消费者需求方面具备独特优势。消费者的成长、用户需求的转变、企业的推动以及消费环境的变化成为支撑线上日常消费品零售发展的基础。“80 后、90 后、00 后”逐渐成长为日常消费品的主力消费人群，网购消费者需求从低价需求逐渐转为便利性需求，巨大的潜在市场空间吸引了大量电子商务企业和零售企业积极进入该市场。

（三）服装服饰

服装服饰类产品是线上起步较早、规模较大、发展较为成熟的行业，目前依然保持着稳步增长。服装服饰具有明显的季节特征，根据节日制定相应的营销策略，如春天的女神节、夏季的儿童节、秋季的开学季、冬天的过年新装季等，以及网店平台的 618、双十一、双十二等活动对服装行业的拉动作用愈发显著。目前服装电子商务品牌企业可分为两大类，分别是最先从网络上塑造成功的纯网络服装品牌企业和以传统服装品牌涉足网络的企业。

(四) 农产品

近年来国家大力推进农业现代化，农业农村部、商务部深化协作大力发展农产品电子商务，与此同时物流运输的高速发展也给农产品电子商务市场带来了有力的契机。

农产品电子商务市场环境主要有以下特点：

(1) 随着农村地区通信基础设施逐步完善，推动农村互联网使用成本逐步下降，农产品电子商务市场正逐步扩大。

(2) 我国农村地区物流发展情况差异较大，仓储物流基础建设不完善，农村最后一公里物流缺失，农产品上行之路依然艰难，随着有关部门对农村物流体系的高度重视，农村物流市场规模将进一步扩展。

(3) 国家大力支持乡村振兴，各大银行积极响应普惠金融政策号召，为乡村企业赋能。

(4) 销售种子、农药类产品有一定的风险。

(5) 农资电子商务平台初期难以提供赊销服务，分期付款的费用又较高，当地的农资经销商仍具有竞争优势。

(五) 工业品

中国正处于传统产业数字化转型升级的重要阶段，工业品 B2B 市场面临发展路径升级的历史机遇。首先，国家不断加大力度推动数字经济政策，推动数字经济与传统产业的结合，“十四五”规划期间，工业互联网平台应用将得到不断深化，这有助于工业品 B2B 平台的发展升级。其次，阳光采购政策持续推出，促进企业采购线上化，利于采购体系不断完善。最后，技术应用深化，云计算、物联网、大数据等技术的深度应用，能够提升工业品 B2B 市场的运营效率。

中国工业品 B2B 市场的巨大发展潜力正不断释放，工业品 B2B 平台需要加大在数字化能力、品类管理、线下物流基础网络打造以及线下服务团队建设上的布局。根据有关机构数据，2022 年中国工业品电商市场规模达 9 500 亿元，较 2021 年的 8 600 亿元同比增长 10.46%。随着国家对阳光采购政策的推动、技术应用的发展、企业自身对降本需求的增加以及工业品电商平台自身设施与服务的完善，中国工业品电商市场规模将持续增长，未来发展空间充足。

加大布局的主要方向如下：其一，采购习惯的改变对传统渠道的替代效应凸显，平台应注重品类管理，尤其要提高对中小企业一站式采购的服务能力；其二，供应链是平台竞争的重中之重，平台应加大智慧物流平台建设，尤其要加大线下物流基础网络布局，提升交付体验；其三，工业品具有较强的服务属性，随着竞争的激烈，平台应加大线下服务团队建设，提升团队的现场服务能力，增强客户黏性。

与平台深度合作的数字服务能力加速了“工业品数字化新基建”生态系统的构建；供应商的线上化销售与企业线上化采来购趋势不断加快。平台通过技术创新与应用，持续输出对产业端的数字化服务能力。线上线下一体化服务的深度融合能够增强产业带链接终端用户的能力。

（六）母婴产品

“三孩”政策的正式落地，为母婴市场带来更多的商机和可能。新生代父母中，“90后”年轻人占比大，高学历的父母占比高，他们富有个性，热爱分享，更加崇尚科学育儿，更舍得给孩子花钱，有更强的消费力和更高的消费意愿，对产品的新趋势也更加关注，喜欢“尝鲜”，对功效更“精细化”的养娃产品需求较高。

当下的父母们对母婴类产品的诉求表现为更加高端化、精细化和个性化。有机奶粉、儿童调味品、新技术新材料尿裤、婴童洗护、早教益智类玩具、抱娃神器等成为母婴细分市场的新增长点。

三、市场行情分析

市场行情分析主要包括市场需求量、需求时间和需求结构。

1. 市场需求量

市场需求量是指某一时期内，在一定的营销环境和营销方案的作用下，某地区愿意购买某一产品的顾客群体的总数。

从定义可以看出，市场需求量包括以下八个因素：

（1）产品。由于产品范围是广泛的，同一类产品在实际需求中也存在多种差异，企业在测量需求时，要明确产品范围。

（2）总量。总量通常表示需求的规模，可用实物数量、金额数量或相对数量来衡量。

（3）消费者群体。在测量市场需求时，我们须着眼于总市场以及各细分市场的需求。

（4）地理区域。在一个地域较广的国家，不同地域间存在需求差异。

（5）时间周期。由于企业的生产营销计划包括长期计划、中期计划和短期计划，在测量市场需求时，应针对不同周期进行测量。

(6) 营销环境。市场营销环境是存在于企业营销系统外部的不可控制的因素和力量,这些因素和力量是影响企业营销活动及目标实现的外部条件。

(7) 购买需求。只有购买需求才能转变成真正的市场需求。

(8) 营销组合策略。商家要注意采取的市场营销组合策略是否适应扩大产品市场销售的要求。

此外,市场需求量还受到商品自身价格、相关商品价格、消费者的收入水平、消费者的偏好、消费者对商品未来价格的预期、人口规模等因素的影响。在测量市场需求时,商家应注意对各类影响因素进行相关分析。

2. 需求时间

需求时间是指消费者在不同季节、月份消费的消费品种和数量结构。

3. 需求结构

需求结构是指消费者有效购买力在各类型消费资料中的分配比例。通俗地说,就是消费者对吃、穿、住、用、行各类商品的需求比例。需求结构具有实物和价值两种表现形式。实物形式是指人们消费了什么消费资料,以及它们各自的数量。价值形式是指以货币表示的人们在消费过程中消费的各种不同类型的消费资料之间的比例关系,在现实生活中具体表现为各项生活支出。

四、市场分析的作用与目的

(一) 市场分析的作用

市场分析在经营决策中的作用主要体现在以下三个方面:

(1) 发现机会。网店可以通过市场分析,作出正确的营销策略决策,找到适合自己的机会。

(2) 解决问题。网店在运营过程中可能会遇到各种各样的问题,涉及商品、销售、广告、售后、库存等各个方面。此时,借助市场分析能更精准地找到问题,从而有效地解决问题。

(3) 控制销售。网店可以借助活动来吸引流量、提高销量。通过市场分析工作,商家可以知道如何进行促销活动和选择什么样的促销手段;通过分析市场,找到迎合市场的促销方法和更有效地控制销售的方式,才能使促销活动成功落地并有效果。

(二) 市场分析的目的

针对电子商务环境,市场分析的目的主要是分析市场规模、市场发展方向、行业周期和消费者层级等。

（1）市场规模。通过分析市场规模，商家可以了解市场的大小，做好进入市场前的准备；同时，电子商务市场规模的动态变化非常频繁，通过市场分析，当市场规模变大时商家可以作出有效的应对；当市场规模变小时，也能有对应的措施。

（2）市场发展方向。市场发展的方向主要取决于品类的发展方向，这与消费者需求、电子商务平台引导和电子商务之间的商业竞争密切相关。通过市场分析，商家可以发现消费者的需求情况，分析电子商务平台引导了哪些品类，在一定程度上了解竞争对手的情况。

（3）行业周期。淡旺季是商家需要考虑的重要因素之一。特别是服装品类，与季节的变化息息相关。通过市场分析，商家能够更加清楚行业的周期变化情况，有利于控制并调整运营策略。

（4）消费者层级。不同的消费者群体构成了不同的消费者层级，针对不同的消费者层级会有不同程度的竞争环境。通过市场分析，商家能更准确地找到店铺应该针对哪种层级的消费者，从而进行有针对性的营销、运营、沟通与维护。

任务二　数据化展现市场行情

网店商家可以通过数据化的方式展现市场行情，从而对市场和行业的整体情况有所了解。下面将重点从市场容量、行业趋势和市场潜力等方面，系统地介绍如何对市场行情进行分析。

一、市场容量分析

市场容量又叫市场规模，可以理解为一定时期内一个品类或行业在某一个范围内的市场销售额。对市场容量进行分析，有利于制订运营计划与目标。例如，某个行业的销售额容量在 1 000 万元左右，如果不清楚该行业的市场容量，草率地制定 2 000 万元的销售目标，或计划使用 1 000 万元的推广费用，那么就会造成无法完成销售目标或入不敷出的后果。

进行市场容量分析时还可从多个指标来描述市场容量，如流量、销售额、销售件数等指标。市场容量是评判行业的一个维度，但我们在分析时要注意不能单纯认为市场容量越大越好，市场容量的大小只是一种现状，如何选择市场或如何确定市场策略，需要结合企业的内外因素。

分析师通常认为，市场容量越大，相对市场竞争也就越大，需要的市场预算也就越大；市场容量越小，相对市场竞争也就越小，需要的市场预算也就越小。实力雄厚的企业应该选择市场容量大的市场，实力不足或新兴企业应选择市场容量相对较小的市场。

分析市场容量可以借助生意参谋和 Excel 这两个工具。就市场容量而言，分析师可以利用生意参谋采集某个行业下各子行业的支付金额占比等数据，然后利用 Excel 的数据透视图进行数据展现与分析。

首先，登录淘宝网，在网页顶部右侧单击“商家中心”超链接，将鼠标指针移动到左侧导航栏中“数据中心”栏目右侧的下拉按钮上，在自动弹出的下拉列表中单击“生意参谋”选项，进入生意参谋。

进入生意参谋工具的页面后，先单击顶部的“市场”选项，再单击左侧导航栏中的“市场大盘”选项，在显示页面的上方分别设置行业和采集时期，一般以月为单位。在这里我们将之设置为 2022 年 5 月的“书籍/杂志/报纸”行业，如图 3-2 所示。

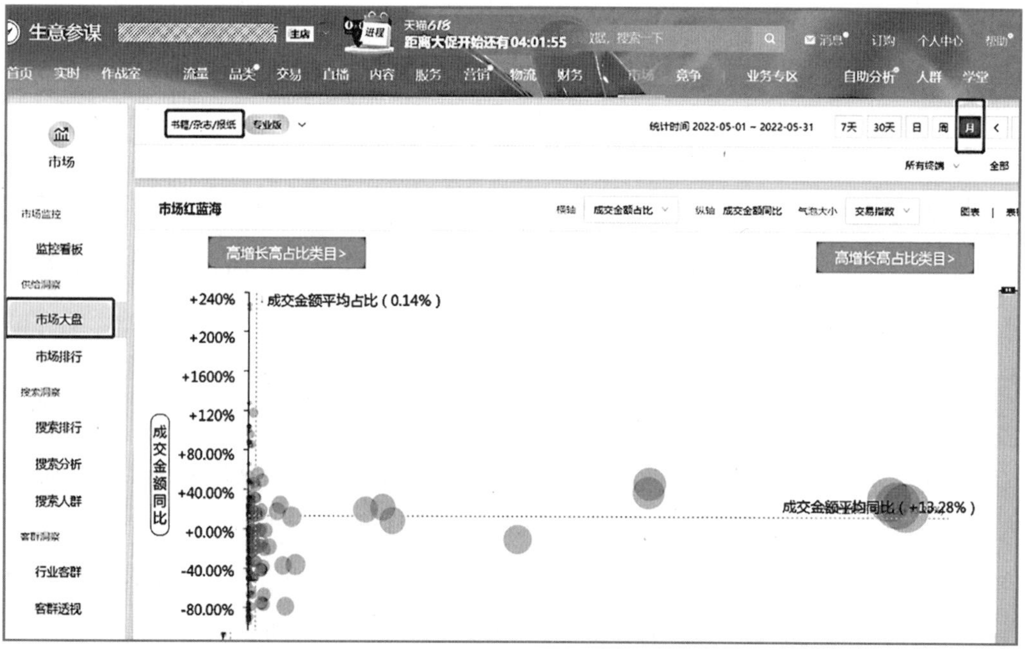

图 3-2　生意参谋市场大盘

选中当前页面下方“行业构成”栏目中除“操作”栏项目的所有数据，按“Ctrl+C”组合键进行复制，如图 3-3 所示。

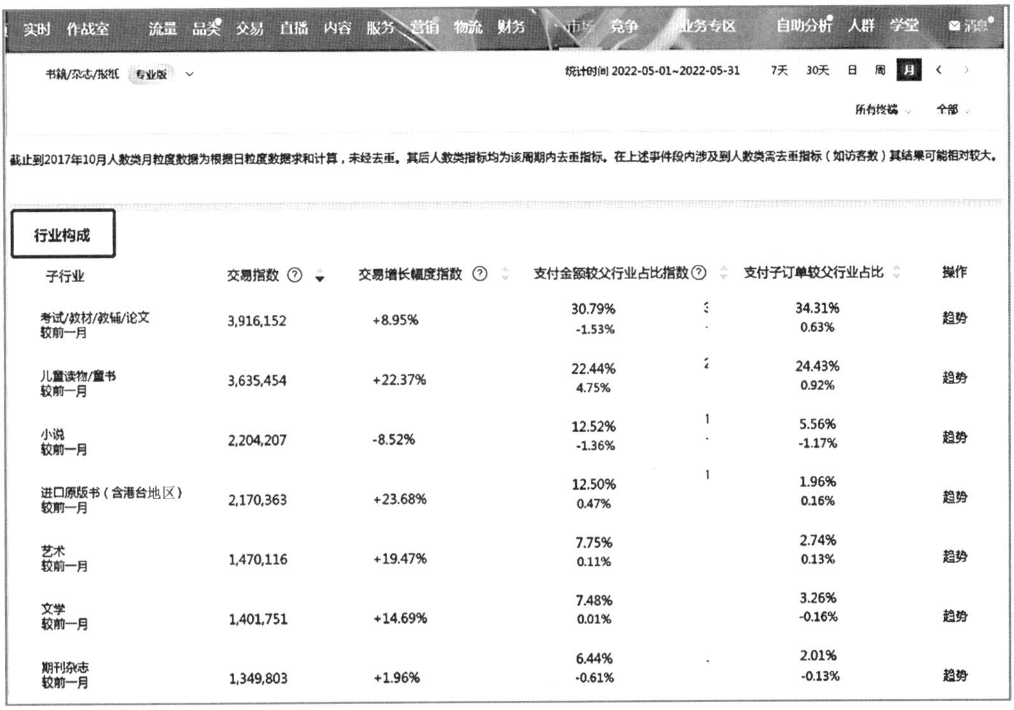

图 3-3　生意参谋行业构成

其次，新建 Excel 表格，按“Ctrl＋V”组合键将所复制的数据粘贴到该表格中。按相同方法将书籍/杂志/报纸行业下其他子行业的数据都复制到该表格中（需进入其他页面进行复制），并手动建立“时期”列，如图 3-4 所示。

	A	B	C	D
1	子行业	交易指数	支付金额较父行业占比指数	时期
222	考试/教材/教辅/论文	3,916,152	30.79%	2022年5月
223	儿童读物/童书	3,635,454	22.44%	2022年5月
224	小说	2,204,207	12.52%	2022年5月
225	进口原版书(含港台地区)	2,170,363	12.50%	2022年5月
226	艺术	2,170,363	7.75%	2022年5月
227	文学	1,401,751	7.48%	2022年5月
228	期刊杂志	1,349,803	6.44%	2022年5月
229	练字本/练字板	1,235,162	4.74%	2022年5月
230	医学卫生	1,231,545	4.22%	2022年5月
231	知识服务	1,157,153	2.93%	2022年5月
232	历史	1,101,004	2.24%	2022年5月
233	社会科学	1,097,041	2.20%	2022年5月
234	漫画/动漫/漫画集	927.609	1.37%	2022年5月
235	哲学和宗教	920265	1.19%	2022年5月
236	自我实现/励志	816.96	0.87%	2022年5月
237	其他	781,409	0.80%	2022年5月
238	管理	763,879	0.78%	2022年5月
239	外语/语言文字	685,201	0.56%	2022年5月
240	工业/农业技术	677.908	0.47%	2022年5月
241	政治军事	663,912	0.45%	2022年5月

图 3-4　采集子行业数据

为了更精确地体现市场容量的数据情况，我们可以将连续12个月的行业数据采集并整理到Excel表格中，利用Excel分析市场容量大小，其具体操作如下：

（1）打开“市场容量xlsx”文件，执行“插入”|“表格”命令，单击“数据透视表”按钮，打开“创建数据透视表”对话框，在“表/区域”文本框中指定数据区域为A1：D241单元格区域，然后勾选“新工作表”按钮，单击“确定”按钮，如图3-5所示。

	A	B	C	D
1	子行业	交易指数	支付金额较父行业占比指数	时期
2	考试/教材/教辅/论文	5,265,843	36.56%	2021年6月
3	儿童读物/童书	3,911,921	23.08%	2021年6月
4	小说	2,913,345	13.01%	2021年6月
5	进口原版书(含港台地区)	1,988 354	9.02%	2021年6月
6	期刊杂志	1,685,707	6.36%	2021年6月
7	文学	1,678,732		
8	练字本/练字板	1,525,111		
9	艺术	1,523,601		
10	社会科学	1,290,055		
11	知识服务	1,172,891		
12	历史	1,154 854		
13	漫画/动漫/漫画集	1,080,627		
14	哲学和宗教	1,080,575		
15	医学卫生	1,077,121		
16	管理	1,039,532		
17	自我实现/励志	1,001,921		
18	其他	974,751		
19	外语/语言文字	879,514		
20	育儿书籍	786551		
21	工业/农业技术	742,280	0.40%	2021年6月
22	考试/教材/教辅/论文	5,455,211	44.00%	2021年7月
23	儿童读物/童书	3,537,211	19.52%	2021年7月
24	小说	2,317,471	12.27%	2021年7月
25	进口原版书(含港台)	1,918,318	9.56%	2021年7月

图3-5　创建数据透视表

（2）Excel将自动新建工作表，并建立空白的数据透视表。在显示的“数据透视表字段列表”对话框中，通过拖动上方字段的方法，分别将“子行业”字段添加到“行标签”栏，将“支付金额较父行业占比”字段添加到“数值”栏，如图3-6所示。

（3）选中数据透视表中的任意数据，在“数据透视表工具选项”|“工具”组中单击“数据透视图”按钮，打开“插入图表”对话框，选中“饼图”栏下的第1种类型，单击“确定”按钮，如图3-7所示。

（4）在“数据透视图工具设计”|“图表布局”组的“布局”下拉列表框中选择“布局4”选项，在“图表样式”组的“样式”下拉列表框中选择“样式2”选项，然后拖动图表右下角的控制点，调整其大小，如图3-8所示。

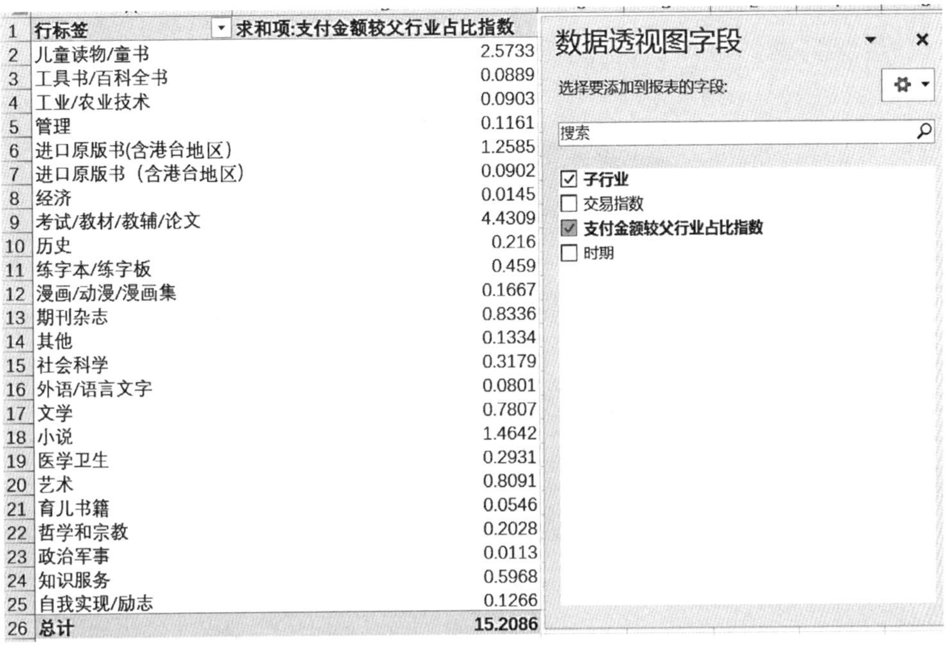

图 3-6　添加字段

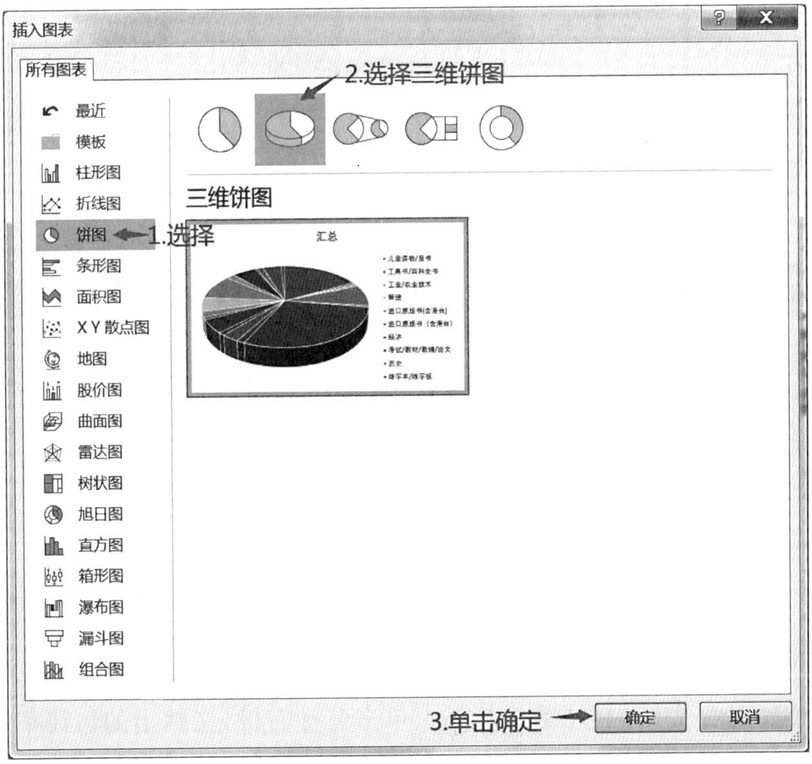

图 3-7　选择图表类型

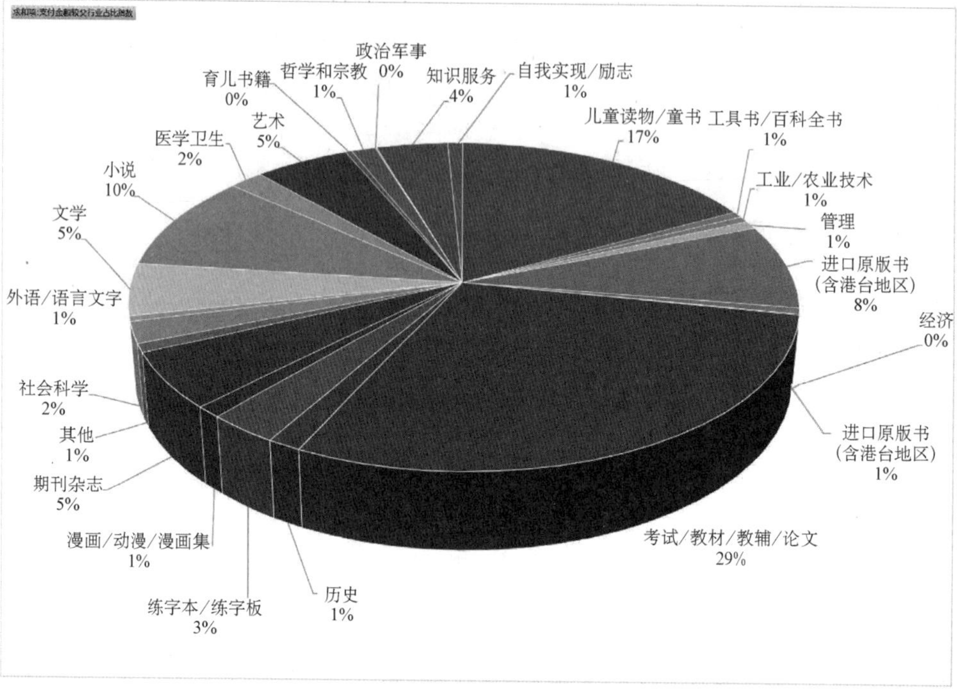

图 3-8　选择图表布局

(5) 在数据透视表的"求和项:支付金额较父行业占比"项目下的任意数据上单击鼠标右键,在弹出的快捷菜单中执行"排序"|"降序"命令,如图 3-9 所示。

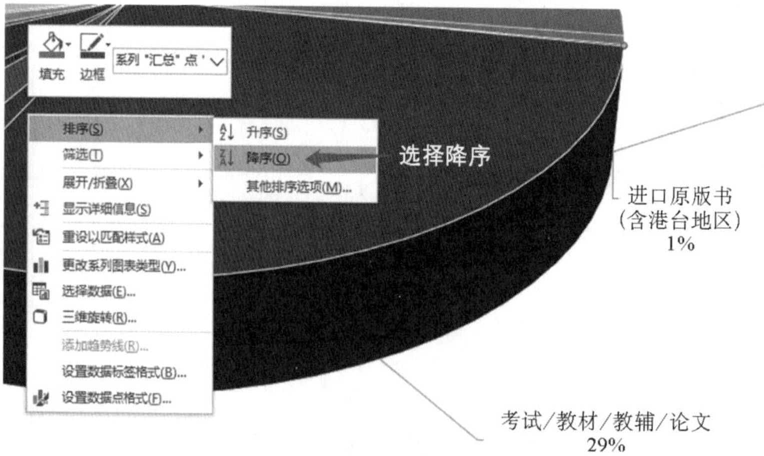

图 3-9　调整三维饼图区域的显示顺序

(6) 在数据透视表的任意数据标签上单击鼠标右键,在弹出的快捷菜单中执行"设置数据标签格式"命令,打开"设置数据标签格式"对话框,取消选中"值"复选框,并单击选中“百分比”复选框，然后单击“关闭”按钮。

在数据透视图中单击选中数据标签，然后再次单击需要调整位置的数据标签并将其选中，拖动标签边框调整位置，将所有数据标签的内容调整到能够清晰显示且互不干扰即可，如图 3-10 所示。

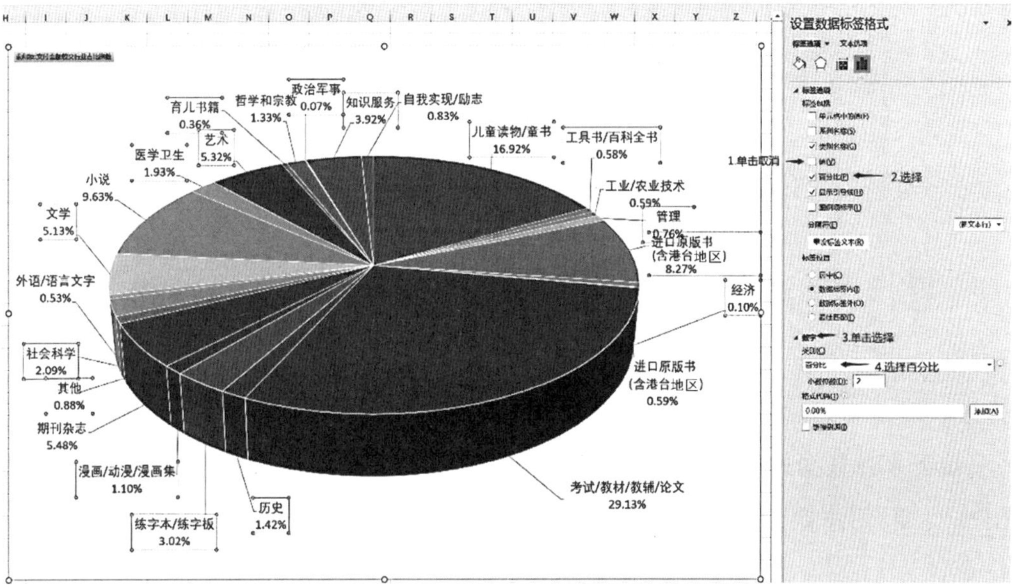

图 3-10　设置数据标签格式

至此，我们就可以查看书籍/杂志/报纸行业下各子行业近 12 个月的市场容量情况了。从图 3-10 中的三维饼图展示结果可知，考试/教材/教辅/论文的市场容量最大，占比为 29.13%，儿童读物/童书的市场容量也不错，占比 16.92%。

在分析数据的时候一定不能只看表面的数据。如果只看表面数据而忽略数据背后的因素，就可能会误导数据化运营的分析结果，制订错误的策略。

二、行业趋势分析

行业趋势即行业的生命周期。处于不同的行业生命周期时，运营人员要采取不同的运营策略。例如，处于行业的导入期或成长期，此时市场的竞争力不足，行业增长快速，可以加快市场推进速度，迅速占领市场；如果处于行业的成熟期，则此时市场基本上被行业巨头抢占，运营人员则需要考虑通过差异化的产品和服务抢占细分市场；如果处于行业的衰退期，运营人员则应考虑提前处理库存，准备好一些退出机制。

分析行业趋势同样可以借助生意参谋和 Excel。首先，我们可以从生意参谋中采集近 12 个月的子行业数据，其次，复制到 Excel 表格中并进行整理。创建一个数据透视表，将“日期”字段添加到“行标签”栏，将“子行业”添加到“列标签”栏，将“支付金额较父行业占比”字段添加到“数值”栏，如图 3-11 所示。

	A	B	C	D	E	F	G	H
1								
2	支付金额较父行业占比							
3	行标签	背心吊带	T恤	裙子	衬衫	大码女装	短外套	风衣
4	6月	0.0179	0.1331	0.0526	0.0564	0.0318	0.0221	0.0056
5	7月	0.0193	0.124	0.0469	0.0557	0.0355	0.0227	0.0102
6	8月	0.0128	0.0934	0.0429	0.0674	0.027	0.039	0.0334
7	9月	0.0069	0.0596	0.0407	0.0586	0.0257	0.0521	0.0448
8	10月	0.0043	0.0395	0.0379	0.0289	0.0199	0.0478	0.0284
9	11月	0.0025	0.0259	0.0308	0.0205	0.0133	0.0275	0.0134
10	12月	0.0024	0.0195	0.0264	0.0174	0.0121	0.0217	0.007
11	1月	0.0028	0.0218	0.0276	0.021	0.0142	0.0245	0.009
12	2月	0.0051	0.0414	0.0332	0.0461	0.0161	0.0448	0.0251
13	3月	0.0114	0.1001	0.0404	0.0809	0.0236	0.0626	0.0454
14	4月	0.0158	0.1463	0.0507	0.0746	0.0293	0.039	0.0194
15	5月	0.0172	0.1498	0.0507	0.058	0.0328	0.0254	0.0055

图 3-11　创建数据透视表

接下来在数据透视表的基础上创建数据透视图，选择图表类型为折线图，并插入“子行业”切片器，如图 3-12 所示。

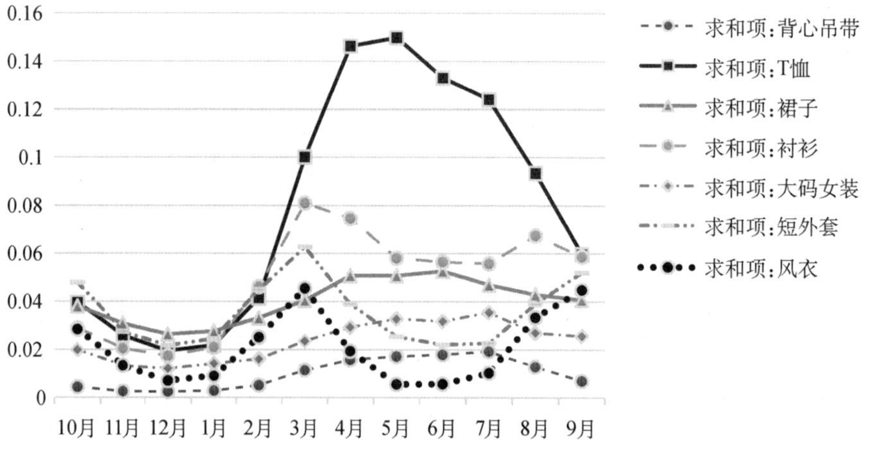

图 3-12　数据透视图

图 3-12 展现了女装行业下所有子行业的趋势，内容非常混乱，这时可以借助切片器选择某个子行业来单独查看该行业的发展趋势。例如，我们选中“背心吊带”子行业，如图 3-13 所示，就能看到 2 月时背心吊带的销售额数据开始迅速上升，到 7 月时进入旺季，8 月时则开始迅速衰退。也就是说，如果想要从事背心吊带这个行

业，那么要在 2 月左右进入，在 5 月和 6 月时引爆销量，8 月时要做好库存管理。如果在 8 月时我们还大力投入资金，可能会导致入不敷出。

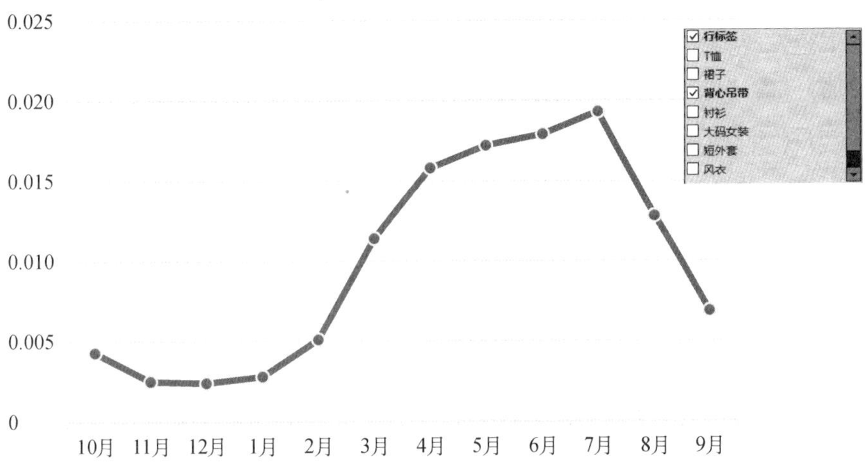

图 3-13 背心吊带行业趋势

三、市场潜力分析

市场潜力指的是在某种市场环境下，对市场需求所能达到的最大数值的测算。市场潜力决定了市场的未来发展空间和竞争力度，因此这是一个非常重要的市场行情分析因素。利用蛋糕指数可以对市场潜力进行分析，指数越高则市场潜力越大。蛋糕指数计算公式如下：

$$蛋糕指数=支付金额较父行业占比\div父行业商家数占比 \tag{3-1}$$

具体可以分为以下几种情况：

（1）蛋糕指数大，市场容量小。分子小，结果如果大，分母必然很小。此时说明商家少，市场竞争度很小，这种产品市场值不值得进入需要作进一步分析。如果增长趋势较大，则很有可能是值得做的。因为这说明该产品市场可能是一个新的蓝海市场，早早进入也许能抓住蓝海这个机遇。

（2）蛋糕指数大，市场容量大。这是典型的蓝海市场特征，这种行业往往是可以进入的。因为需求量大，同时竞争小。

（3）蛋糕指数小，市场容量大。说明行业竞争非常大，是否进入这个行业，取决于有没有这方面的优势和资源。如果能在竞争中占有一定的优势，则该行业是值得进入的;如果没有,“蛋糕”再大也未必能有自己的一份。

(4) 蛋糕指数小,市场容量小。如果竞争大,则说明很多人在抢很小的一个份额。一般这种情况都是那种突然爆发,然后又突然被市场抛弃的行业。当出现爆款商品时,很多商家就会出现并相互竞争。但是他们不懂数据分析,在行业已经出现衰退趋势时还在进入市场,这种市场肯定是不值得进入的。如果竞争小,则商家可以保持观望状态,观察行业趋势作进一步分析。

分析市场潜力时,将数据采集的时期扩大,以便更加准确地反映市场的蛋糕指数。一般情况下,我们可以采集生意参谋中近几年的子行业支付金额较父行业占比和父行业商家数占比数据。

任务三　行业数据的挖掘

一、分析市场稳定性

市场稳定性是指当需求、价格等因素偏离均衡情况后市场恢复为原来的均衡状态的能力。例如,在单个市场中消费者行为的变化对已经建立起来的均衡会产生干扰,使实际价格偏离均衡价格,因此将引起市场的一个调整过程,如果在产生干扰过后市场仍然能恢复到原来的均衡状态,则说明这个市场是稳定的。

市场稳定性涉及波动系数和极差两个指标,计算公式如下:

$$波动系数=标准差\div平均值 \tag{3-2}$$

$$极差=最大值-最小值 \tag{3-3}$$

在生意参谋中任选书籍/杂志/报纸下两个子行业近12个月的交易指数数据,并整理到Excel表格中,这里采集的是考试/教材/教辅/论文(图3-14)和儿童读物/童书(图3-15)子行业的交易指数数据。波动系数中标准差的计算需要借助Excel中的STDEVP函数,平均值的计算则需要借助AVERAGE函数。在Excel中分别计算它们的标准差、平均值和波动系数,结果如图3-16所示。

对于小商家而言,波动系数越大的市场,机会可能就越大;对于中级商家而言,如果资源较好,则建议选择波动系数小的市场,因为这个市场进入相对稳定的成熟

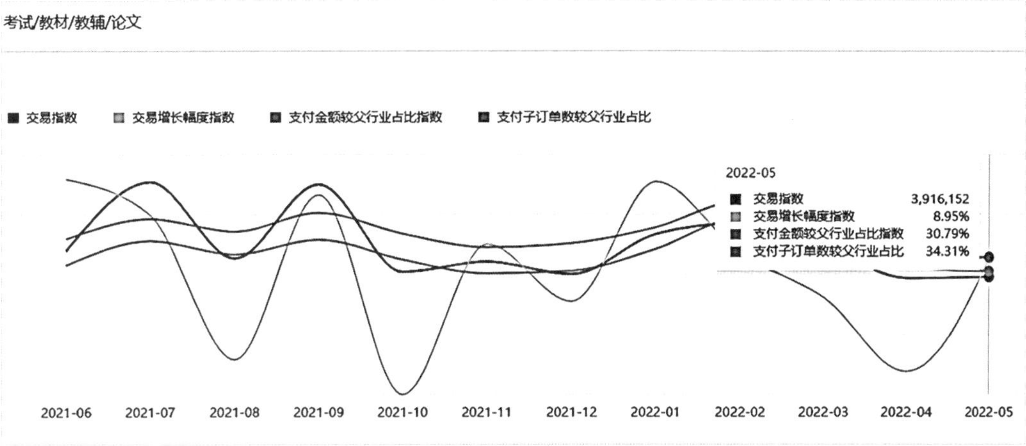

图 3-14　考试/教材/教辅/论文交易指数数据

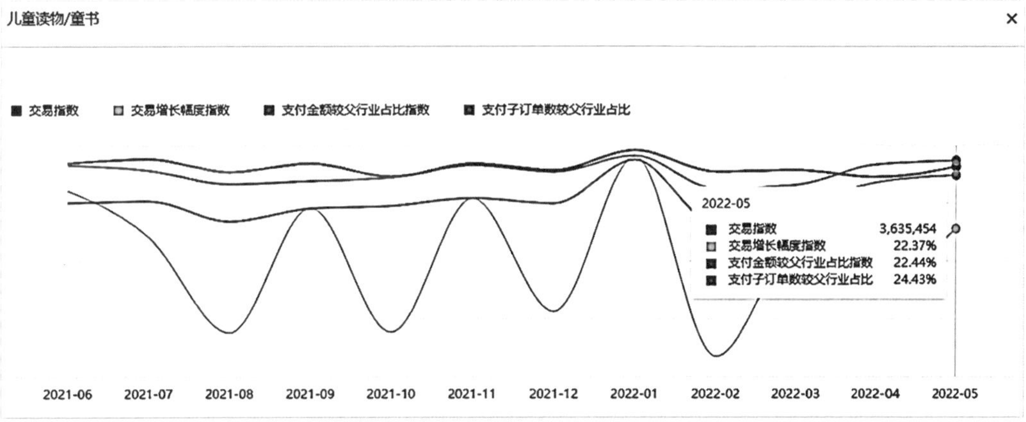

图 3-15　儿童读物/童书交易指数数据

	A	B	C
1	日期	考试/教材/教辅/论文	儿童读物/童书
2	2021年6月	4788634	3696142
3	2021年7月	7085505	3773756
4	2021年8月	4535006	3537044
5	2021年9月	6998860	3698437
6	2021年10月	4082260	3456405
7	2021年11月	4425546	3696323
8	2021年12月	4005047	3577567
9	2022年1月	5337687	3922591
10	2022年2月	5701094	3551786
11	2022年3月	4973143	3575758
12	2022年4月	3877086	3456370
13	2022年5月	3916152	3635454
14	标准差：	1072517.93	129250.5664
15	平均值：	4977168.333	3631469.417
16	波动系数：	0.215487574	0.035591809

图 3-16　Excel 整理数据及计算结果

阶段，往往只要控制好供应链即可。

波动系数的缺点在于它与数据本身的大小没有关系，千万级别的源数据和百位级别的源数据，计算出来的波动系数可能是一样的，但它们的量级则有较大差别。因此，可以进一步利用极差来显示数据的量级。计算极差时可借助 MAX 函数和 MIN 函数，MAX 函数返回所选区域的最大值，MIN 函数返回所选区域的最小值。配合分析波动系数和极差，才能更准确地评估行业稳定性。

二、计算行业集中度

行业集中度可以反映某行业的饱和度和垄断程度，一般使用赫芬达尔指数来反映。该指数首先需要取得竞争对手的市场占有率，并忽略较小的竞争对手，其次计算出竞争对手市场占有率的平方值，最后将这些平方值求和。

实际操作时，我们可以利用生意参谋的市场功能，采集某行业的部分品牌交易指数，如图 3-17 所示，并将所采集的数据整理到 Excel 表格中即可分析行业集中度。

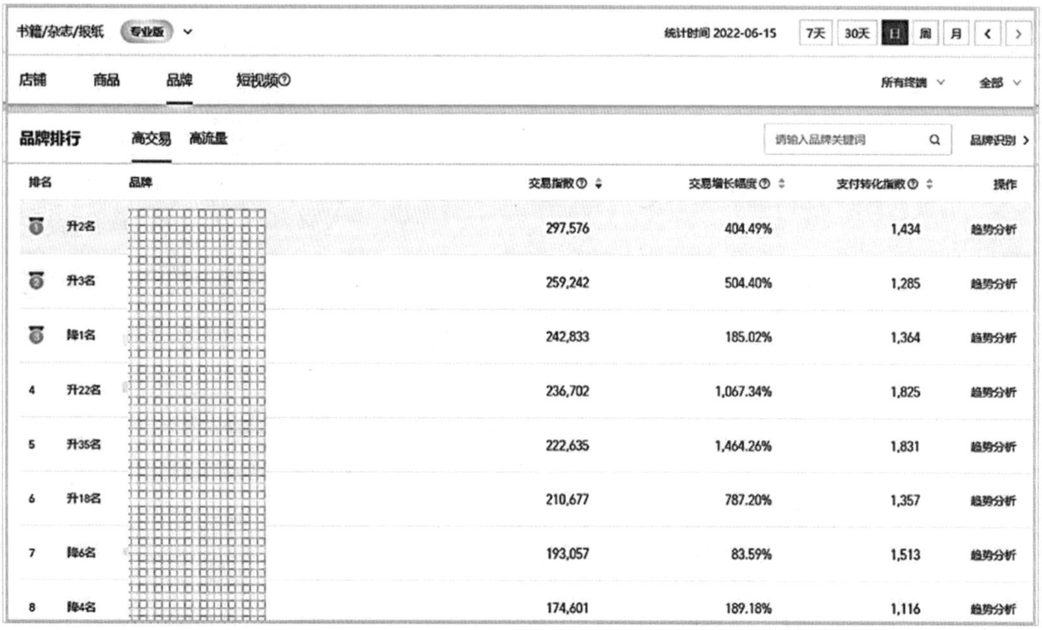

图 3-17　书籍/杂志/报纸品牌交易指数

下面以 Excel 为例，介绍行业集中度的计算方法，其具体操作如下：

（1）利用生意参谋采集品牌交易指数，将所采集的数据整理到 Excel 表格中，计算市场份额，即该品牌交易指数除以表中所有品牌交易指数之和的结果。需要确保所有品牌交易指数之和不变。

(2) 在Excel表格中对将该品牌的交易指数进行平方运算,得到结果。

(3) 计算所有品牌市场份额平方值的总和,得到计算结果,即该行业在数据采集期间的行业集中度。

行业集中度数值越大,说明市场的集中度越大;当这个数值等于1时,表示市场被巨头垄断;这个数值越小,说明市场的集中度越小,市场就越趋于自由竞争。

三、使用环比与同比数据

与波动系数密切相关的指标是增幅,即增长速度。增幅又分为环比增幅和同比增幅两种,两者的含义和计算方法分别如下:

(1) 环比增幅:即本期数据与上期数据比较,如2022年5月的数据与2022年4月的数据相比较得出的增长速度,就称为环比增幅,其公式为:

环比增幅=(本期数-上期数)÷上期数×100%

(2) 同比增幅:即本期统计数据与历史同时期数据比较,如2022年5月的数据与2021年5月的数据相比较得出的增长速度,就称为同比增幅,其公式为:

同比增幅=(本期数-历史同期数)÷历史同期数×100%

环比增幅和同比增幅均用百分数或倍数表示。环比增幅可以分为日环比、周环比、月环比和年环比,主要是对比短时期内的增幅程度。其公式分别为:

日环比增幅=(今天数据-昨天数据)÷昨天数据×100%

周环比增幅=(本周数据-上周数据)÷上周数据×100%

月环比增幅=(本月数据-上月数据)÷上月数据×100%

年环比增幅=(本年数据-上年数据)÷上年数据×100%

同比增幅一般用在相邻两年的相同月份之间进行比较,很少以两月的相同日期来对比。环比增幅和同比增幅虽然都反映变化速度,但由于采用基期的不同,其反映的内容也是完全不同的。一般来说,环比增幅可以与环比增幅相比较,但不能将同比增幅与环比增幅相比较。

利用环比增幅和同比增幅的分析方法,可以更好地展现行业的发展情况。利用生意参谋的市场功能采集行业不同时期的交易指数数据后,即可计算环比增幅与同比增幅，以此判断增减情况。

四、建立波士顿矩阵

波士顿矩阵法，又称市场增长率-相对市场份额矩阵、四象限分析法等，是一种用来分析和规划企业产品组合的方法。企业可以利用波士顿矩阵分析各行业的市场现状和发展前景，以采取有针对性的战略措施。如图 3-18 所示，波士顿矩阵包含四个象限，分别对应明星产品、问题产品、瘦狗产品和金牛产品，下面分别进行介绍。

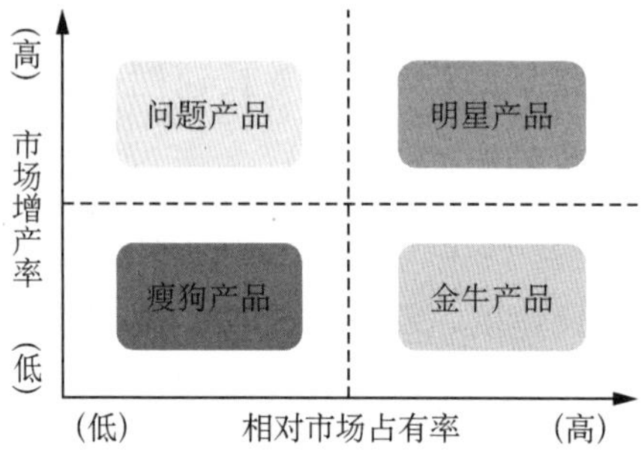

图 3-18　波士顿矩阵

1. 明星产品

明星产品是指高市场增长率、高相对市场份额的行业，代表着最优的利润和最佳的投资机会。这种行业可以采用扩张战略，进行必要的投资，进一步扩大产品优势，提高市场占有率。

2. 问题产品

问题产品是指高市场增长率、低相对市场份额的行业，其市场机会大、前景好，而在市场营销上存在一定的问题。这种行业可以进行必要的投资，以扩大市场占有率，使其转变为明星产品，或者采用放弃战略。

3. 瘦狗产品

瘦狗产品亦称衰退类产品，是指低市场成长率、低相对市场份额的行业。它们的利润低，处于保本或亏损状态，负债比率高，无法为企业带来收益。瘦狗产品适合采用收缩战略，目的在于出售或清算业务，以便把资源转移到更有利的领域。

4. 金牛产品

金牛产品又称厚利产品，是指低市场成长率、高相对市场份额的行业。它能产生较大的现金余额，是企业资金的来源，本身不需要投资，可采用稳定型发展战略。

项目习题

一、单项选择题

1. 下列各项中，属于市场分析在经营决策中的作用的是（　　）。

   A. 发现机会　　B. 解决问题

   C. 控制销售　　D. 以上都是

2. （　　）是指高市场成长率、高相对市场份额的业务。

   A. 明星产品　　B. 金牛产品

   C. 问题产品　　D. 瘦狗产品

二、判断题

1. 市场容量又叫市场规模，可以理解为一定时期内一个品类或行业在某一个范围内的市场销售额。（　　）
2. 市场容量越大，相对市场竞争越小，需要的市场预算也越小。（　　）
3. 波动系数＝标准差÷平均值。（　　）
4. 极差＝最大值－最小值。（　　）
5. 对于小商家而言，波动系数越小的市场，机会可能就越大。（　　）

三、简答题

1. 什么是市场容量？
2. 什么是市场分析？
3. 请简述市场分析的目的。
4. 市场行情分析内容主要包括什么？
5. 什么是市场稳定性？

项目四 竞争对手数据分析

知识目标

1. 掌握竞争对手的概念和分类
2. 熟悉竞争对手的界定和识别方法
3. 熟悉竞争对手的分析步骤和方法
4. 掌握竞店分析、竞品分析和竞争品牌分析

技能目标

1. 具备竞店识别的能力
2. 具备分析竞争店铺、竞争产品和竞争品牌的能力
3. 具备收集、整理和分析数据的能力

思政目标

1. 必须保证用于竞争店铺数据分析的数据来源符合国家法律法规
2. 明辨是非，诚实守信，养成尊重数据、务实严谨的科学态度

思维导图

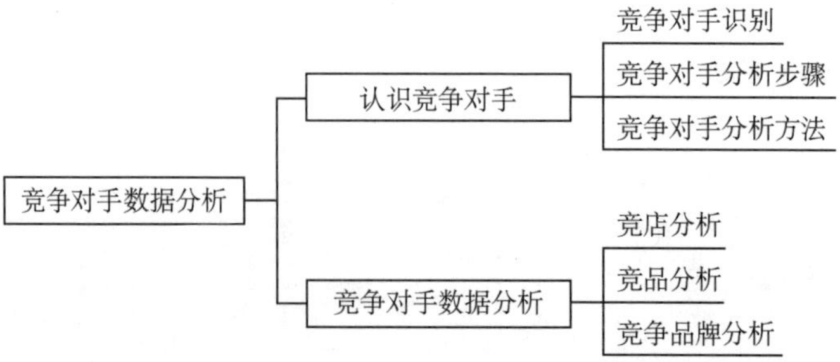

案例导入

小王经营一家网上图书店铺，他选择了同一图书目标市场下的一款相似的系列图书作为竞品，为了全面地进行竞品分析，小王分别建立了竞品基本信息表和竞品数据追踪表，其中竞品基本信息表主要包括店铺名称、商品标题、商品价格、成交关键词等，如图 4-1 所示。

	A	B	C
1	竞品基本信息		
2	店铺名称	**图书专营店	**教育图书旗舰店（竞品）
3	商品标题	现货！官方2022一建任选教材套装	建筑专业2022年新版一建官方教材
4	商品价格	244	273
5	成交关键词		
6			

图 4-1　竞品基本信息表

竞品数据追踪表主要包括促销活动、日访客量、日销售量、日转化率等，某店铺销售数据追踪表如图 4-2 所示。

	A	B	C	D	E	F
1	店铺销售数据追踪					
2	内容	项目	6.11		6.12	
3			**图书专营店	**教育图书旗舰店（竞品）	**图书专营店	**教育图书旗舰店（竞品）
4	竞品分析	促销活动		满199减20	百亿补贴	
5		日访客数				
6		日销售量				
7		日转化率				

图 4-2　竞品数据追踪表

小王连续收集了一周的竞品相关数据并对竞品数据进行分析后得出，一周内竞品及自身商品的价格没有变化，竞品的销售量除了在满减活动时有所增长，整体呈下滑趋势，而自身产品的销售量虽有波动，但总体上呈现增长趋势。小王将继续统计相关数据，做好竞品分析，追踪竞品可供借鉴的内容。

案例思考

通过上述竞品分析的案例，请思考：

(1) 怎样选择合适的竞品？

(2) 竞品分析可以从哪些内容展开？

任务一 认识竞争对手

从广义上来看，竞争对手是指所有与自身企业争夺同一目标用户群的企业。而从电子商务领域来看，竞争对手是指对电子商务企业发展可能造成威胁的所有企业，具体来说是那些生产经营与自身企业提供的产品相似或者可相互替代的产品，以同一类顾客为目标市场的其他企业，即产品功能相似、价格区间相近、目标市场相同的企业。

一、竞争对手识别

竞争对手识别是竞争对手分析的前提，是制定企业发展战略和竞争战略的关键。在经济全球化和市场竞争日益激烈的环境下，从众多竞争对手中识别主要的、次要的和较次要的竞争对手以及明确自身企业在竞争中所处的相对位置对于企业的竞争分析具有非常重要的意义。此外，企业的资源有限，且判别竞争对手的界限越来越模糊，因此整合利用有限的资源对企业的竞争对手进行识别并对其进行分类就显得尤为重要。

(一) 竞争对手分类

根据是否形成竞争事实，竞争对手可以分为目标市场竞争对手、行业竞争对手和潜在竞争对手。

1. 目标市场竞争对手

不同企业因在同一目标市场内从事相同或相似业务而形成竞争对手，它们会在产品原料市场、目标市场地位、顾客资源等方面展开竞争。

2. 行业竞争对手

它可以分为行业内竞争对手和行业外竞争对手。行业内竞争对手是指那些与本企业处在同一行业并且实力相当、目标市场相同的企业；而行业外竞争对手是指那些与本企业处在不同行业，但目标市场和所提供的服务与本企业相同且会影响到本企业活动的企业。

3. 潜在竞争对手

潜在竞争对手是指暂时对本企业不会构成威胁但是会有潜在威胁的竞争对手。迈克尔·波特(Michael E. Porter)认为潜在竞争对手可以分为以下几类：

(1) 不属于本行业但是能克服障碍自由进入本行业的企业。

(2) 进入本行业会产生明显协同效应的企业。

(3) 战略的延伸将不可避免地进入本行业竞争的企业。

(4) 可前向或后向整合的客户或供应商。

(5) 可能被收购或兼并的企业。

一般而言,企业有很多竞争对手,因此不可能也没必要收集所有竞争对手的信息。而根据行业的竞争态势以及本企业的地位和能力,准确识别和界定竞争对手是进行竞争对手分析前必须作出的判断。

(二) 竞争对手界定

在激烈的市场竞争中,谁会成为企业竞争的主要对手?谁能成为合作伙伴?如何界定竞争对手是至关重要的一步。我们将从以下几个方面对竞争对手进行界定。

1. 销售同类别商品或服务

同业竞争的对手是最直接的也是最大众化意义上的竞争对手,它们有相近的价格区间和类似的目标客户,如肯德基与麦当劳、百事可乐与可口可乐、耐克与阿迪达斯等。

2. 销售扩大类别的商品或服务

扩大类别的商品或服务是指非同类别但是属于可替代的商品或服务,也构成竞争关系。例如,休闲服的同类别竞争对手是休闲服,其可替代竞争对手是运动服、正装等。

3. 销售互补类别的商品或服务

互补商品是指两种商品之间存在相互依赖性而形成互利关系。例如,牙膏和牙刷是互补关系。一般情况下,互补商品之间不构成竞争关系,但是生产数码相机的企业和生产照相机胶卷的企业却是竞争对手。

4. 争夺人力资源

抢夺相同类型的人力资源的竞争对手,包括争夺本企业的客服人员、运营人员、美工人员等。那些总在挖本企业墙角的或者员工离职后去得最多的企业,一定是本企业的竞争对手,说明它们与本企业之间的资源具有相似性,在抢夺同一类型的人力资源。

5. 争夺消费者资源

消费者资源包括消费者的时间资源、预算资源和身体资源等,争夺消费者资源是竞争对手最本质的表现。

6. 争夺营销资源

如果企业想通过广告推广来吸引消费者,那么在同一媒介、同一时段投放广告的其他企业就是竞争对手。

7. 争夺原料资源

争夺相同类型原料的企业间构成竞争关系，如星巴克和其他所有以咖啡豆为生产原料的企业都是竞争关系。

8. 争夺物流资源

电子商务与物流密不可分，争夺物流资源的情况时有发生，这些企业互为竞争对手。这在每年春节和“618”“双十一”等大促时节尤为明显，为了能够顺利发货，各大商家都使出了浑身解数。

（三）竞争对手识别方法

电子商务企业用以识别竞争对手的方法有以下四种。

1. 通过目标人群识别

企业通过目标人群可以有效识别竞争对手。例如，在淘宝搜索“女夏装”，但是18～25周岁与60周岁以上的目标人群是完全不同的竞争体系，因此可以通过设定“适用年龄”来识别竞争对手，图4-3为淘宝中“女夏装”60周岁以上人群的商家。

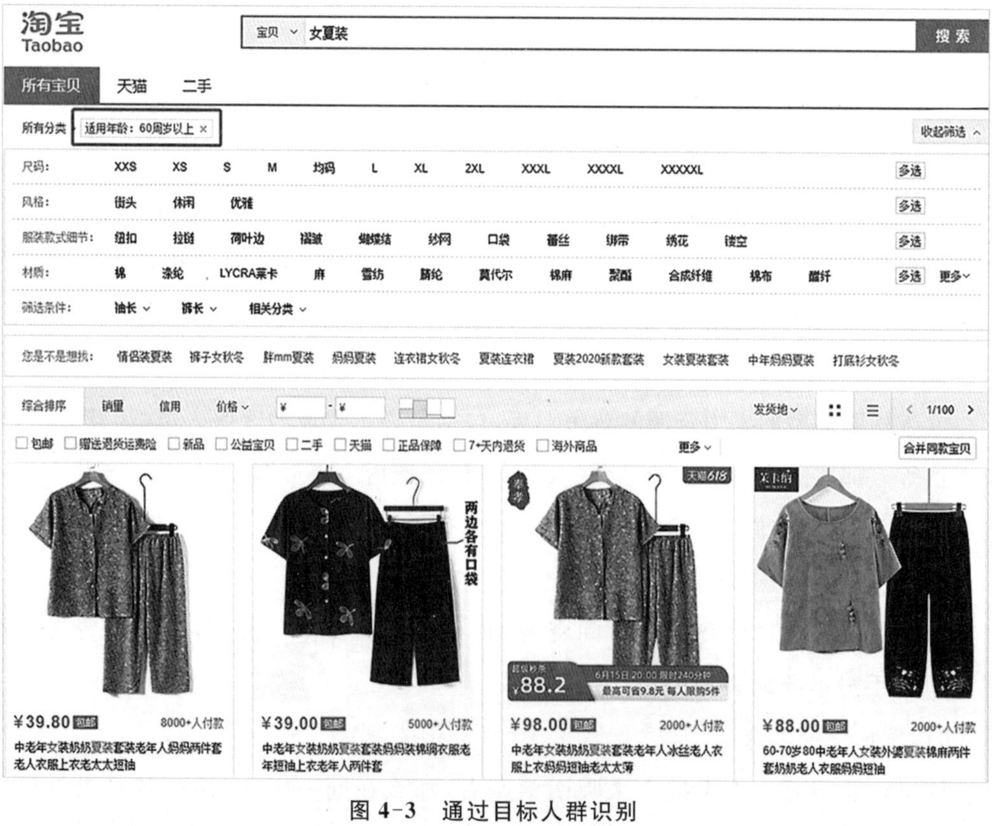

图4-3　通过目标人群识别

2. 通过关键词识别

企业可以在自身所在的电子商务平台搜索经营相似商品的店铺，具体还可以根据店铺商品的属性来进一步锁定竞争对手。

例如，在淘宝搜索“水杯”，可以看到大量的竞争对手，随后选择材质为“耐热玻璃”、玻璃杯花色为“无色透明”、容量为“301 mL(含)—400 mL(含)”，可以进一步识别竞争对手，如图 4-4 所示。

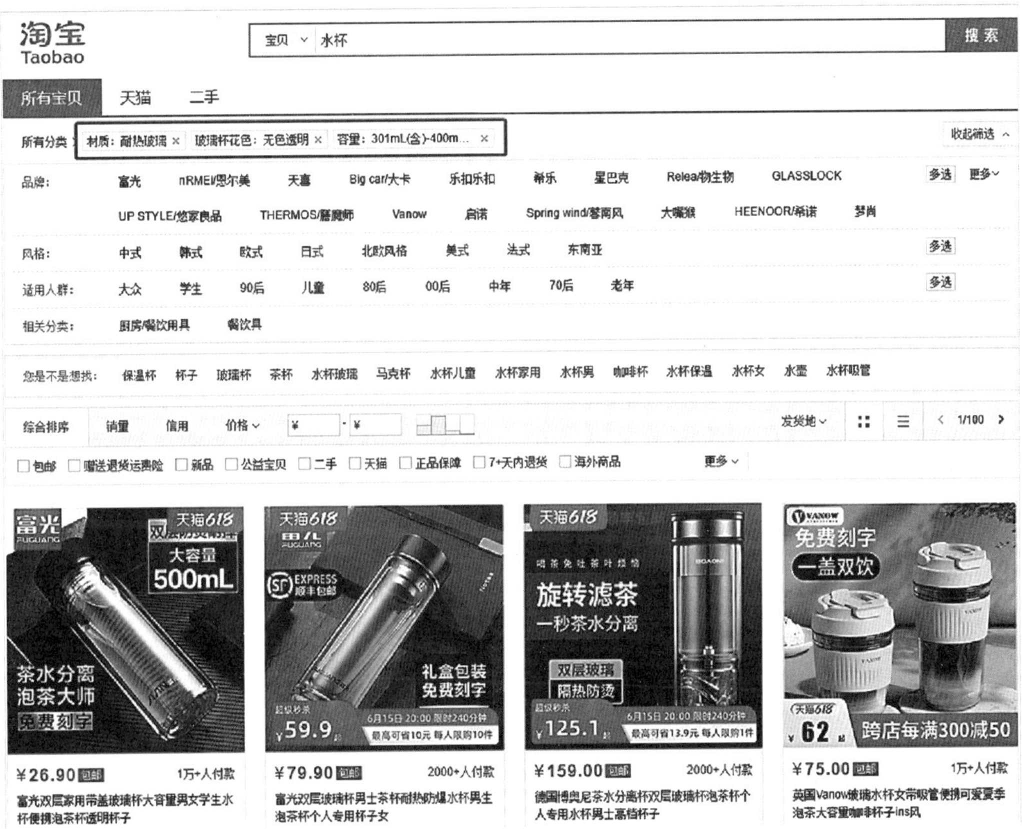

图 4-4 通过关键词识别

3. 通过销量及商品单价识别

企业可以通过筛选销量和单价在电子商务平台搜索页面找出相关店铺，然后找到店铺商品所在的排名，将商品销量或商品单价最接近的店铺作为竞争对手，如图 4-5 所示。

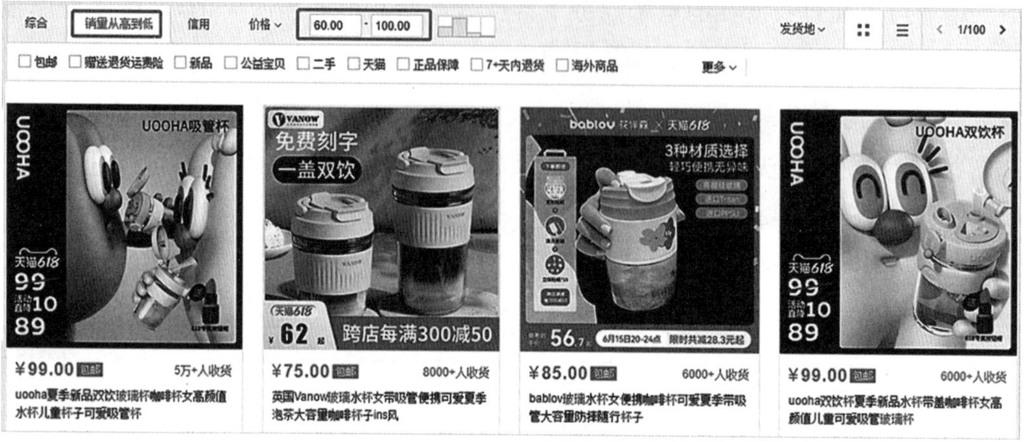

图 4-5　通过销量及商品单价识别

4. 通过推广活动识别

企业根据自身参与的线上活动或促销活动，锁定参与同种类型推广活动或促销活动并且销售相近品类商品的商家为竞争对手。

此外，以淘宝为例，商家可以借助生意参谋来查看商品的购买流失数据（图 4-6），也就是分析那些浏览了商品但未购买，离开后购买了其他店铺同类商品的消费者数据。通过这些数据，商家可以找到竞争店铺及其信誉等级和所在省份，从而帮助企业识别竞争对手。

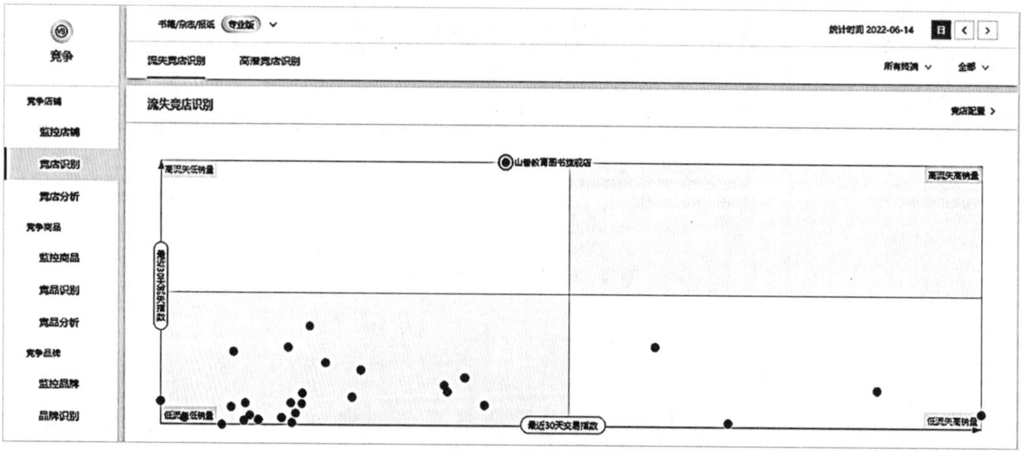

图 4-6　生意参谋购买流失数据

二、竞争对手分析步骤

电子商务企业进行竞争对手分析一般要遵循以下步骤。

（一）锁定竞争对手

企业分析竞争对手，要准确锁定自己的竞争对手，不能盲目选择竞争对手。例如，图书行业不能选择服装行业作为竞争对手，而是选择图书类目下的商家作为竞争对手。所以，做好竞争对手数据分析的首要之举是正确选择竞争对手。

（二）搜寻竞争对手

在锁定竞争对手之后就需要精准搜寻竞争对手。我们可以在店铺相应的电子商务平台搜索与店铺商品最相符的关键词，也可以根据店铺商品的属性来搜索竞争对手，还可以根据店铺商品的客单价来搜索。例如，在电子商务平台的搜索页面中，根据店铺商品的平均销量和客单价找出相关店铺，锁定商品前后排名接近且销量和客单价相近的几家店铺，将它们作为竞争对手。

（三）定位竞争对手

由于行业的细分程度越来越高，在电子商务市场中同一类目下的商品种类有很多，而且即使是同一商品也可能被设置在不同类目中，所以店铺竞争对手的范围也越来越广。然而从所属行业类目的层面来看，竞争对手还是具有一定范围的，即使两种商品是属于同一行业，但可能并不是竞争对手。例如，甲店铺主营健身器材，乙店铺主营健身服饰，从行业来看，甲、乙店铺都是属于健身用品类目，但是甲、乙店铺却并非竞争对手。

所以，店铺在确定竞争对手范围的过程中，应当通过判断店铺商品的所属类目和分析主营商品的价格区间来对竞争对手的范围“做减法”，从而更精准地掌握竞争对手的情况。

三、竞争对手分析方法

正确运用竞争对手分析方法是对竞争对手进行良好分析的关键。正确、客观地使用以下几种方法，可以确保企业获得有关竞争对手的准确资料，从而帮助企业制定和实施竞争战略。

（一）五力分析模型

迈克尔·波特认为，有五种力量决定行业的规模和程度，这五种力量整合起来会影响现有企业的竞争战略决策以及行业的吸引力。五种力量分别是同行业内现有竞争对手的竞争能力、潜在竞争对手进入的能力、替代品的替代能力、供应商的议价能力以及买方的议价能力。如图 4-7 所示,他将这些不同的因素汇集在简单的模型中用以从宏观上对比分析企业自身的基本竞争态势。

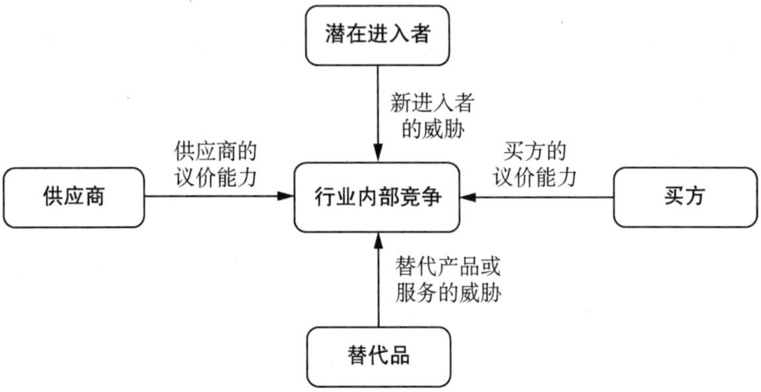

图 4-7　五力分析模型

(二) 竞争对手分析模型

在企业竞争信息领域采用的主要竞争对手分析方法是迈克尔·波特提出的“竞争对手分析模型”,它从企业的未来目标、现行战略、自我假设和竞争实力四个方面来分析竞争对手下一步的行为和反应模式,如图 4-8 所示。通过对未来目标的分析可以知道是什么驱使着竞争对手;通过对现行战略的分析可以看出竞争对手正在做

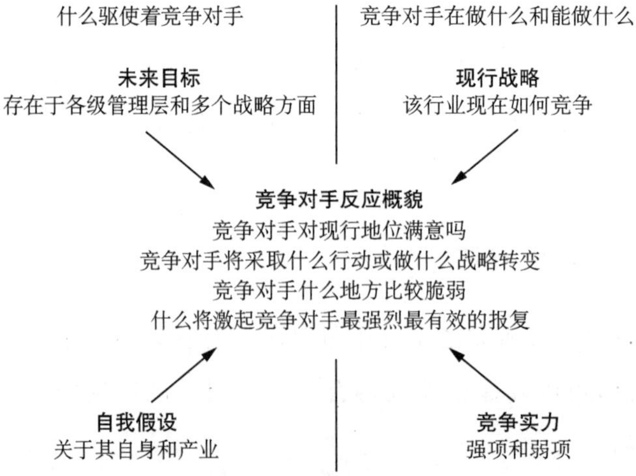

图 4-8　竞争对手分析模型

什么和能做什么；通过对自我假设的分析可以清楚地看到竞争对手对自身的定位以及对未来前景的规划；通过对竞争实力的分析能够掌握竞争对手的强项和弱项，从而使本企业在竞争中处于有利地位。

(三) SWOT 分析法

SWOT 分析法又称态势分析法，由海因茨・韦里克(Heinz Weihrich)于 20 世纪 80 年代初提出，S 是指优势(strength)，W 是指劣势(weakness)，O 是指机会(opportunity)，T 是指威胁(threat)，其中 S 和 W 是对企业内部因素的总结分析，O 和 T 是对企业外部因素的总结分析，如图 4-9 所示。

	有益	有害
内部	Strength 优势	Weakness 劣势
外部	Opportunity 机会	Threat 威胁

图 4-9 SWOT 分析法

SWOT 分析法可以在对环境和竞争力进行分析时用于分析本企业和竞争对手的优势因素、劣势因素、机会因素和威胁因素，从而扬长避短，帮助本企业制定成功的竞争战略。

任务二 竞争对手数据分析

为了更全面地了解竞争对手，洞悉竞争对手在市场竞争中的战略定位和发展方向，我们可以运用电子商务数据分析工具来对竞争对手进行分析。生意参谋是阿里巴巴商家统一数据产品平台，提供强大的竞争分析功能。下面我们以生意参谋为例来对竞争对手进行数据分析。

如图 4-10 所示，此时显示在页面中的“监控店铺列表”区域就是已添加的竞争店铺，单击“查询竞店”板块下的“＋”符号，输入相应竞争店铺首页链接或店铺名称就能确认添加为竞争对手(图 4-11)；单击“监控店铺列表”板块中“更改”按钮，可以重新选择竞争对手(图 4-12)；单击“取消”按钮可以删除该竞争对手。

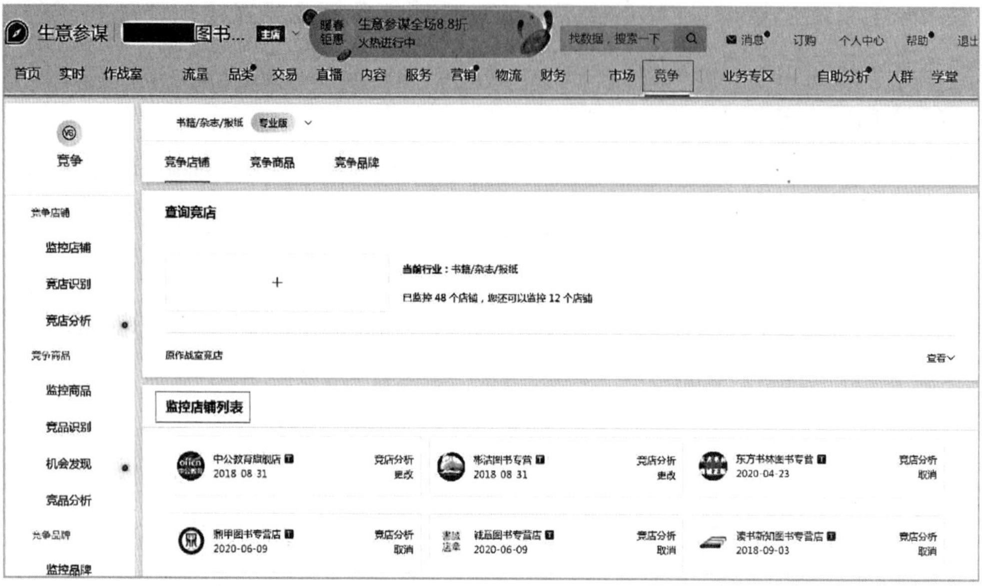

图 4-10　竞争店铺配置

图 4-11　添加竞争对手

图 4-12 更改竞争对手

一、竞店分析

二维码 4-1 竞争店铺的结构分析与流量分析

商家在运营中要时刻注意竞争对手店铺的任何变化,因为这些变化都很可能直接影响到自己店铺的销量。

(一)竞店分析策略

竞店分析是一个对竞争对手进行全方位拆解的过程。一般而言,竞争店铺越强,对自身店铺的销量影响越大。因此,在对竞争店铺进行分析之前,商家要了解竞争店铺的规模、主销产品、销量、客单价、浏览量、访客数、转化率、推广活动等因素,再一一进行分析并设定有效的策略来面对竞争市场。对竞争店铺进行分析时,我们需要注意以下几个方面。

1. 消费者诉求

每种类型的店铺都有其忠实的消费者,不同的消费者有不同的消费诉求,高消费水准的消费者一般较能接受店铺中的高端产品。

2. 产品差别化

当本店铺所经营的产品与其他竞争店铺的产品重复太多或者相似性过高时,店铺将会面临不利局面,因为竞争店铺会严重瓜分目标竞争市场。

3. 定价策略

分析竞争店铺的客单价，了解竞争店铺采用的是何种定价策略，如新产品定价、尾数定价、整数定价、折扣定价、差别定价、地区定价、组合定价等。

4. 推广活动

我们还应注意店铺是否参加推广活动、促销商品是否是主营商品、促销广告设计是否突出商品特性、活动优惠方式和折扣力度是否吸引人。

5. 竞争店铺分析

我们主要关注的指标有店铺主销商品、客单价、转化率、浏览量、复购率、引流词、访客数等。

（二）竞店分析操作

1. 识别竞店

在对单个竞争店铺进行分析前，我们可以利用生意参谋中的“竞店识别”功能查看所有竞店情况。单击左侧导航栏中的“竞店识别”，此时页面中会在流失竞店识别模块中显示一个四象限图，它展示的是最近30天的所有流失竞店情况，如图4-13所示。

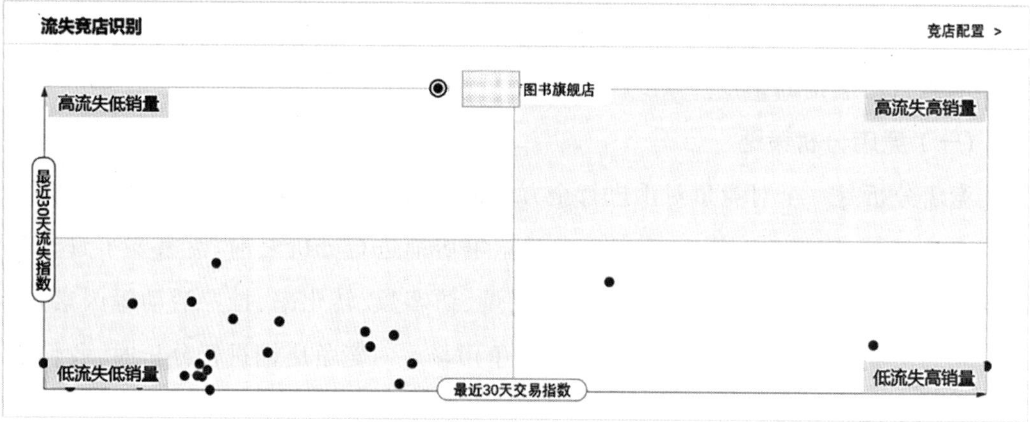

图4-13 所有流失竞店情况

这里所提的流失竞店是指顾客访问本店铺后，又访问竞争对手店铺而成交的情况。四个象限分别是低流失低销量、高流失低销量、低流失高销量以及高流失高销量，其中，处于“高流失高销量”象限的竞争店铺即是我们最大的竞争对手。

2. 查看竞店数据

将鼠标箭头放在四象限图中的任意数据点上，会显示该数据点对应的竞争店铺名称、最近30天的交易指数和最近30天的流失指数，如图4-14所示。

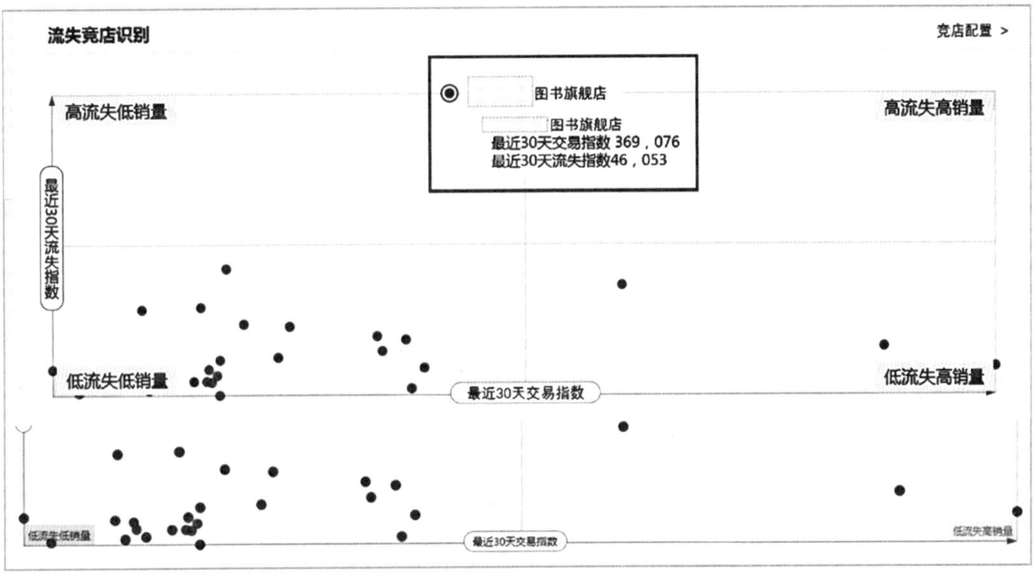

图4-14 四象限图中的数据点显示

单击任意数据点，则可在下方进一步查看与该数据点相关的竞争店铺趋势分析情况，其中包括流量指数、支付转化指数、交易指数和客群指数，如图4-15所示。

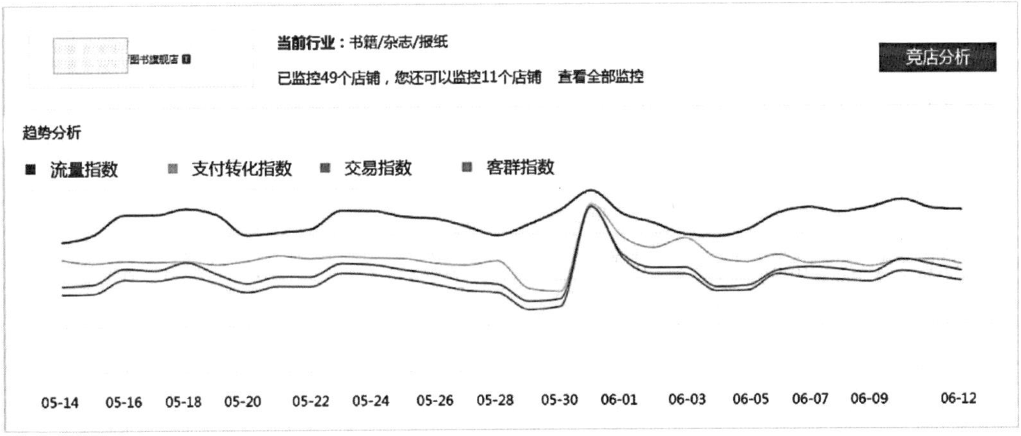

图4-15 竞店趋势分析情况

3. 竞店对比

通过四象限图找到近期最大的竞争店铺后，可以点击左侧导航栏的“监控店铺”功能，在“监控店铺列表”板块找到该店铺并单击右侧对应的“竞店分析”按钮，将会显示本店铺与竞争店铺的各项数据指标，如图4-16所示。

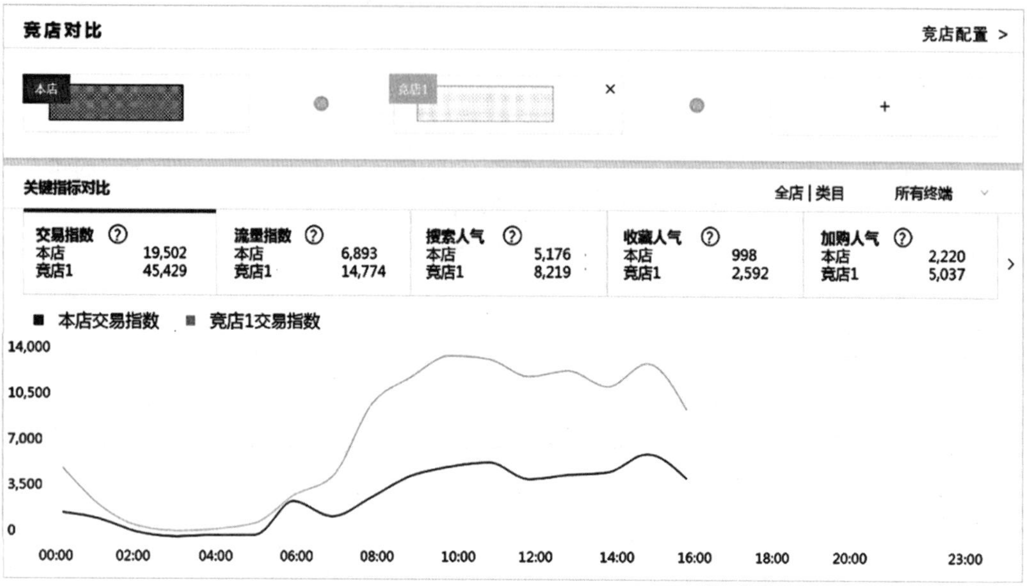

图 4-16　本店铺与竞争店铺数据指标对比

竞店对比主要包括关键指标对比、TOP 商品榜和入店来源。其中，关键指标对比是对本店铺与竞争店铺的交易指数、流量指数、搜索人气、收藏人气和加购人气等进行实时对比。TOP 商品榜中的热销板块是对本店铺与竞争店铺的交易指数进行对比，流量板块是对本店铺与竞争店铺的流量指数进行对比；入店来源是从淘内免费、自主访问、大促会场、付费流量、海外网站、海外媒体等流量来源来对本店铺与竞争店铺的流量指数进行对比。

二、竞品分析

二维码 4-2 竞争商品数据

（一）竞品分析的定义

竞品就是竞争产品，即与自身产品形成竞争的产品，它们是指在其他店铺中与自身店铺所经营的产品在款式、风格、属性、目标用户等方面存在相同或相似之处的产品。从自身产品出发，那些比自身产品好的产品会被列为重要竞品；那些比自己产品好且非常有竞争力的产品会被列为核心竞品；那些与自身产品差不多或不如自身产品的则会被列为一般竞品。

竞品分析是评估现有或潜在竞品的优劣势，通过分析竞争对手的产品，帮助商家有效了解竞争对手的产品，从而更好地发掘和满足用户需求，以制定有利于自身产品发展的科学合理的竞争策略。其内容主要包括基本信息分析、价格分析、收藏量分析、推广活动分析、销量分析以及商品评价分析。

1. 基本信息分析

基本信息分析是对产品的款式、卖点、价格、功能、材质等基本信息进行逐一对比分析的方法，这是竞品分析的基础。因为数据分析工具无法抓起其中的个性化内容，需要进行人工观察采集，所以更直观的方式就是直接查看竞品的商品详情页，这里展示了竞品的各种基本信息。

2. 价格分析

商品价格是大多数顾客购物时参考的重要指标。在购买之前，大部分顾客已经对所需购买的商品有了一个心理价位。所以商家需要根据对应商品消费人群的购买力来对比分析竞品的价格，并对自身商品价格进行调整，从而提高店铺的转化率。

3. 收藏量分析

顾客在浏览完商品后对该商品进行了收藏，这反映该商品受到了顾客的青睐。商家通过对比自身商品和竞品的收藏量来找到差距，如果自身商品的收藏量比竞品差太多，可以设置优惠券或小礼品来吸引顾客收藏该商品。

4. 推广活动分析

推广活动分析是指分析竞品是否参加官方的推广活动，或者竞品所在店铺是否开展促销活动、多久安排一次促销活动、预热效果如何、转化率如何，分析后找出自身差距并在后期运营中进行相应调整。

5. 销量分析

商家进行竞品分析主要是为了提升自身店铺的销量，因此销量分析是竞品分析中的重点。为了可视化数据，数据分析师可以创建销售柱形图并添加趋势线。根据柱形图，我们可以了解竞品的销售趋势。如果某段时间内竞品的销量增长较快，可以分析竞品在该段时间是否参与了某项推广活动。

6. 商品评价分析

商品评价分析是指全面对比自身店铺商品和竞品的客户评价，找出竞品评价中客户认可的部分和自身店铺商品评价中客户认为的不足之处，以此来指导店铺商品及其服务优化创新的方法。

(二) 竞品分析操作

1. 添加竞品

在进行竞品分析之前，首先需要按照配置竞店的类似方法来添加竞品，其具体操作为：先选择生意参谋中的“竞争”板块，单击左侧导航栏中的“竞争配置”，选择“竞争商品”，再单击“查询竞品”下的“+”符号，添加需要监控的竞品，如图 4-17 所示。

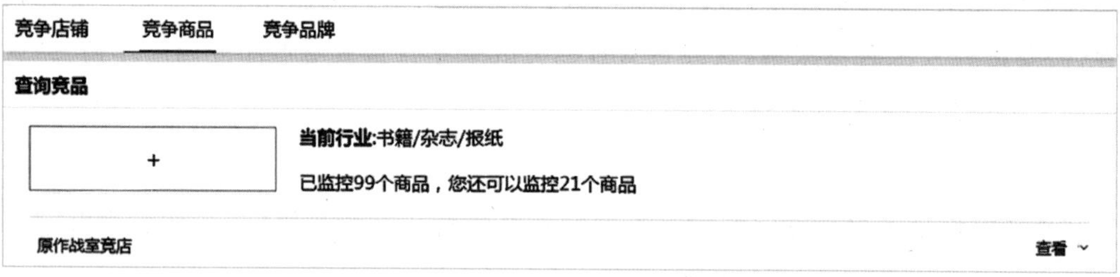

图 4-17　竞争配置

2. 竞品识别

单击左侧导航栏中的“竞品识别”可以看到流失竞品的数据，其中包括流失金额、流失人数、流失率等指标，如图 4-18 所示。

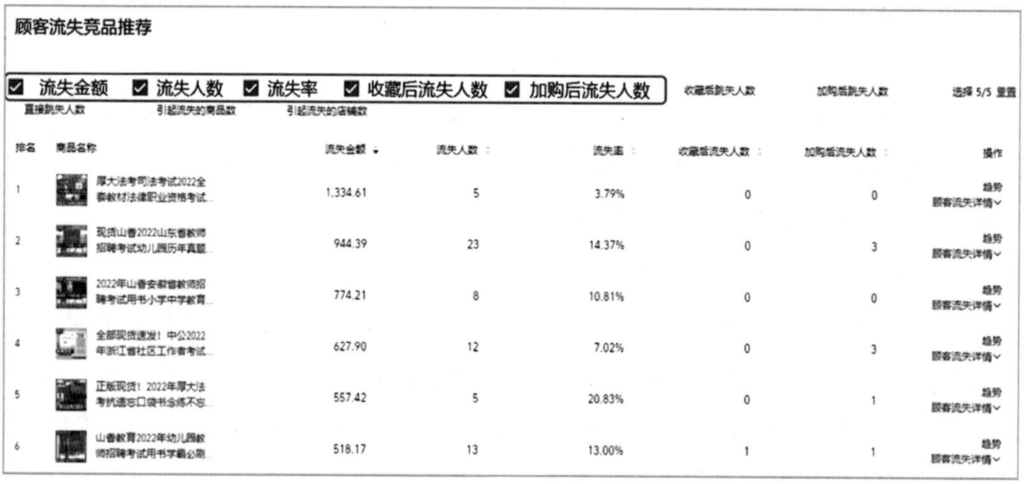

顾客流失竞品推荐

☑ 流失金额　☑ 流失人数　☑ 流失率　☑ 收藏后流失人数　☑ 加购后流失人数　收藏后跳失人数　加购后跳失人数　选择 5/5 重置
直接跳失人数　引起流失的商品数　引起流失的店铺数

排名	商品名称	流失金额	流失人数	流失率	收藏后流失人数	加购后流失人数	操作
1	厚大法考司法考试2022全套教材法律职业资格考试...	1,334.61	5	3.79%	0	0	趋势 顾客流失详情
2	现货山香2022山东省教师招聘考试幼儿园历年真题...	944.39	23	14.37%	0	3	趋势 顾客流失详情
3	2022年山香安徽省教师招聘考试用书小学中学教育...	774.21	8	10.81%	0	0	趋势 顾客流失详情
4	全部现货速发！中公2022年浙江省社区工作者考试...	627.90	12	7.02%	0	3	趋势 顾客流失详情
5	正版现货！2022年厚大法考抗遗忘口袋书念练不忘...	557.42	5	20.83%	0	1	趋势 顾客流失详情
6	山香教育2022年幼儿园教师招聘考试用书学霸必刷...	518.17	13	13.00%	1	1	趋势 顾客流失详情

图 4-18　流失竞品数据

3. 分析竞品

如果需要分析单个竞品的详细数据，可以单击左侧导航栏中的“监控商品”，然后单击对应竞品右侧的“竞品分析”，此时页面将会显示该竞品的关键指标对比（包括流量指数、交易指数、搜索人气、收藏人气、加购人气等）、入店搜索词和入店来源，如图 4-19 所示。

通过研究和分析竞品数据的变化，数据分析师可以找出自身店铺商品与竞品的

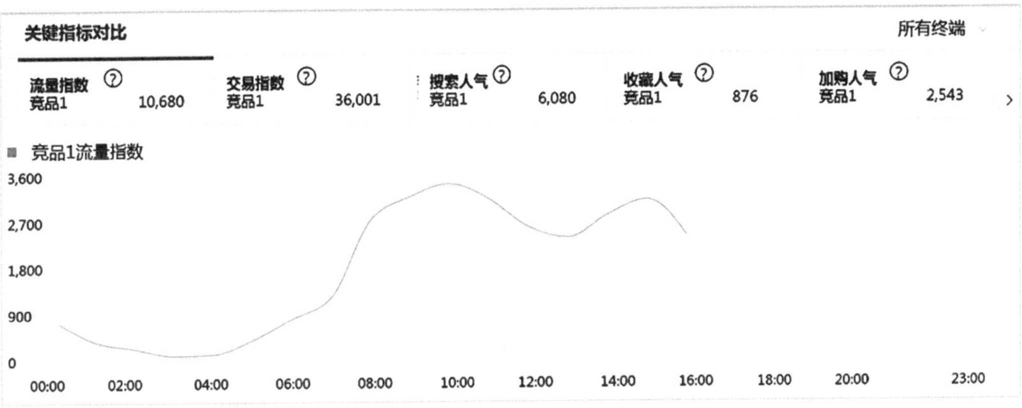

图 4-19　竞店关键指标对比

差距和优势，进而准确有效地找到解决方案，进一步提升店铺的关键指标。例如，数据分析师在分析自身商品与竞品的关键指标时发现，竞品的流量指数远高于自身商品的流量指数，则说明该商品的引流效果不佳，应该想办法来增加该商品的流量。

4. 挖掘竞品关键词

如果要对竞品关键词进行挖掘，我们可以在生意参谋中选择“市场”板块，然后单击“商品”，此时画面显示商品排行榜。如果其中有需要查看的竞品，则需单击该竞品右侧的“趋势分析”，如图 4-20 所示。

二维码 4-3
关键词分析

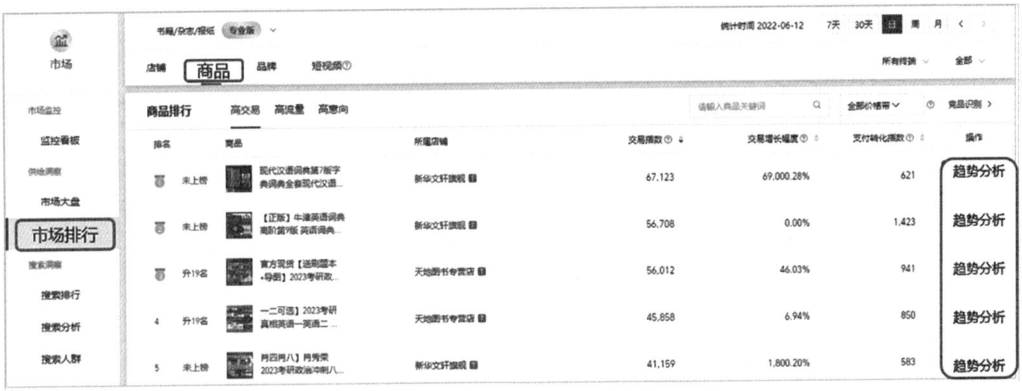

图 4-20　查看竞品关键词

在“入店搜索词”板块，可以看到竞品的“引流关键词”和“成交关键词”排名，如图 4-21 和图 4-22 所示。通过分析竞品的引流关键词和成交关键词，我们可以及时掌握竞品的热门领域和关键词，对产品选择和产品标题的优化有很大帮助。

入店搜索词　引流关键词　成交关键词　　淘宝 | 天猫　无线端

竞品1 关键词	访客数
一级建造师2022教材	654
一建2022年教材建筑	518
一建教材	184
一建	109
2022一级建造师教材	102

图 4-21　“引流关键词”排名

入店搜索词　引流关键词　成交关键词　　淘宝 | 天猫　无线端

竞品1 关键词	交易指数
一级建造师2022教材	-
一建2022年教材建筑	-
一建教材	-
一建	-
2022一级建造师教材	-

图 4-22　“成交关键词”排名

二维码 4-4
市场竞争品牌分析

三、竞争品牌分析

（一）竞争品牌分析的定义

品牌是一种名称、标志、术语或设计，或者是它们的组合。竞争品牌分析就是对那些具有相同受众的品牌主体，如同行业的企业品牌、同一读者群的媒体品牌等进行分析。对竞争品牌进行分析是为了更好地找到市场切入点从而提升店铺的竞争优势，其具体内容如下。

1. 品牌搜索指数分析

一般来说，在分析品牌搜索指数时，我们会查看百度搜索指数和淘宝搜索指数中的竞争品牌排名分析。

2. 品牌详情分析

品牌详情分析是指对品牌的商家数、客单价、访客数、浏览量、转化率、收藏量、加购量等进行分析。其中，商家数反映了品牌线上分销实力和经销商对品牌的认可度；访客数代表该品牌的引流能力；浏览量、客单价、转化率、收藏量、加购量反映了该品牌的流量消化率。

3. 品牌竞争排名分析

商家可以通过生意参谋中的“市场”板块来查询竞争品牌的市场表现，通过提供的数据可以分析得出这些竞争品牌是国际品牌、线下知名品牌或者是淘宝品牌，这些品牌的受众年龄和客单价，它们的市场增长情况，以及整体流量获取能力、搜索流量获取能力和流量消化能力。

4. 品牌竞争格局分析

品牌竞争格局分析是指对品牌的动态排名数据进行分析，可以以此分析竞争品牌的优势品类和销售季节，进而作出竞争策略。

5. 品类构成分析

品类构成分析是指对竞争品牌在不同季节的品类结构进行分析。每个品牌都有其产品策略以及优势品类和劣势品类，有的品牌是多品类经营，有的品牌是单品类经营。

6. 热销店铺的构成

通过对竞争品牌热销店铺的情况进行分析，我们可以了解它们的实力、它们的优势品类，以及店铺获取流量和承接流量的能力。

（二）竞争品牌分析操作

利用生意参谋的“竞争品牌”功能对这些竞争对手品牌进行详细分析，方法与竞店分析和竞品分析类似。

（1）选择生意参谋中的“竞争”板块，先单击左侧导航栏中的“竞争配置”，选择“竞争品牌”，再单击“查询品牌”下的“＋”符号，添加需要监控的竞争品牌。

（2）单击左侧导航栏的“品牌识别”，利用“品牌识别”功能的四象限图查看整体的竞争品牌情况，如图 4-23 所示。

（3）通过四象限图找到需要详细分析的竞争品牌后，我们可以单击左侧导航栏的“监控店铺”功能，找到相应的竞争品牌，并点击该品牌右侧的“品牌分析”查看近期最大的竞争店铺后，点击左侧导航栏的“监控店铺”功能，此时页面会在“关键指标对比”板块显示竞争品牌的流量指数、交易指数、搜索人气和收藏人气等。

（4）利用生意参谋还可以分析竞争品牌客群，单击左侧导航栏中的“品牌客群”，在添加竞争品牌后，我们可以分析该品牌的客群指数和人群画像。

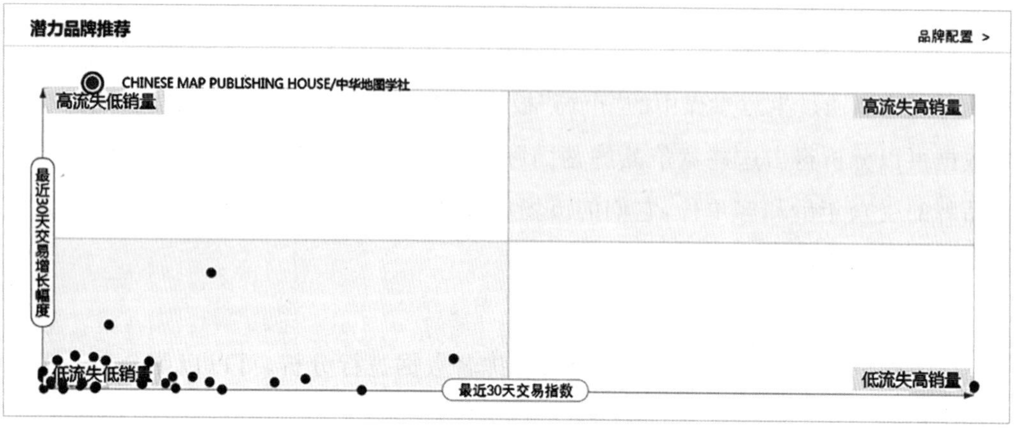

图 4-23 品牌识别四象限图

项目习题

一、单项选择题

1. 根据是否形成竞争事实，竞争对手的分类不包括(　　)。

A. 目标市场竞争对手　　B. 核心竞争对手

C. 行业竞争对手　　D. 潜在竞争对手

2. 下列不属于界定竞争对手的方面是(　　)。

A. 销售同类别商品或服务　　B. 销售互补类别的商品或服务

C. 争夺人力资源　　D. 争夺目标市场

3. 电子商务企业用以识别竞争对手的方法包括(　　)。

A. 通过目标人群识别　　B. 通过关键词识别

C. 通过销量及商品单价识别　　D. 以上答案都对

4. 下列关于 SWOT 分析法的说法，错误的是(　　)。

A. SWOT 分析法又被称为态势分析法

B. 由海因茨·韦里克于 20 世纪 80 年代初提出

C. S 和 W 是对企业外部因素的总结分析

D. S 是指优势，W 是指劣势，O 是指机会，T 是指威胁

5. 下列关于流失竞店识别模块中四象限图的说法，错误的是(　　)。

A. 单击生意参谋左侧导航栏中的“竞店识别”就可以显示

B. 它展示的是最近30天的所有流失竞店情况

C. 四个象限分别是低流失低销量、高流失低销量、低流失高销量、高流失高销量

D. 处于“低流失、高销量”象限的竞争店铺即是最大的竞争对手

二、判断题

1. 竞争对手是产品功能相同、价格区间相近、目标市场相似的企业。（　　）
2. 一般而言，企业有很多竞争对手，因此不可能也没必要收集所有竞争对手的信息。（　　）
3. 企业要分析竞争对手，首先要准确锁定自己的竞争对手，不能盲目选择竞争对手。（　　）
4. 竞品分析是评估潜在竞品的优劣势，从而制定有利于自身产品发展的科学合理的竞争策略。（　　）
5. 单击生意参谋左侧导航栏中的“品牌客群”，在添加竞争品牌后可以分析该品牌的客群指数和人群画像。（　　）

三、简答题

1. 什么是竞争对手？
2. 请简述五力分析模型。
3. 迈克尔·波特认为潜在竞争对手可以分为哪些？

项目五

产品数据分析

知识目标

1. 了解产品搜索指数
2. 掌握影响产品获客能力的因素
3. 掌握影响产品盈利能力的因素
4. 掌握产品数据分析的流程

技能目标

1. 学会对产品搜索指数进行分析
2. 学会对产品交易情况进行分析
3. 学会对产品获客能力进行分析
4. 学会对产品盈利能力进行分析

思政目标

1. 培养爱岗敬业的职业观
2. 培养社会主义核心价值观
3. 培养团队合作精神

思维导图

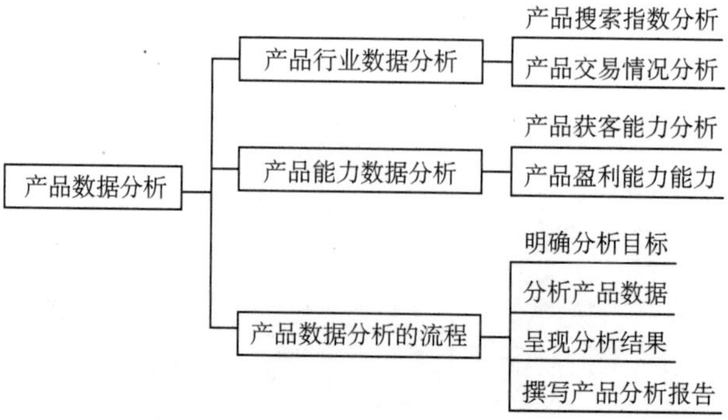

案例导入

小王在淘宝上经营着一家女装店铺，随着夏季的到来，连衣裙的市场需求越来越多，但是自家店铺连衣裙的销售情况并没有很大提升。因此小王决定使用生意参谋对连衣裙这类产品进行产品行业的数据分析，针对分析结果对自身店铺进行相应的调整。

小王通过分析发现，最近几个月关于连衣裙的搜索人气和热度呈上升趋势，其中女性客户占绝大部分，客户年龄分布主要集中在16～25岁、26～30岁和31～35岁三个年龄段，占比分别为42.43%、29.53%和11.12%，其他年龄段客户需求较少。

小王通过分析结果，针对不同年龄段的用户特点对连衣裙进行款式调整，设计新卖点。经过此次调整之后，店铺中连衣裙的销量大幅度提升。

案例思考

通过上述产品分析的案例，请思考：

(1) 怎样选择合适的产品？

(2) 产品分析可以从哪些内容展开？

任务一 产品行业数据分析

一、产品搜索指数分析

产品搜索指数是用户搜索相关产品关键词热度的数据化体现，从侧面反映了用户对产品的关注度和兴趣度。商家在产品运营的过程中，通常会用到搜索指数来进行热点追踪、趋势研究、用户画像分析、竞品分析等，以助于及时调整店铺经营的产品类目、宝贝标题优化、调整运营策略以及进行精准推广投放等。

产品搜索指数分析一般从以下几个维度来分析：

（1）搜索词：代表用户的搜索意图，用于分析用户行为动机、确定推广关键词、设定着陆页内容等。

（2）长尾词：搜索量不稳定，但匹配度高、需求明确，转化率高。

（3）品牌词：点击率高、转化率高、转化成本低，适用于品牌知名度较高且能拓展出其他有价值的品牌相关词。

（4）核心词：搜索量大、曝光力度强且流量高，但精准度不够、转化率较低。

（5）修饰词：对搜索词进行分词后，取分词中用于描述修饰核心词的词组，以名词居多。

在进行产品搜索指数分析时，我们可通过百度指数、360 趋势、阿里指数、生意参谋、京东商智等获取相关搜索指数。指数数据主要来源于各个平台网站的用户搜索行为，同一关键词在不同平台网站得到的结果不同，具体操作时，我们需要结合目标定位、广告投放位置等因素。

搜索指数分析主要从搜索趋势分析和搜索人群分析两个方面入手，接下来通过生意参谋以搜索词"手套"为例展开分析。

首先在"市场"板块点击"搜索分析"，在搜索栏输入"手套"，如图 5-1 所示。

图 5-1 搜索词分析

确认搜索，得到搜索结果，查看相关搜索数据，如图 5-2 所示。

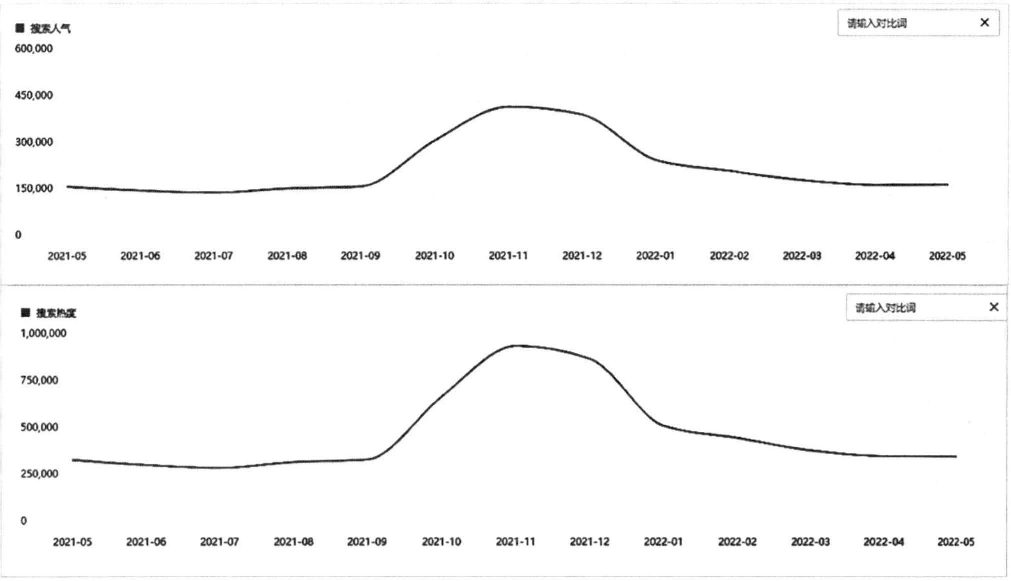

图 5-2　搜索人气及搜索热度

从图 5-2 中，我们可以看出 10 月、11 月、12 月 3 个月，搜索词“手套”的搜索人气和搜索热度较高，说明“手套”需求量较高，商家可以考虑增加库存、活动促销或是上架新款等。

接下来点击搜索人群，查看有关人群的数据，如图 5-3 所示。

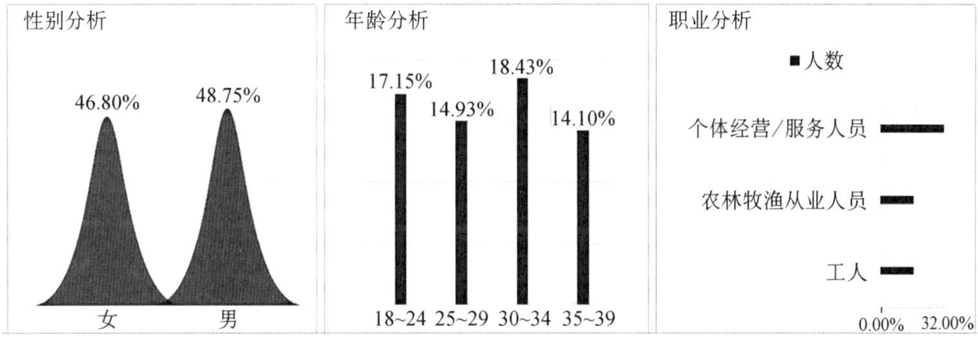

图 5-3　人群分析

通过人群分析数据，我们可以得到“手套”的主要搜索人群为男性，年龄主要集中在 30～34 岁年龄段，以个体经营和服务人员居多，商家可以针对不同年龄段的用户特点进行款式调整或设计卖点。

二、产品交易情况分析

在网店正常运营过程中，商家对网店的交易情况、数据是否正常等较为关注。商家可以通过生意参谋中的“交易”功能版块看到店铺的各项交易数据，能够清楚地了解店铺的运营情况和出现的问题。“交易”功能板块包括“交易概况”“交易构成”和“交易明细”3 个子功能版块，点击左侧导航栏即可进入。

（一）交易概况

通过“交易概况”子功能版块，商家可以看到交易总揽和交易趋势的情况，从整体的角度来分析店铺的运营情况。

商家在“交易总揽”版块中可以设置交易日期和终端，下方将显示对应的交易数据情况，包括访客数、下单买家数、下单金额、支付买家数、支付金额、客单价的实时数据；同时，还将以转化漏斗模型显示从访客到下单、支付的整个转化情况，如图 5-4 所示。

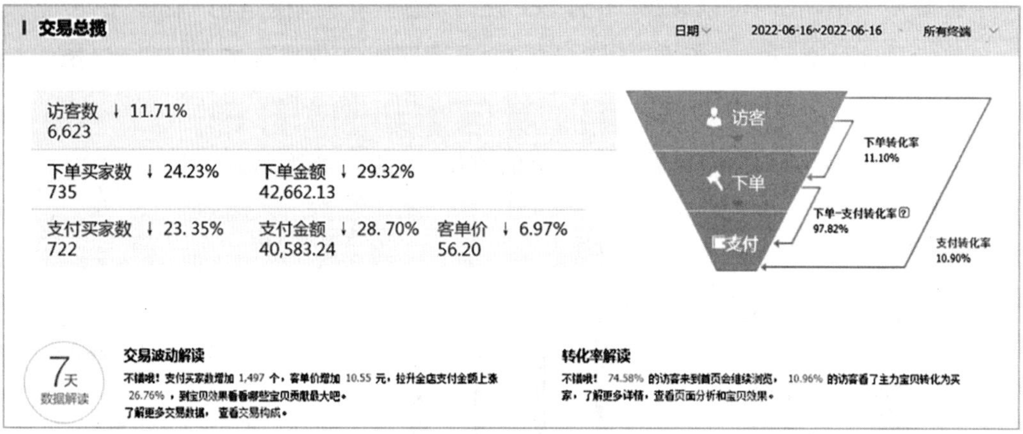

图 5-4　交易总揽

商家在下方的“交易趋势”功能版块中同样可设置日期，并能够指定需要分析的一个或多个指标，如图 5-5 所示。若选中“同行对比”选项，还可以同时显示同行业在同期的相同指标情况。

（二）交易构成

商家通过“交易构成”子功能版块可以查看交易的终端构成、类目构成、品牌构成、价格带构成、资金回流构成。

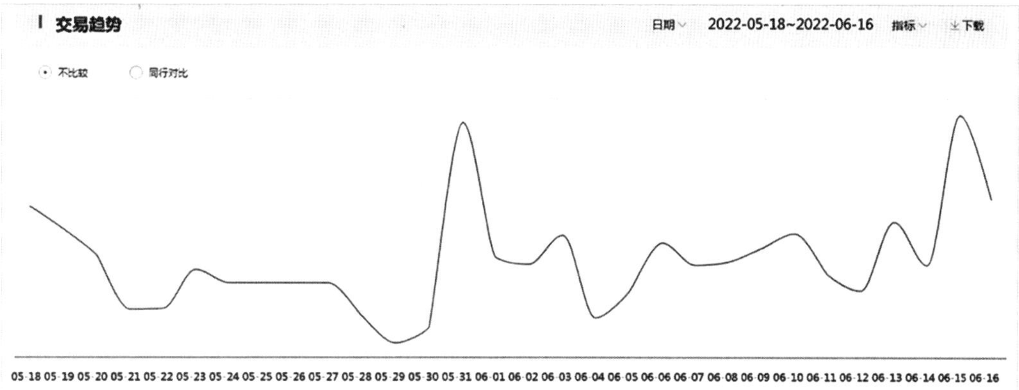

图 5-5　交易趋势

“终端构成”版块可以显示指定时间段 PC 端和移动端支付金额、支付金额占比、支付商品数、支付买家数、支付转化率等指标，通过对比可以清楚各个终端的交易情况，如图 5-6 所示。

图 5-6 为该店铺当天的终端交易情况，可见成交几乎都出现在无线端。出现这种情况的原因可能是运营策略主要放在无线端，而 PC 端店铺的主图、首页、详情页等涉及店铺装修的地方花费精力较少；或者 PC 端运营出现了严重问题，导致成交记录少，需要对店铺进行全面升级，并同步匹配移动端的数据、活动等各方面内容。

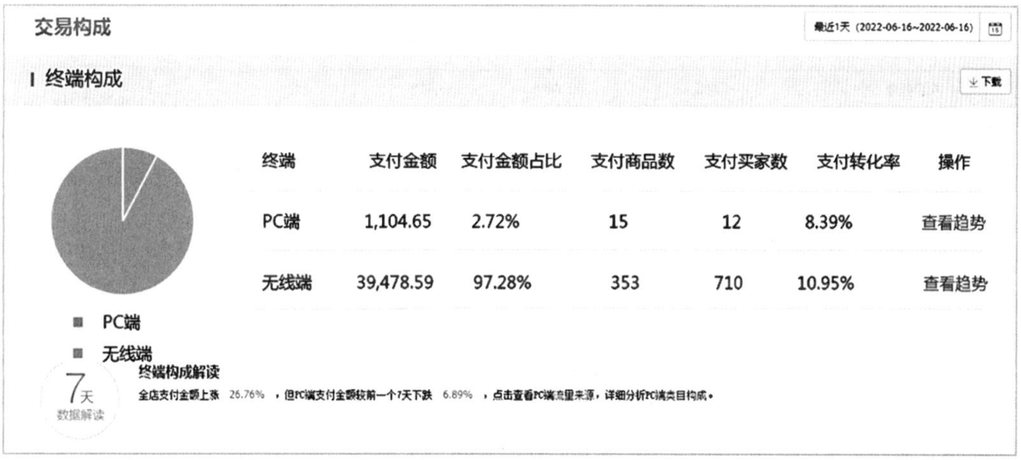

图 5-6　终端构成

商家通过“类目构成”版块可以分析店铺交易的类目情况，如图 5-7 所示。图 5-7 显示了该店铺当天发生交易的类目中，“教师资格/招聘考试”这个类目排名靠前，说明店铺可以主打“教师资格/招聘考试”类的商品。

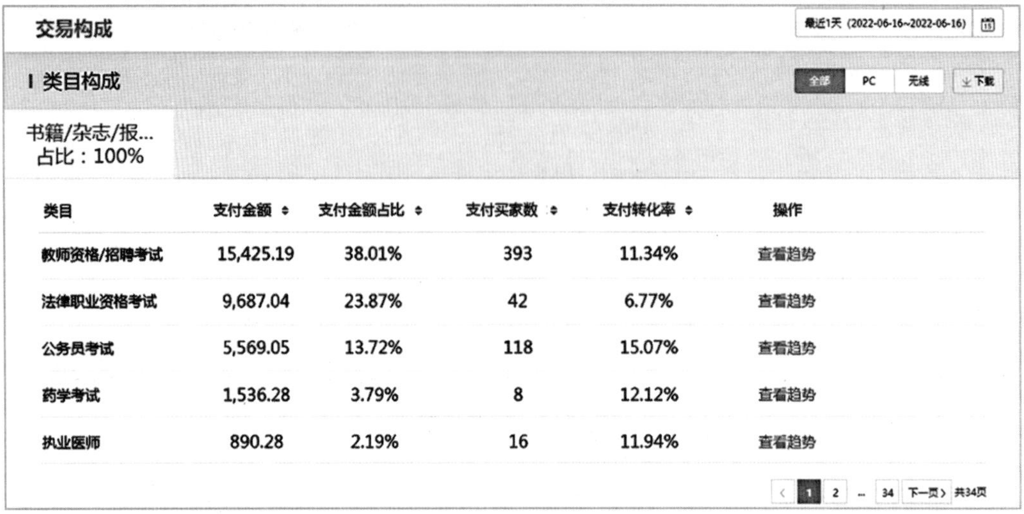

交易构成　　最近1天（2022-06-16~2022-06-16）

类目构成　　全部　PC　无线　下载

书籍/杂志/报...
占比：100%

类目	支付金额	支付金额占比	支付买家数	支付转化率	操作
教师资格/招聘考试	15,425.19	38.01%	393	11.34%	查看趋势
法律职业资格考试	9,687.04	23.87%	42	6.77%	查看趋势
公务员考试	5,569.05	13.72%	118	15.07%	查看趋势
药学考试	1,536.28	3.79%	8	12.12%	查看趋势
执业医师	890.28	2.19%	16	11.94%	查看趋势

< 1 2 ... 34 下一页> 共34页

图 5-7　类目构成

商家通过“品牌构成”版块可以分析店铺所有经营的商品中各品牌的交易占比情况。图 5-8 显示了该店铺中公教育品牌商品销售较好，可以主打中公教育品牌商品。

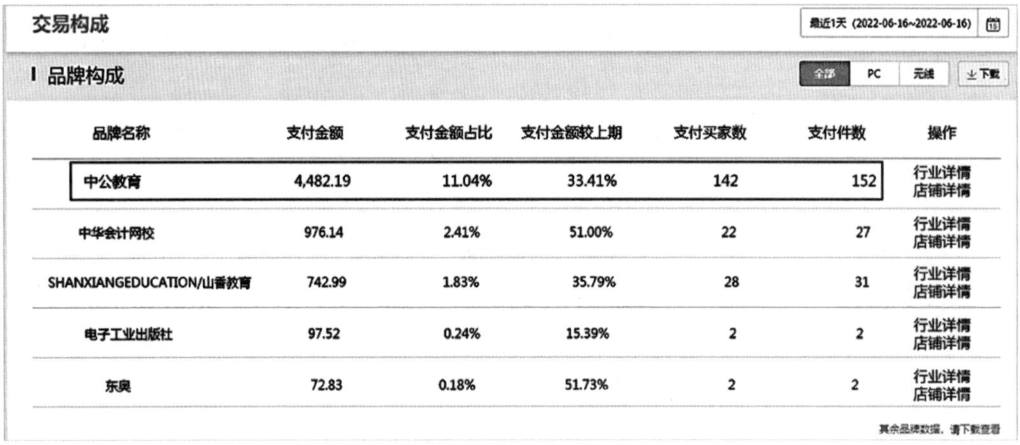

交易构成　　最近1天（2022-06-16~2022-06-16）

品牌构成　　全部　PC　无线　下载

品牌名称	支付金额	支付金额占比	支付金额较上期	支付买家数	支付件数	操作
中公教育	4,482.19	11.04%	33.41%	142	152	行业详情 店铺详情
中华会计网校	976.14	2.41%	51.00%	22	27	行业详情 店铺详情
SHANXIANGEDUCATION/山香教育	742.99	1.83%	35.79%	28	31	行业详情 店铺详情
电子工业出版社	97.52	0.24%	15.39%	2	2	行业详情 店铺详情
东奥	72.83	0.18%	51.73%	2	2	行业详情 店铺详情

其余品牌数据，请下载查看

图 5-8　品牌构成

商家通过“价格带构成”版块可以看到所有成交商品的价格分布情况，如图 5-9 所示。

由图 5-10 可知，该店铺成交商品的价格最多的价格带为 60 元以上，其次是 30～60 元。商家可以主推 60 元以上价格带的商品，并且可以加大力度推广其他价格带的商品，促成交易转化，提升销量。

交易构成　　最近1天（2022-06-16~2022-06-16）

价格带构成　　全部 PC 无线 下载

价格带	支付买家占比	支付买家数	支付金额	支付转化率	操作
0-10元	0.00%	0	0.00	0.00%	查看趋势
10-20元	3.60%	26	237.78	13.61%	查看趋势
20-30元	4.16%	30	436.01	13.95%	查看趋势
30-60元	37.40%	270	6，618.00	10.70%	查看趋势
60元以上	58.31%	421	33,291.44	10.55%	查看趋势

图 5-9　价格带构成

资金回流构成　　数据更新日期：2022-06-16

未确认收货时长	支付金额占比	支付金额	支付商品数	支付买家数	操作
1-2天	23.12%	1,762.39	19	20	买家详情
3-5天	35.18%	2,681.31	33	32	买家详情
6-8天	6.41%	488.20	10	9	买家详情
12天以上	35.29%	2,689.87	23	14	买家详情

包裹签收后未确认收货的订单，离超时自动确认收货时长，不足一天不统计

图 5-10　资金回流构成

"资金回流构成"版块可以看到买家未确认收货的时长及相关支付金额占比等情况。若管理不好资金回流，严重时会影响店铺正常运营。由图 5-10 可知，该店铺有 35.29%的资金需要 12 天以上才回流，因此商家需对售后进行调整，可通过返现、送优惠券等形式促使客户尽早确认收货。

（三）交易明细

"交易明细"子功能版块可以看到指定日期的交易情况，如图 5-11 所示，包括订单编号、订单创建时间、支付时间、支付金额、确认收货金额、商品成本和运费成本等，商家通过交易明细可以更好地管理每一笔订单。

交易明细　　请输入订单编号　　统计时间 2022-06-16　日　<　>

明细诊断

您的交易明细数据完整度诊断如下：
交易订单中的商品都没有成本金额，商品成本缺失将影响订单、店铺利润的准确度，点击配置商品成本。
您还可以点击配置运费模板，完善运费计算方式，了解运费成本情况。

订单编号	订单创建时间	支付时间	支付金额	确认收货金额	商品成本	运费成本	操作
2700152064861676630	2022-06-16 23:57:35	2022-06-16 23:57:45	21.68	--	配置	配置	详情
1592396005985696594	2022-06-16 23:56:53	2022-06-16 23:57:03	21.33	--	配置	配置	详情
2701092277486662118	2022-06-16 23:53:11	2022-06-16 23:53:16	18.90	--	配置	配置	详情
1592461779066069691	2022-06-16 23:52:40	2022-06-16 23:52:46	63.23	--	配置	配置	详情
2701921899295111455	2022-06-16 23:52:25	2022-06-16 23:52:34	102.06	--	配置	配置	详情
2701085545941714943	2022-06-16 23:51:04	2022-06-16 23:51:12	41.64	--	配置	配置	详情
1592340638764478584	2022-06-16 23:49:15	2022-06-16 23:49:26	52.07	--	配置	配置	详情
2701913943480121466	2022-06-16 23:49:08	2022-06-16 23:49:41	6.21	--	配置	配置	详情
2700142920134007033	2022-06-16 23:48:53	2022-06-16 23:49:20	144.15	--	配置	配置	详情
1591593096037411493	2022-06-16 23:45:15	2022-06-16 23:45:19	26.10	--	配置	配置	详情
2701899291470811931	2022-06-16 23:40:35	2022-06-16 23:40:48	6.75	--	配置	配置	详情

图 5-11　交易明细

任务二　产品能力数据分析

一、产品获客能力分析

对产品获客能力的分析是商家在店铺经营过程中所需要的关键能力之一。提升产品获客能力的核心目标是如何付出最小的成本获取最多的客户。在当今电子商务的大环境下，流量越大，获客机会就越多。

商家可以通过以下几个方面来提升产品获客能力：提升用户体验；提升产品品质，打造产品亮点；拓展营销渠道，挖掘潜在客户。

产品获客能力是对产品为店铺或平台获取客户的能力的衡量，包括新客点击量、客户关注量、客户注册量、客户收藏量和重复购买率等主要指标。这里的客户包括新客户与老客户，在分析的过程中，不能简单地以占比高低来评判。对于新客户的分析应该把重点放在新客点击量上，对于老客户的分析则应该把重点放在重复购买率上。并且根据拉新成本和老客户唤醒成本，对“新客点击量”和“重复购买率”给予相应权重，综合评判产品的获客能力。

该类型的数据一般通过站点后台或第三方工具即可获得。通常情况下，站点后台或第三方工具会在产品运营过程中持续运行，对访客的浏览路径进行跟踪，对产品关注、网站收藏、网站注册等重点行为进行记录，进而生成相应数据报表，并提供文本或 Excel 表格导出。

（一）新客点击量

新客点击量是针对首次访问网站或者首次使用网站服务的客户进行的点击量统计，新客点击量越大，说明该产品的获客能力越强，新客户的运营效果越好。

从图 5-12 我们可以得出，4～5 月，卫衣类产品的新客点击量较弱，处于下降趋势，应及时分析原因，并调整优化；牛仔裤类产品的新客点击量一直处于平稳状态；连衣裙类产品的新客点击量较高，且处于持续上升状态。

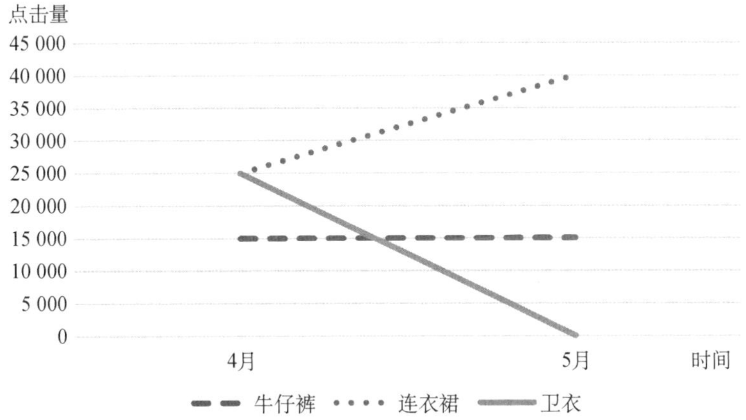

图 5-12　不同产品新客点击量对比图

（二）重复购买率

重复购买率是指消费者对该品牌产品或者服务的重复购买次数，重复购买率越多，则反映出消费者对品牌的忠诚度就越高，反之则越低。对于重复购买率的计算有以下两种方式。

按交易次数计算。其公式如下：

重复购买率＝一段时间内客户重复交易的次数÷总交易次数×100％（5-1）

按客户数量计算。其公式如下：

重复购买率＝一段时间内重复购买的客户数量÷客户总数量×100％（5-2）

重复购买率越小，客户的忠诚度就越低，该产品的获客能力就越弱；反之，重复购买率越大，客户的忠诚度就越高，该产品的获客能力就越强。对于一个店铺的产品，如果重复购买率为0，那么该店铺是有很大问题的，这意味着所有交易都是一锤子买卖，所有的客户都是新客户，此时需要付出更多的获客成本，同时也不利于店铺的可持续发展。

既然重复购买率如此重要，那么对于商家而言，该如何才能让用户产生持续的购买行为呢？可以从以下三个方面进行优化：

一是打造店铺会员体系。打造店铺会员体系，分析构建用户画像，实现分层管理和精细化营销。这样做的好处是可以唤醒沉睡用户，刺激用户消费，增加用户购买频次。常见的做法有会员成长体系、积分换购、会员等级体系、会员尊享活动等。

二是提升产品竞争力。首先，商家需要保证产品质量，它是提升产品重复购买率的基础，使用户对产品产生信任。其次，商家可以不断丰富产品类目，通过产品类目多元化来增加用户选择的空间，提升产品的重复购买率。

三是增强用户体验。除了上面提到的两点，增强用户购物体验也可以帮助店铺产品从同类产品中脱颖而出。商家可以通过完善售前、售中、售后服务，及便捷的操作流程，从而大大提升用户的购物体验，增加用户黏性，培养用户忠诚度。

下面我们通过Excel来对连衣裙类产品的相关数据进行处理，分析其获客能力，具体步骤如下：

步骤1：产品数据获取。获取某店铺五个月有关连衣裙类产品的数据，将相关数据添加到Excel中，如图5-13所示。

	A	B	C	D	E	F
1	统计周期	产品名称	点击量	新客点击量	支付买家数	重复购买客户数
2	2022.5.1-2022.5.31	连衣裙夏高级感	17435	6658	325	9
3	2022.5.1-2022.5.31	连衣裙女	26887	11025	458	29
4	2022.5.1-2022.5.31	连衣裙夏季女	23253	9918	391	11
5	2022.5.1-2022.5.31	连衣裙时髦	16221	9918	244	8
6	2022.5.1-2022.5.31	连衣裙气质	18954	7325	219	6
7	2022.5.1-2022.5.31	连衣裙小众设计	15324	6921	111	7
8	2022.5.1-2022.5.31	连衣裙显瘦2022	20124	8964	269	16
9	2022.5.1-2022.5.31	连衣裙夏季胖mm	19241	9217	276	13
10	2022.5.1-2022.5.31	连衣裙短款	21965	9387	198	24
11	2022.5.1-2022.5.31	连衣裙收腰	22896	10984	289	19

图5-13　连衣裙类产品数据

步骤2：计算新客点击量占比。添加“新客点击量占比”字段，利用公式“新客点击量占比=新客点击量÷点击量”计算出各产品的新客点击量占比，计算结果如图 5-14 所示。

	A	B	C	D	E	F	G
1	统计周期	产品名称	点击量	新客点击量	支付买家数	复购买客户	新客点击量占比
2	2022.5.1-2022.5.31	连衣裙夏高级感	17435	6658	325	9	38.19%
3	2022.5.1-2022.5.31	连衣裙女	26887	11025	458	29	41.00%
4	2022.5.1-2022.5.31	连衣裙夏季女	23253	9918	391	11	42.65%
5	2022.5.1-2022.5.31	连衣裙时髦	16221	9918	244	8	61.14%
6	2022.5.1-2022.5.31	连衣裙气质	18954	7325	219	6	38.65%
7	2022.5.1-2022.5.31	连衣裙小众设计	15324	6921	111	7	45.16%
8	2022.5.1-2022.5.31	连衣裙显瘦2022	20124	8964	269	16	44.54%
9	2022.5.1-2022.5.31	连衣裙夏季胖mm	19241	9217	276	13	47.90%
10	2022.5.1-2022.5.31	连衣裙短款	21965	9387	198	24	42.74%
11	2022.5.1-2022.5.31	连衣裙收腰	22896	10984	289	19	47.97%

图 5-14 新客点击量占比

步骤 3：计算产品重复购买率。添加“产品重复购买率”字段，按客户数量计算，利用公式“重复购买率=一段时间内重复购买的客户数量÷客户总数量×100%”计算出各产品的重复购买率，计算结果如图 5-15 所示。

	B	C	D	E	F	H
1	产品名称	点击量	新客点击量	支付买家数	重复购买客户数	产品重复购买率
2	连衣裙夏高级感	17435	6658	325	9	2.77%
3	连衣裙女	26887	11025	458	29	6.33%
4	连衣裙夏季女	23253	9918	391	11	2.81%
5	连衣裙时髦	16221	9918	244	8	3.28%
6	连衣裙气质	18954	7325	219	6	2.74%
7	连衣裙小众设计	15324	6921	111	7	6.31%
8	连衣裙显瘦2022	20124	8964	269	16	5.95%
9	连衣裙夏季胖mm	19241	9217	276	13	4.71%
10	连衣裙短款	21965	9387	198	24	12.12%
11	连衣裙收腰	22896	10984	289	19	6.57%

图 5-15 产品重复购买率

步骤 4：数据可视化。选择 Excel 中连衣裙产品的相关数据，插入组合图，具体效果如图 5-16 所示。

步骤 5：对产品获客能力进行分析。商家结合制作完成的组合图，对比分析各类连衣裙产品。商家可以从新客点击量、重复购买率及其综合得分等方面完成产品获客能力的分析，并提出相关建议。

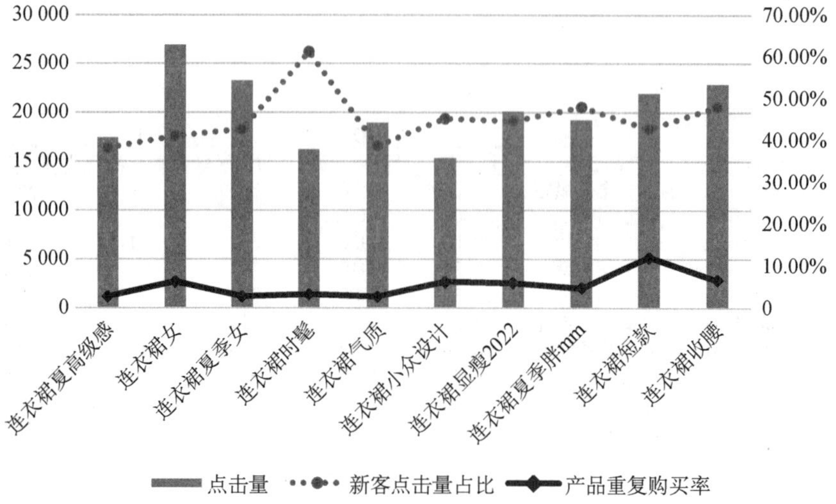

图 5-16　产品获客能力

二、产品盈利能力分析

产品盈利能力是指产品为店铺或企业获取利润的能力，研究的是利润与收入和成本之间的比率关系。一般而言，利润相对于收入和资源投入的比率越低，盈利能力则越弱；反之投入的比例越高，盈利能力越强。如图 5-17 所示，产品盈利能力分析要从产品结构分析、毛利率分析、客单件分析和 SKU 分析四个方面进行。

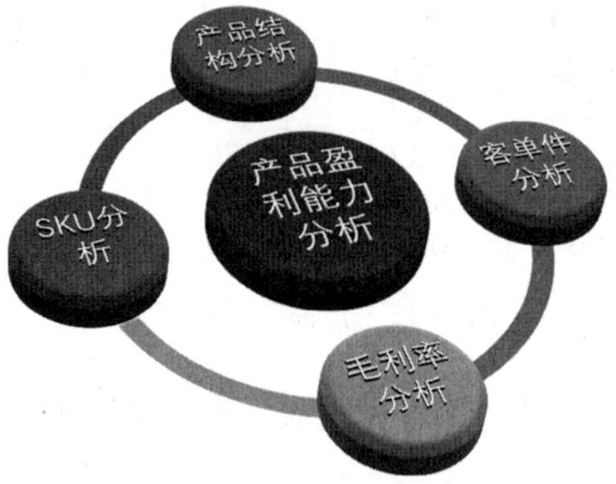

图 5-17　产品盈利能力分析

(一) 产品结构分析

产品结构指一个企业或一个店铺的产品中各类产品的比例关系，合理的产品结构一定是定位明确、比例适当、相互关联并相互促进的，它是店铺运营到一定阶段，进入良性发展的基础。分析产品结构,可以帮助商家及时监控市场风向、理清经营思路、打造产品竞争优势、合理安排库存、制定有针对性的推广策略,从而有效提升产品的销量。如图 5-18 所示,产品结构主要包括以下五个方面。

图 5-18 产品结构

1. 体验产品

体验产品一般是降低新顾客的初次购买门槛或为特定活动准备限时限量限价的产品。其用于特定活动,吸引潜在新顾客。

2. 形象产品

形象产品的价位通常处于店内最高层次水平,其辨识度高,有精心策划的独特卖点,可以综合展现店内最高水平。其有助于展示企业实力,树立品牌形象,提升消费者信心。

3. 常规产品

常规产品是店内主要陈列产品,可稳定投入一定的资源,与人气产品组合推广。其用于日常销售,为顾客提供丰富选择。

4. 利润产品

利润产品的利润空间大,主要以提升销售利润为主或以人气和常规产品为准进行搭配销售。其可以起到丰富销售搭配、提升利润的作用。

5. 人气产品

人气产品一般聚焦资源投入,提升单品的人气用于在搜索中获得更多的展现机会,从而获取更多的自然流量。其通常价低质高,目标定位精准,曝光率、点击率和销售量都极高，有助于店铺获取更多自然流量。

产品结构比例从侧面反映了产品的销售比例，一般情况，体验产品占 5%，形象产品占 10%，常规产品占 50%，利润产品占 20%，人气产品占 15%。产品结构及其比例不是一成不变的，需要在店铺运营过程中根据季节变化、第三方市场变化、引进新产品等不断调整定位。

接下来通过 Excel 工具对相关指标进行分析，具体步骤如下：

步骤 1：人均停留时长筛选。人均停留时长越长，说明页面对用户的吸引力越强，输出的有用信息越多，访客的转化概率也就越大。

步骤 2：详情页跳出率筛选。详情页跳出率越小越好，其小于 50%的数据为优质数据，将符合条件的商品筛选出来。

步骤 3：支付转化率筛选。支付转化率越高越好，其大于 1.5%的数据为优质数据，将符合条件的商品筛选出来。

步骤 4：收藏人数筛选。收藏人数越多越好，商家根据全店平均水平选择优质数据范围，将符合条件的商品筛选出来。

步骤 5：浏览量排序。在 Excel 中将上述步骤筛选出来的数据进行颜色填充，清除筛选以显示全部数据，并按浏览量的大小进行降序排序。

步骤 6：引流指数。当多参数出现时，如何利用多指标进行关键词选取便成了难题。此时，我们可利用引流指数进行筛选。引流指数越高说明关键词越容易获取访客，其公式如下：

$$\text{引流指数}=\text{搜索人气}\times\text{点击率}\times\text{转化率}\div\text{在线商品数} \tag{5-3}$$

具体操作可参考如下：

(1) 打开生意参谋，点击“市场”|“搜索分析”，输入关键词“连衣裙”，点击“相关分析”，相关搜索词部分勾选搜索人气、点击率、在线商品数、支付转化率，如图 5-19 所示。

(2) 此时可将图 5-19 中所有相关数据复制，粘贴至 Excel 表中进行处理，如图 5-20 所示。

(3) 在另一列中输入引流指数公式，如图 5-21 所示。

(4) 下拉到底部出现所有的引流指数数据，如图 5-22 所示。

(5) 此时会发现有的数据偏小不方便选择，我们可以将引流指数放大 100 倍方便进行正确挑选，如图 5-23 所示。

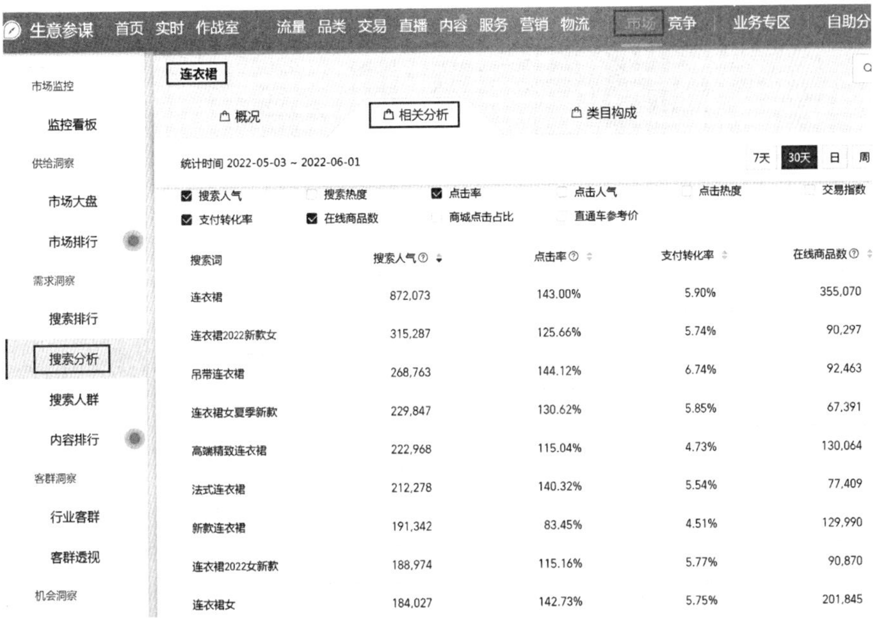

搜索词	搜索人气	点击率	支付转化率	在线商品数
连衣裙	872,073	143.00%	5.90%	355,070
连衣裙2022新款女	315,287	125.66%	5.74%	90,297
吊带连衣裙	268,763	144.12%	6.74%	92,463
连衣裙女夏季新款	229,847	130.62%	5.85%	67,391
高端精致连衣裙	222,968	115.04%	4.73%	130,064
法式连衣裙	212,278	140.32%	5.54%	77,409
新款连衣裙	191,342	83.45%	4.51%	129,990
连衣裙2022女新款	188,974	115.16%	5.77%	90,870
连衣裙女	184,027	142.73%	5.75%	201,845

图 5-19 关键词勾选

	A	B	C	D	E
1	搜索词	搜索人气	点击率	在线商品数	支付转化率
2	连衣裙	872,073	143.00%	355,070	5.90%
3	连衣裙2022新款女	315,287	125.66%	90,297	5.74%
4	吊带连衣裙	268,763	144.12%	92,463	6.74%
5	连衣裙女夏季新款	229,847	130.62%	67,391	5.85%
6	高端精致连衣裙	222,968	115.04%	130064	4.73%
7	法式连衣裙	212,278	140.32%	77,409	5.54%
8	新款连衣裙	191,342	83.45%	129,990	4.51%
9	连衣裙2022女新款	188,974	115.16%	90,870	5.77%
10	连衣裙女	184,027	142.73%	201,845	5.75%
11	白色连衣裙	178,493	130.45%	17,016	6.83%
12	爆款连衣裙	177,843	91.34%	11,609	3.66%
13	女童连衣裙	173,780	132.84%	84,832	9.95%
14	夏季连衣裙	166,544	124.27%	158,679	5.08%
15	网红爆款连衣裙	164,484	104.31%	5,040	4.38%
16	夏季新款连衣裙	160,980	120.48%	74,962	5.94%
17	连衣裙夏女	160,787	143.48%	192,588	5.52%
18	气质连衣裙	152,561	134.06%	78,403	5.29%
19	长袖连衣裙	150,213	126.15%	19,608	4.49%
20	牛仔连衣裙女	145,612	114.50%	10,951	6.51%
21	显瘦连衣裙	145,103	133.72%	52,636	6.12%

图 5-20 数据贴至 Excel 表处理

	A	B	C	D	E	F	G
1	搜索词	搜索人气	点击率	在线商品数	支付转化率	引流指数	
2	连衣裙	872,073	143.00%	355,070	5.90%	=B2*C2*E2/D2	
3	连衣裙2022新款女	315,287	125.66%	90,297	5.74%		
4	吊带连衣裙	268,763	144.12%	92,463	6.74%	输入引流指数公式	
5	连衣裙女夏季新款	229,847	130.62%	67,391	5.85%		
6	高端精致连衣裙	222,968	115.04%	130064	4.73%		
7	法式连衣裙	212,278	140.32%	77,409	5.54%		
8	新款连衣裙	191,342	83.45%	129,990	4.51%		
9	连衣裙2022女新款	188,974	115.16%	90,870	5.77%		
10	连衣裙女	184,027	142.73%	201,845	5.75%		
11	白色连衣裙	178,493	130.45%	17,016	6.83%		
12	爆款连衣裙	177,843	91.34%	11,609	3.66%		
13	女童连衣裙	173,780	132.84%	84,832	9.95%		
14	夏季连衣裙	166,544	124.27%	158,679	5.08%		
15	网红爆款连衣裙	164,484	104.31%	5,040	4.38%		
16	夏季新款连衣裙	160,980	120.48%	74,962	5.94%		
17	连衣裙夏女	160,787	143.48%	192,588	5.52%		
18	气质连衣裙	152,561	134.06%	78,403	5.29%		
19	长袖连衣裙	150,213	126.15%	19,608	4.49%		
20	牛仔连衣裙女	145,612	114.50%	10,951	6.51%		
21	显瘦连衣裙	145,103	133.72%	52,636	6.12%		

图 5-21　引流指数公式输入

	A	B	C	D	E	F
1	搜索词	搜索人气	点击率	在线商品数	支付转化率	引流指数
2	连衣裙	872,073	143.00%	355,070	5.90%	0.207218
3	连衣裙2022新款女	315,287	125.66%	90,297	5.74%	0.25185
4	吊带连衣裙	268,763	144.12%	92,463	6.74%	0.282349
5	连衣裙女夏季新款	229,847	130.62%	67,391	5.85%	0.260617
6	高端精致连衣裙	222,968	115.04%	130064	4.73%	0.093281
7	法式连衣裙	212,278	140.32%	77,409	5.54%	0.213178
8	新款连衣裙	191,342	83.45%	129,990	4.51%	0.055399
9	连衣裙2022女新款	188,974	115.16%	90,870	5.77%	0.138184
10	连衣裙女	184,027	142.73%	201,845	5.75%	0.074825
11	白色连衣裙	178,493	130.45%	17,016	6.83%	0.934606
12	爆款连衣裙	177,843	91.34%	11,609	3.66%	0.512135
13	女童连衣裙	173,780	132.84%	84,832	9.95%	0.270765
14	夏季连衣裙	166,544	124.27%	158,679	5.08%	0.066258
15	网红爆款连衣裙	164,484	104.31%	5,040	4.38%	1.491053
16	夏季新款连衣裙	160,980	120.48%	74,962	5.94%	0.153685
17	连衣裙夏女	160,787	143.48%	192,588	5.52%	0.066123
18	气质连衣裙	152,561	134.06%	78,403	5.29%	0.137996
19	长袖连衣裙	150,213	126.15%	19,608	4.49%	0.433918
20	牛仔连衣裙女	145,612	114.50%	10,951	6.51%	0.991128
21	显瘦连衣裙	145,103	133.72%	52,636	6.12%	0.225601

图 5-22　引流指数数据呈现

	A	B	C	D	E	F	G
1	搜索词	搜索人气	点击率	在线商品数	支付转化率	引流指数	放大100倍
2	连衣裙	872,073	143.00%	355,070	5.90%	0.207218	=F2*100
3	连衣裙2022新款女	315,287	125.66%	90,297	5.74%	0.25185	
4	吊带连衣裙	268,763	144.12%	92,463	6.74%	0.282349	
5	连衣裙女夏季新款	229,847	130.62%	67,391	5.85%	0.260617	
6	高端精致连衣裙	222,968	115.04%	130064	4.73%	0.093281	
7	法式连衣裙	212,278	140.32%	77,409	5.54%	0.213178	
8	新款连衣裙	191,342	83.45%	129,990	4.51%	0.055399	
9	连衣裙2022女新款	188,974	115.16%	90,870	5.77%	0.138184	
10	连衣裙女	184,027	142.73%	201,845	5.75%	0.074825	
11	白色连衣裙	178,493	130.45%	17,016	6.83%	0.934606	
12	爆款连衣裙	177,843	91.34%	11,609	3.66%	0.512135	
13	女童连衣裙	173,780	132.84%	84,832	9.95%	0.270765	
14	夏季连衣裙	166,544	124.27%	158,679	5.08%	0.066258	
15	网红爆款连衣裙	164,484	104.31%	5,040	4.38%	1.491053	
16	夏季新款连衣裙	160,980	120.48%	74,962	5.94%	0.153685	
17	连衣裙夏女	160,787	143.48%	192,588	5.52%	0.066123	
18	气质连衣裙	152,561	134.06%	78,403	5.29%	0.137996	
19	长袖连衣裙	150,213	126.15%	19,608	4.49%	0.433918	
20	牛仔连衣裙女	145,612	114.50%	10,951	6.51%	0.991128	
21	显瘦连衣裙	145,103	133.72%	52,636	6.12%	0.225601	

图 5-23　数据放大

（6）放大之后把最后数据进行筛选，便可得到最高的三个关键词，如图 5-24 所示，我们便可以根据自己的产品恰当选择关键词。

	A	B	C	D	E	F	G
1	搜索词	搜索人气	点击率	在线商品数	支付转化率	引流指数	放大100倍
2	网红爆款连衣裙	164,484	104.31%	5,040	4.38%	1.491053	149.1053334
3	牛仔连衣裙女	145,612	114.50%	10,951	6.51%	0.991128	99.1128269
4	白色连衣裙	178,493	130.45%	17,016	6.83%	0.934606	93.46058588
5	爆款连衣裙	177,843	91.34%	11,609	3.66%	0.512135	51.21345285
6	长袖连衣裙	150,213	126.15%	19,608	4.49%	0.433918	43.39181511
7	吊带连衣裙	268,763	144.12%	92,463	6.74%	0.282349	28.23486073
8	女童连衣裙	173,780	132.84%	84,832	9.95%	0.270765	27.0764694
9	连衣裙女夏季新款	229,847	130.62%	67,391	5.85%	0.260617	26.06168458
10	连衣裙2022新款女	315,287	125.66%	90,297	5.74%	0.25185	25.18498464
11	显瘦连衣裙	145,103	133.72%	52,636	6.12%	0.225601	22.5601147
12	法式连衣裙	212,278	140.32%	77,409	5.54%	0.213178	21.31782393
13	连衣裙	872,073	143.00%	355,070	5.90%	0.207218	20.72177289
14	夏季新款连衣裙	160,980	120.48%	74,962	5.94%	0.153685	15.36852408
15	连衣裙2022女新款	188,974	115.16%	90,870	5.77%	0.138184	13.81843936
16	气质连衣裙	152,561	134.06%	78,403	5.29%	0.137996	13.79957569
17	高端精致连衣裙	222,968	115.04%	130064	4.73%	0.093281	9.328148384
18	连衣裙女	184,027	142.73%	201,845	5.75%	0.074825	7.482498889
19	夏季连衣裙	166,544	124.27%	158,679	5.08%	0.066258	6.62581868
20	连衣裙夏女	160,787	143.48%	192,588	5.52%	0.066123	6.612293993
21	新款连衣裙	191,342	83.45%	129,990	4.51%	0.055399	5.539916874

选择降序

图 5-24　选出名称

步骤 7：确定人气产品。选择在人均停留时长、详情页跳出率、支付转化率、浏览量和收藏人数这五个维度上都表现较好的产品，打造人气产品。

（二）毛利率分析

毛利率是毛利与销售收入（或营业收入）的百分比，其中毛利是收入和与收入相对应的营业成本之间的差额，其计算公式如下：

$$毛利率=(销售收入-销售成本)\div销售收入\times100\% \qquad (5\text{-}4)$$

（三）客单件分析

客单件是指统计时间内，每一位成交客户平均每笔订单购买产品的数量，即平均交易量，其计算公式如下：

$$客单件=交易总件数\div交易笔数 \qquad (5\text{-}5)$$

店铺的销售额由客单价和客流量共同决定，而客单件则是影响客单价的重要指标。在流量相同的前提下，客单件越多，客单价越高，销售额也就越高。提升客单件的主要途径在于提高顾客的购买欲望，可以从产品组合多元化、关联推荐、促销活动和推销技巧等着手。

（四）SKU 分析

SKU 全称为 Stock Keeping Unit（库存量单位），即库存进出计量的基本单元，可以是以件、盒、托盘等为单位。现在已经被引申为产品统一编号的简称，每种产品均对应有唯一的SKU号。对电子商务而言，SKU有另外的注解，SKU是指一款商品，每款都有一个SKU，便于电子商务品牌识别商品。一款商品多色，则是有多个SKU。例如，一件衣服，有红色、白色、蓝色，则SKU编码也不相同，如相同则会出现混淆，发错货。

SKU分析主要内容如下：

(1) SKU定价是否合理。

(2) SKU结构是否合理。

(3) 访客行为偏好分析。

(4) 商品属性是否符合用户偏好。

(5) 营销是否有效。

(6) 销售趋势分析。

SKU分析的维度众多，分析方法并不唯一。一般情况下，商家以收藏转化率、支付转化率、加购转化率、支付金额为研究对象进行分析。

任务三 产品数据分析的流程

二维码5-1
产品的规划流程

在店铺的经营过程中，会面临各种各样的问题，如店铺的产品转化率低、卖不动，这时候就需要对该产品进行分析，找出原因，提出合理的建议，最终达到提升产品转化率的目的。产品数据分析的流程如图5-25所示。

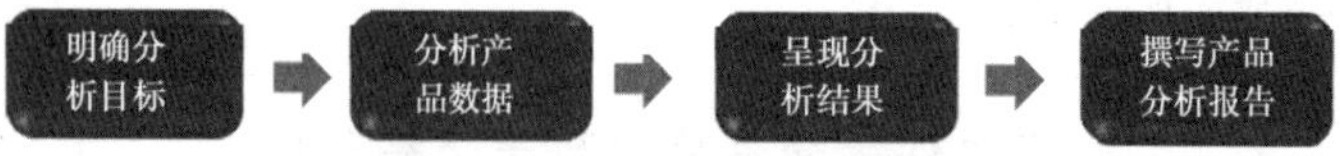

图5-25 产品数据分析流程

一、明确分析目标

在产品数据分析过程中，我们的分析目标不是一成不变的。分析目标是多元化的，如客单价优化、关键词优化、标题优化、产品详情页优化、网店首页跳失率监测、产品营销活动、店铺装修等。要想达到预期的效果，首先必须明确分析的目标。

例如,小王在天猫经营着一家图书店铺,他最近想参加天猫平台大的营销活动,希望通过活动提升店铺商品成交转化率。为了选择店铺商品最适合的营销活动,首先需要对天猫的营销活动进行全面的了解,天猫“营销活动中心”中的营销场景如图 5-26 所示。

图 5-26 天猫营销活动中心

1. 官方大促

天猫平台携手千万商家,打造全民购物狂欢盛宴,通过优化货品组织、驱动供给侧变革、创新营销玩法等,满足消费者多样化购物需求。

2. 天天特卖

天天特卖为消费者提供更具性价比的商品和更便捷安心的购买体验。参加天天特卖的活动商品可在全渠道享受面向目标人群的流量扶持。

3. 88 会员

88 会员为淘系会员核心频道,频道核心用户为全量手淘活跃用户,规模巨大且有淘系最高价值人群 88VIP,可作为各位商家的核心运营阵地。

4. 百亿补贴

平台/商家在供货价基础上给消费者一定比例让利,打造全网底价,收费以具体招商入口展示为准。

5. 官方直播间

联合商家提供极致性价比商品,通过官方直播间平台打造品类爆款,挖掘品牌增量。关键字:明星带货,限时底价,流量矩阵,官方传播。

6. 新人购

新人购是平台针对新用户的内容集中阵地,汇聚了新用户专享权益(红包)、专享货品、专享玩法，通过站内外精准定向，降低拉新的转化和沉淀成本，帮助品牌、行业、平台招募转化和沉淀新客。

7. 红包签到

红包签到是手淘官方免费平台红包日常发放阵地，首页醒目入口、频道流量大、用户黏性高，适合面向下沉市场的低价好货日销。

8. 聚划算

限时特惠的体验式营销，聚焦热点消费，挖掘源头极致性价比好货，打造品类爆款，推动品牌创新提效。

通过对天猫官方营销活动的了解，商家可以参加天猫大促的活动，通过大促活动引入更多的流量，提高商品的成交转化率。

因此，明确分析目标是至关重要的一个步骤。如果商家希望通过参加平台活动来提升店铺的成交转化率，那么商家需要深入地了解平台营销活动，选择适合店铺的营销活动，这样才能达到期望的营销效果。

二、分析产品数据

天猫平台的营销活动种类繁多，可以满足中小商家到大型品牌商家对于营销活动的需求。如图 5-27 所示，商家可通过商家营销中心完成活动查找、活动报名、已报名活动管理、活动数据查看等操作。

图 5-27　商家营销中心

商家在参加营销活动后，还需要对活动数据进行深入分析。我们可以借助生意参谋进行分析。如图 5-28 所示，我们发现店铺流量来源首先是淘内免费，其次是自主访问和付费流量。我们发现付费流量比重较小，商家可以参加付费活动，通过付费活动增加流量来源，提升店铺商品成交转化率。

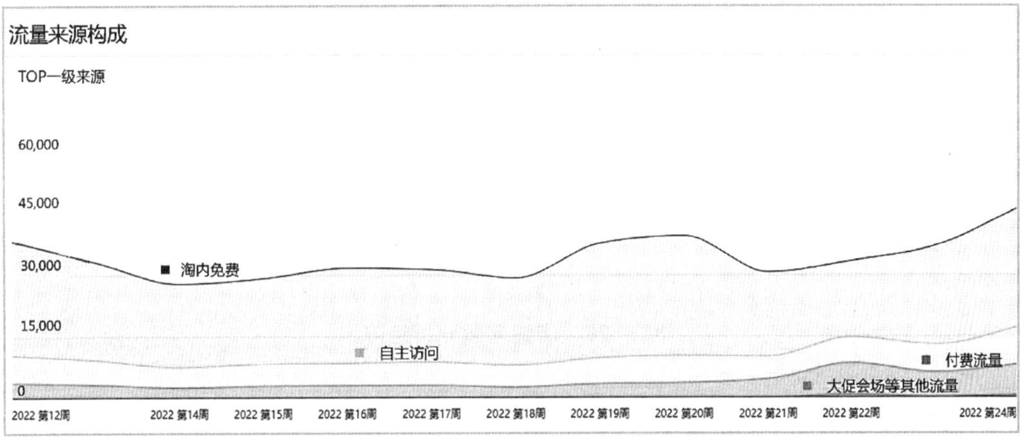

图 5-28 流量来源构成

一般情况下，店铺在参加平台营销活动的时候，店铺流量会大幅度增加，其中大部分的流量来源于活动渠道。如果一个店铺通过活动渠道来源的流量过低，则该店铺待优化的地方比较多，需要在活动结束后进行多方面的优化，保证下次的营销活动能够有所突破。

三、呈现分析结果

活动结束后，商家需要对店铺的营销活动进行全面的分析，其中包括跳失率、访问量、转化率和支付率等多方面。为了能够更加直观地展示分析结果，商家通常采用店铺问题分析矩阵进行问题分析，如图 5-29 所示。

访客会通过各种渠道访问店铺，当访客进入店铺后，产品的详情页会对店铺的产品进行详细介绍。遇到不清楚的地方，访客可能会咨询客服，这时候客服需要耐心解答访客的疑问。只有访客对产品满意后，才会将产品加入购物车，进行支付，产生订单，等待商家发货。整个产品交易流程环环相扣，如果各方面的工作做得好，访客很满意，则很容易产生成交转化；如果某个方面出现问题，就会打消访客购买的欲望，则很容易导致访客的流失。

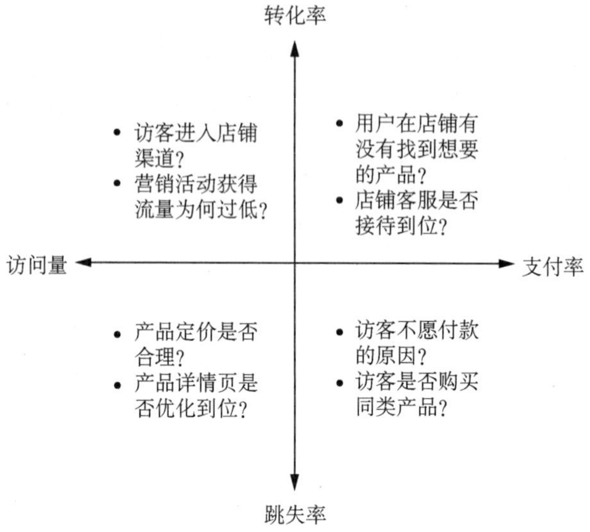

图 5-29　店铺问题分析矩阵

四、撰写产品分析报告

商家明确分析目标、分析产品数据、呈现分析结果后，还需要撰写产品分析报告。很多新手商家认为这一步无关紧要，从而忽略这个步骤。然而，撰写产品分析报告是对这次产品数据分析的总结，该步骤可以发现当前产品在店铺运营过程中存在的问题及优势，提出建议并优化产品。

产品分析报告一般包括以下三个部分。

（一）提出问题

例如，商家参加平台的付费营销活动，并对此次活动进行分析总结，提出店铺存在的问题。商家期望的是店铺的成交量会大幅增加，但是此次活动并没有给店铺带来大量的流量，间接导致成交转化率较低。该情况可能是因为商家对于店铺的运营状况和能力缺乏理性的认识，缺乏相关的运营经验，店铺商品的核心竞争力、店铺客服的接待能力、售后处理能力以及店铺的整体运营能力等都有所欠缺，这些方面都有待进一步优化。

（二）持续发挥优势

在提升商品成交转化率方面，商家相关措施起到了很好的效果，可以继续实施。例如，商家在活动期间开展优惠券活动，通过营销活动和优惠券相结合，使客户的成交转化率得到明显的提升，那么发放优惠券可以在下次营销活动中继续沿用。

（三）提出优化建议

根据产品数据分析的结果，商家针对提出的问题，给出合理化建议。例如，商家发现近期店内的流量下降较为严重，结合生意参谋分析，发现以下几处明显问题：

（1）当前店铺发货订单累积量较大，发货速度慢。为了有效解决这个问题，提升发货的速度，商家可以优化物流相关的工作，如寻找合适的物流商，全程跟踪商品打包及物流运输。

（2）买家催单，商家在下单后希望尽快能够收到商品，但是一直没有发货。此时客户的情绪变差，需要客服及时地安抚客户，做好客户服务。

（3）访客在对商品进行咨询时，店铺的客服回复较慢，最长等待回复时间长达10分钟。商家可以通过增加客服数量，并且对客服进行服务培训，提升客服的服务技巧、专业度和职业素养，给每一位客户留下好的印象。

项目习题

一、单项选择题

1.（　　）搜索量大、曝光力度强且流量高，但精准度不够、转化率较低。

A. 修饰词　　B. 品牌词

C. 长尾词　　D. 核心词

2.（　　）一般是降低新顾客的初次购买门槛或为特定活动准备限时限量限价的产品，用于特定活动，吸引潜在新顾客。

A. 体验产品　　B. 形象产品

C. 常规产品　　D. 利润产品

二、判断题

1. 通过生意参谋“交易概况”子功能版块，商家可以看到交易总揽和交易趋势的情况。（　　）

2. 生意参谋“交易趋势”功能版块中同样不设置日期。（　　）

3. 在生意参谋“终端构成”功能版块只能显示指定时间段PC端的支付数据。（　　）

4. 新客点击量越大，说明该产品的获客能力越强，新客户运营效果越好。 (　　)

5. 重复购买率越多，则反映出消费者对品牌的忠诚度就越高。 (　　)

三、简答题

1. 商家通过生意参谋“交易构成”子功能版块可以查看交易的哪些信息？

2. 如何提升产品获客能力？

3. 什么是重复购买率？

4. 重复购买率有哪两种计算方式？

5. 如何才能让用户产生持续的购买行为呢？

项目六 客户数据分析

知识目标

1. 了解客户数据分析的主要内容
2. 认识客户数据分析的目的和作用
3. 了解客户特征及行为分析的内容及目的
4. 掌握客户忠诚度分析的内容，了解复购率的基本计算流程
5. 掌握 RFM 模型的主要内容

技能目标

1. 具备对生意参谋的基本使用能力
2. 具备绘制访客画像的能力
3. 具备计算复购率的能力
4. 具备基于 RFM 模型对客户进行细分的能力

思政目标

1. 在收集分析数据时候，培养团队协作的意识
2. 培养学生紧跟时代发展、不断创新的意识
3. 保护客户隐私，树立数据安全意识

思维导图

- 客户数据分析
  - 客户数据分析认知
    - 客户数据分析的内容
    - 客户数据分析的目的与作用
    - 客户数据分析的技术工具——生意参谋
  - 客户特征及行为分析
    - 客户特征分析
    - 客户行为分析
  - 客户忠诚度分析
    - 客户忠诚度分析概述
    - 店铺复购率的计算流程
  - 基于RFM模型对电商用户价值进行分析

案例导入

经过一段时间的运营，小王的店铺一直不见起色，苦恼的小王向他的好友——一位资深电子商务商家寻求解决方法。在了解后发现，小王已经进行了多次关键词优化、内容优化，参与了平台的大促活动，店铺好评率很高，而且商品定价也较为适中。朋友问小王："你关注过你的客户群体吗？你知道你的店铺中访客的特征吗？你的店铺中，客户的回购率是多少？"小王有些迷惑："我不是更应该关注我的流量吗？"

在朋友的讲述下，小王明白了只有拥有稳定的客户，店铺才能有流量；只有掌握店铺的客户特征，才能针对客户进行有的放矢的营销。最后，朋友提醒小王，要关注老客户，因为老客户不仅是店铺利润的长期贡献者，也是店铺口碑的有效传播者，对店铺的重要性不言自明。培养老客户，是比寻找新客户更直接有效的方式，毕竟开发新客户的成本远高于留住老客户的成本。

案例思考

通过上述客户分析的案例，请思考：

(1) 客户和店铺流量的关系是什么？

(2) 客户分析可以从哪些内容展开？

任务一 客户数据分析认知

一、客户数据分析的内容

客户数据分析工作建立在客户数据采集的基础上，这一阶段的工作主要分为两个方面，一是从企业自身品牌属性出发，搜集关于商品和目标客户群的信息，挖掘客户的真实需求；二是根据客户的访问、收藏、购买、评价等行为数据的收集，整理出客户的标签属性。客户数据收集工作结束后，即可进行进一步的客户数据分析。

客户数据分析包括客户特征分析、客户行为分析、忠诚度分析、注意力分析、营销分析、收益率分析等多个方面，本书将于本项目任务二、任务三重点介绍客户特征分析、客户行为分析和客户忠诚度分析三个主要方面。

二、客户数据分析的目的与作用

(一) 客户数据分析的目的

客户数据分析是为了更好地了解客户。传统生产模式往往遵循“企业生产什么就买什么”，因此许多商家或企业会通过自身特点进行品牌定位，给品牌赋予更多的文化理念并不断呈现出来，使客户能从众多的品牌中识别并记住特定的品牌，提到该品牌时能迅速反应出它的品牌调性、品牌特点等，这便是建立品牌画像。但如今随着时代变化，市场逐渐转换成“客户需要什么就生产什么”，那么了解客户就成了生产活动的重中之重。从产品的角度上看，进行客户数据分析可以帮助了解客户的习惯特点，从而找出目前产品存在的缺陷，有利于进一步确认产品的可行性，制定出更高效的产品决策；从设计的角度上出发，客户数据分析则是通过把握客户心理需求打造真正吸引客户的交互式服务，使客户获取更好的交易体验；从运营角度上来看，客户数据分析是为了店铺进行高效率管理，优化当前结构中待完善的部分，提出可行的营销策略。

(二) 客户数据分析的作用

客户数据分析主要是通过对客户基本特征和行为的分析判断出店铺主要的客户群体，针对该群体特点设计相对的运营策略从而完成引流及流量变现。总的来说，客户数据分析的作用主要可以从四个方面来解读。

1. 减少客户流失,提高客户保留率

客户流失的原因之一是产品没有满足客户的需求,而客户数据分析的重点就是了解当前店铺主流客户需求,在此基础上有针对性地定制产品、培训材料,完成有效的信息传递,减少客户流失。同时,满足客户需求也有利于吸引更多目标客群的客户,从而提升店铺内客户的保留率。

2. 更智能的产品改进

如果商家不了解目标客户的需求,那么对现有产品的改进无异于构建空中楼阁。很多时候商家投入了大量成本对产品进行更新换代,却并不能打动更多的客户,反而有可能让老客户大失所望,这就是没有做好客户数据分析导致的结果。通过研究客户基本特征和行为模式,商家可以确定哪些功能是客户急需的,哪些功能是顾客希望开发的,哪些功能是顾客从未使用的,利用这些发现进行具体的产品改进有利于减少研发成本,同时增大开发爆款商品的可能性。

3. 个性化营销策略

平时我们经常会收到许多网站、商铺的邮件或短信来推销他们新推出的产品或者宣传近期举办的活动,这些网站和商铺正是利用了客户数据分析系统,针对过往客户群进行营销。但无差别地推送消息往往会产生巨大的成本,且频繁地打广告很可能还会降低普通客户对店铺的好感度,此时就体现出客户数据分析的重要性。进行客户数据分析后,我们对客户会有更具体的了解。例如,青年女性 A 客户,热爱时尚服饰,平时经常浏览折扣信息,是店铺的忠实客户之一。有了这些信息,向 A 客户推送店铺里新上的裙装的折扣广告就大概率能吸引客户前来消费。这种具体的营销策略相比盲目地投放广告可以大大减少营销成本,同时有利于提升点击转化率。

4. 提供有针对性的服务

客户数据分析的作用还在于能为客户提供有针对性的服务。无论是售前还是售后,客户经常需要通过与客服人员交流来完成整套消费流程。在客户数据分析之后,商家能够更清楚地掌握客户的消费喜好、洞悉客户的行为需求,从而有针对性地解决客户反馈的问题,优化客户的购物体验。

三、客户数据分析的技术工具——生意参谋

(一) 登入生意参谋

生意参谋是阿里巴巴旗下商家端统一的数据产品平台,它由流量、品类、交易、直播、

内容、服务、营销、市场和竞争等多个部分构成。通过搜集行业发展情况、监控店铺实时数据、统计店铺往期数据，生意参谋将店铺发展需要的关键信息以可视化的方式呈现在商家面前，是目前电子商务数据分析的主流平台。

下面重点介绍如何利用生意参谋进行客户数据分析。

方法一：直接搜索生意参谋官网，输入商家账号点击进入。

方法二：打开淘宝网，登入商家账号，在首页右上角找到千牛商家中心，点击进入。进入千牛商家中心后，在左侧营销中心找到“生意参谋”，点击进入即可。

（二）进行客户数据分析的主要数据

1. 实时版块

（1）实时概况。实施概况部分可以查看实时总览。实时总览中的数据是店铺运营中即时产生的数据，当产生新的交易信息时实时数据就会发生变化。这一部分有访客数、浏览量、支付金额、支付子订单数和支付买家数等数据可供店铺分析，如图 6-1 所示。

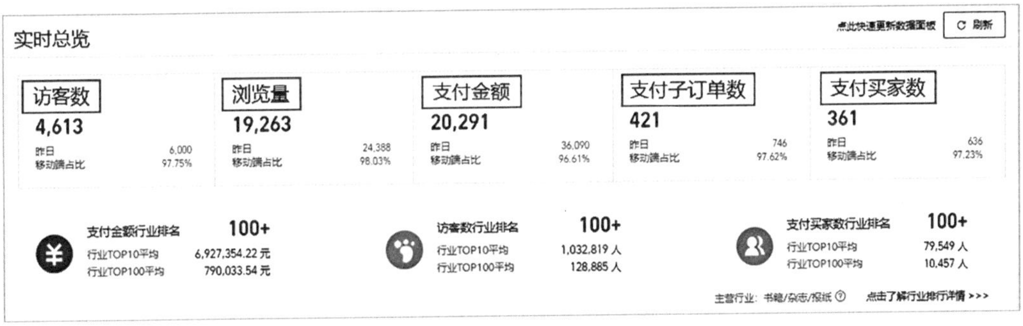

图 6-1 实时总览

实时总览下是实时趋势部分，这一部分将用图表的形式来展示店铺实时数据的变化情况，如图 6-2 所示。

（2）实时榜单。实时概况下即可找到实时榜单部分，在实时榜单里可以看到当前客户浏览、加购和支付人气最高的商品排行，如图 6-3 所示。

（3）实时访客。实时榜单下就是实时访客部分，在这一部分可以清楚地看到实时访客的地域分布及搜索倾向，如图 6-4 所示。

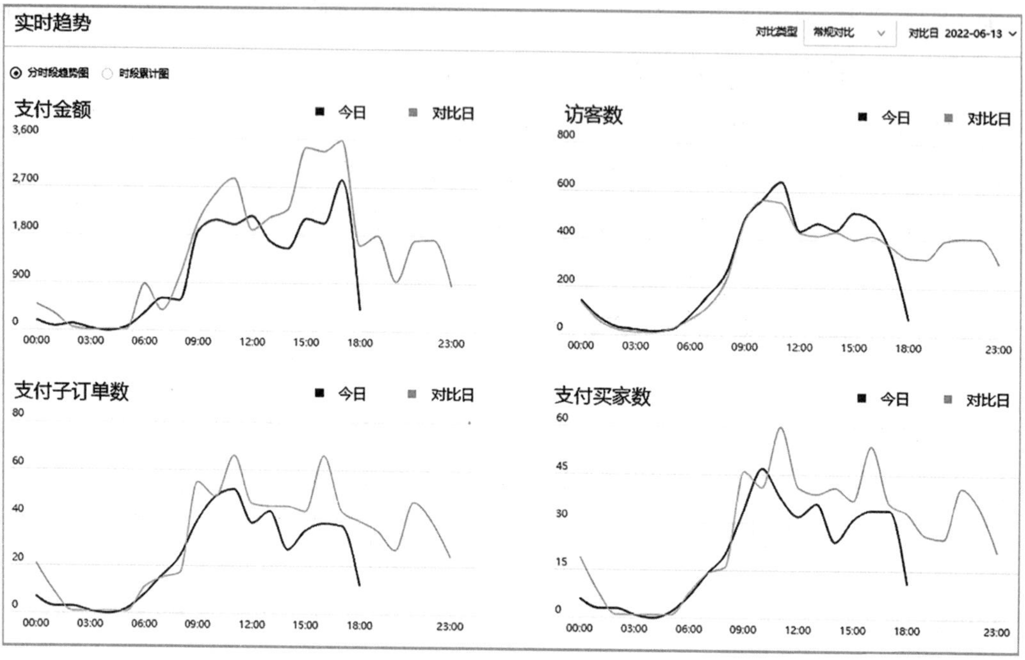

图 6-2　实时趋势

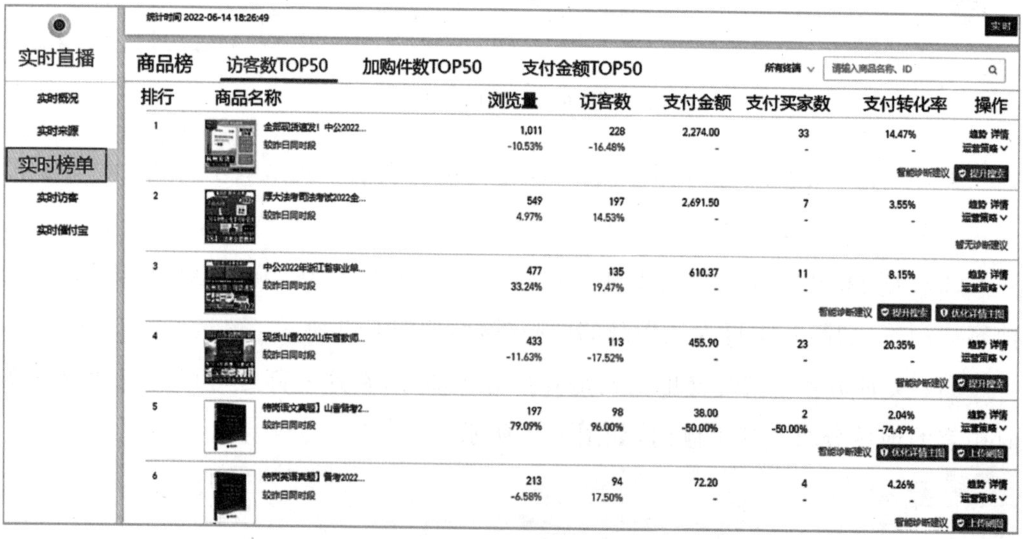

图 6-3　实时榜单

图 6-4　实时访客

2. 市场版块

（1）属性画像。在市场版块左侧打开行业客群部分，下拉找到属性画像。这一部分可以看到客户性别、年龄、职业和地域等多种信息，如图 6-5 所示。

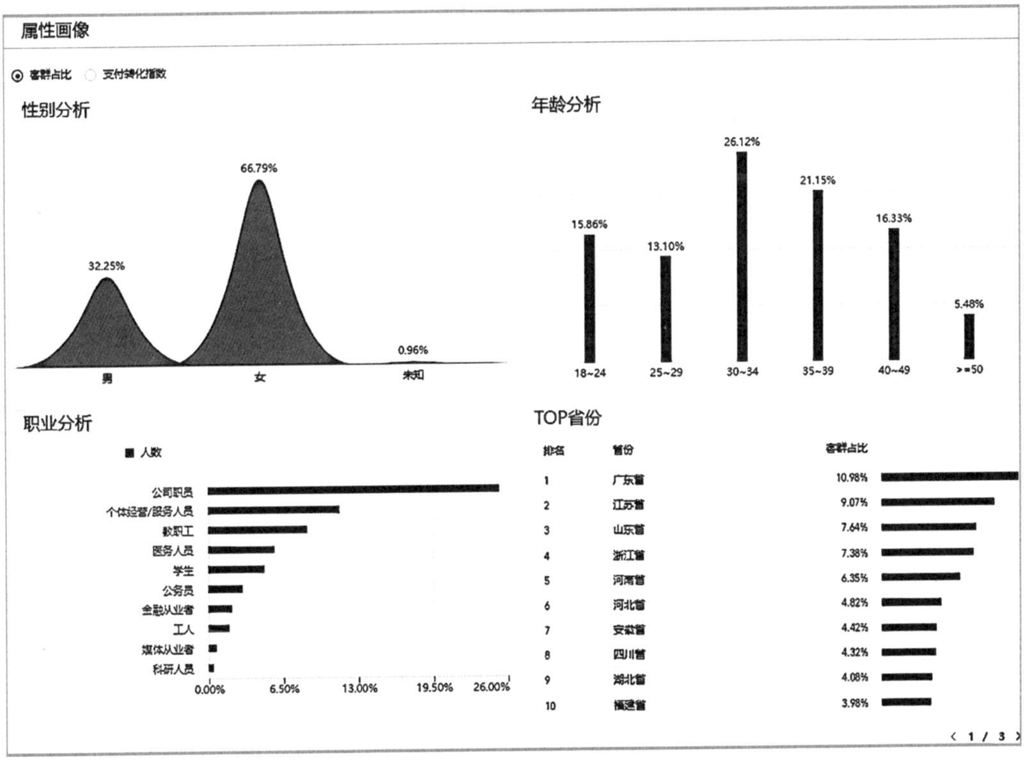

图 6-5　属性画像

（2）购买偏好。属性画像下面是购买偏好部分。这里显示了客户对品牌和类目等多种偏好，如图 6-6 所示。

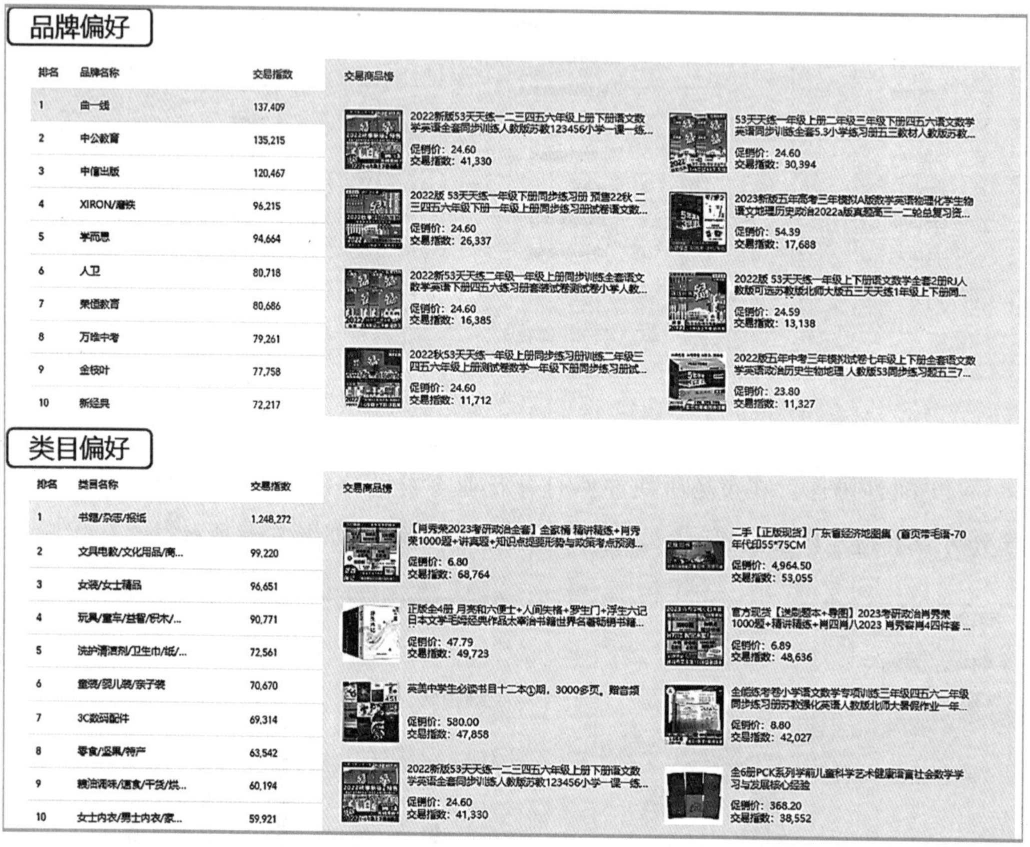

图 6-6　客户品牌和类目偏好

（3）支付偏好。购买偏好下面是支付偏好部分，在这里商家可以看到客户支付金额分布和支付频次分布等，如图 6-7 所示。

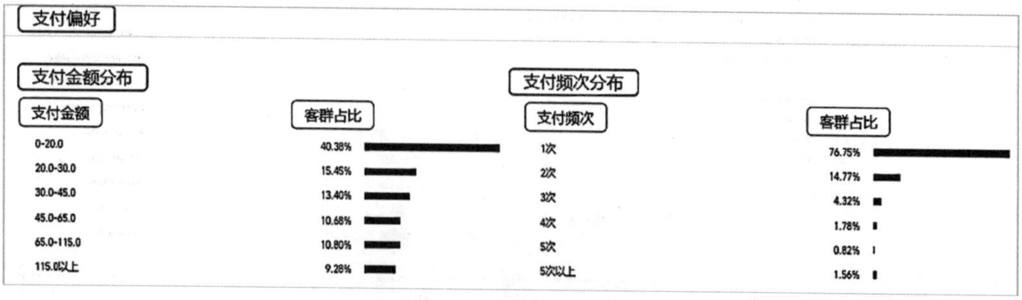

图 6-7　客户支付偏好

任务二 客户特征及行为分析

一、客户特征分析

客户特征分析是通过采集消费者性别、年龄、职业、地域、文化程度和婚姻状态等一系列基础信息来帮助商家建立客户画像。这些数据可以帮助商家制定正确的策略来满足客户的需求，同时可以帮助店铺找到合适的受众来销售产品及服务。下面将重点分析影响消费的客户性别、客户年龄、客户职业和客户地域四个重要因素。

（一）客户性别分析

性别不同的客户往往有着截然不同的消费风格，了解客户的性别特征可以使商家更清晰地理解客户的需求，从而选择更具针对性的营销策略。

女性对产品价格的敏感度往往高于男性，在营销中体现在女性相对于男性对店铺的优惠券、折扣券一般更感兴趣，同时也倾向于办理更多的会员卡。女性客户的交易行为容易掺杂更多情感色彩，如她们可能会受交际圈影响而带动购物，也容易看到产品展开丰富的联想从而提升购买欲望。针对女性客户的这些特点，商家在营销中可以通过组织折扣活动、利用核心女性客户带动客户群消费、列举具有说服力的权威人士的事例、产品介绍中为女性打造幻想的空间等方式吸引更多女性客户。

相比之下，男性客户购物一般更为务实。男性客户购物的目的性很强，往往是有了明确的需求就直接选择相应的产品，因此在淡季男性客户往往表现得不太活跃。在购物上男性客户往往重视产品的质量、使用效果和保修年限等因素，而不倾向于花漫长的时间进行比价。因此，面对男性客户应当清晰地指出产品不同价位包含的不同功能有哪些，提供客户完整的数据和资料来帮助客户进行选择。

（二）客户年龄分析

不同年龄的群体有着不同的消费特点。以中国消费者举例，20 世纪 60 年代以前出生的老年消费者成长环境一般较为艰苦，长期物资匮乏使他们养成了勤俭节约的习惯，因此在购物时非常重视商品的实用性，对价格也极为敏感。但这一部分消费者由于年龄原因对电子商务往往不够熟悉，针对他们的产品往往由子女代为购买。

中青年和中年消费者在电子商务市场里是不容忽视的群体，比起青年消费者他们有更丰厚的积蓄，同时他们不得不兼顾父母和子女两方面的消费需求。这类消费者在交易中表现得较为谨慎理性，比起美观性他们通常更重视产品的质量和实用性，他们会倾向于选择自身信任度较高的品牌，同时容易按照过往的经验来对商品进行评价。

青年消费者的消费欲望往往最为强烈。中国的青年一代成长在更开放更富裕的环境下，他们受过良好的教育，有一定的经济来源并没有较重的家庭负担。同时，青年消费者心理活动更为丰富，内心敏感细腻，在人际活动中更愿意突破自我，追求时尚创新。因此，针对这类客户，商家更需要突出商品的流行性，在产品设计中强调时尚与新颖感，从而激发青少年客户的购买热情。

（三）客户职业分析

除了性别、年龄，客户的职业也是决定客户消费行为的重要因素。不同职业的客户往往有着不同的职业文化，这种文化会进一步影响客户的审美品位和消费需求。更值得注意的是，不同职业的客户群体之间的收入差距可能会天差地别，而这种差距又将进一步决定客户的消费水平。

高收入群体者大多是政商界的知名人士或者演艺事业从业者。这部分客户有着雄厚的经济基础，他们的价格敏感度不高，消费讲究高品质、精品化。这部分客户重视名牌效应，追求个性化和时尚感，希望产品能彰显自身的档次甚至引领时代潮流。

中等收入群体指的是公务员、医生、各企事业工作人员和教师群体等。这部分客户有着稳定的收入来源及不错的社会声望，他们消费的重要组成部分是家庭基础开销，如温饱、教育、医疗等，但他们也有余力进行娱乐旅游等附加消费，甚至偶尔也能追求奢侈型消费。该群体的消费通常兼顾实用性和经济性，在保证品质的前提下倾向性价比高的产品。

低收入群体多指农民、工人等收入不够稳定、多依靠体力活为生的劳动群体。这部分客户消费趋于谨慎保守，多以衣食住行、子女教育等生活基本开销为主，且积蓄较少，因此他们的价格敏感度通常比较高，更倾向于把钱存下来以规避未知的风险。因此，面对这部分客户应该推出物美价廉的产品，同时用热情而真诚的态度来获取客户的信任。

以上是比较简略的客户职业分析方式，在具体客户数据分析中还应针对具体的职业作出区分，如针对衬衫类产品，程序员与摄影师的审美品位可能也有不小的差异。只有明确了客户群的消费风格和消费需求，店铺才更有可能打造出迎合消费者心理的产品。

（四）客户地域分布分析

地域的不同很多时候也会影响客户的交易行为。例如，做跨境电子商务的商家一定会在经营过程中感受到不同国家文化对商贸交易的影响。从我国国情出发，不同城市间的消费倾向往往也会有所差别。例如，从饮食上来看，江浙一带的客户偏好甜口，北方客户喜好咸口，那么做糕点零食的商家就要分析自身主要客户群从而制作出合适的产品；从品牌上分析，北京人更乐意支持国产，上海人偏好进口产品，广东人接触香港、澳门地区产品较多，这也会影响到电子商务的运营。又如，从教辅书来看，不同地区的教材版本和习题类型可能会截然不同。商家只有确定好自身面对的主流客户才能挑选出适合目标客户群的文化产品。

图 6-8 为裙装产品客户群的地域分布情况，商家可以利用不同地区的文化风格和气候特点设计有针对性的裙装产品和营销策略，从而推动店铺更好地吸引顾客。

TOP省份

排名	省份	客群占比
1	江苏省	9.54%
2	广东省	9.09%
3	浙江省	8.82%
4	山东省	7.80%
5	河南省	5.70%
6	四川省	5.64%
7	安徽省	5.01%
8	湖北省	4.62%
9	河北省	3.90%
10	福建省	3.90%

图 6-8 裙装客户地域分布情况

二、客户行为分析

二维码 6-1 客户行为数据

（一）概念

客户行为分析简单来说就是对客户在电子购物过程中发生的所有行为，如浏览、收藏、购买、评价等一系列数据进行分析。当掌握了客户的行为规律，商家就可以更好地预测客户价值、提供个性化的客户体验并提升客户的保留率，这些都能帮助商家进一步优化运营。

客户行为数据分析能够帮助商家更精准地把握住客户的消费意向。例如，夏天来临之际，某商家发现裙装的搜索量直线上升，最多的搜索词为“红色”。这个信息体现了裙装市场即将迎来销售旺季，而红色可能作为今年的流行色而受到客户青睐，因此商家可能需要准备上新一批红色裙装来迎合客户喜好。同时商家还发现，客户 A 连续浏览了 5 条裙子，其中 4 条是红色的，1 条是黑色的，款式均为复古长裙，有 3 条价位在 200～300 元，2 条在 300～400 元。这反映了客户 A 对颜色、款式和档次的需求，如希望购买一条中档的红色复古长裙。客户 B 浏览了 4 条裙子，均为红色短裙，且价格集中在 50～100 元之间，进一步观察可发现客户 B 多于活动期间来店铺购物，喜爱使用折扣券，判断可知客户 B 的价格敏感度很可能高于客户 A。掌握了以上信息之后，商家就可以针对两位客户不同的消费倾向制定相对的营销手段。例如，商家在客户 A 浏览店铺时向客户 A 推荐中档红色长裙，突出裙子的复古质感；与此同时可以通过短信或电子邮件的方式向客户 B 推荐性价比高的红色短裙，同时宣传店铺的优惠活动吸引客户 B 前来消费。这种点对点个性化的营销服务与传统销售相比有着诸多好处，如它大大降低了撒网式营销的成本投入，降低了对客户的广告骚扰感也提升了目标客户的转化率。

除了个体化的客户数据，商家还能从总体客户行为数据上判断店铺可能存在的问题。例如，店铺内访客数和行业内其他商家相比变化趋势应当趋于一致，如图 6-9 所示，数据如果反映出异常情况，商家就需要考虑店铺可能存在的问题并进行调整。

在传统的商贸活动中，搜集客户行为数据是一项复杂又繁琐的工作，因为商家只能靠人力统计客户的购买信息，收集不了购买前客户产生的行为数据，行业内其他客户信息更无从谈起。但随着电子商务的发展，各大数据分析软件横空出世，在大数据时代客户一切交易行为变得可视化，因此对电子商务而言，进行客户行为分

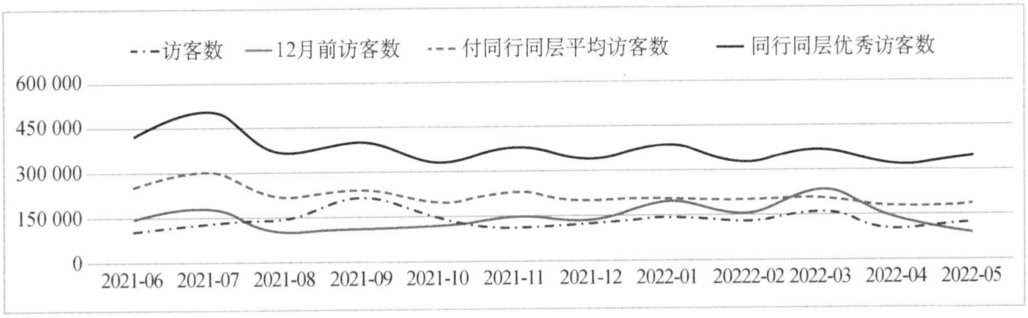

图 6-9 访客数变化趋势

析就越来越可行且必要。从国内外电子商务发展来看,所有成功的电子商务企业无不在客户行为分析上花费了大量的心血。只有洞悉了客户的行为逻辑,才能帮助商家掌握最合适的营销时机,进一步提高客户的转化率。

(二)重点数据解读

除去实时数据分析,考虑到上下架时间可能给客户数据带来误差,行为数据的采集一般以周或月为单位。具体的分析中,商家通常需要重点关注以下数据。

1. 人均浏览量

人均浏览量是用总的浏览量除以总的访客数,反映的是平均每个买家在店铺内浏览商品的情况。如果客户进入店铺之后趋向于看更多的商品,可以体现出店铺对客户有着较高的吸引力,侧面反映了店铺的选品能力、推荐商品的精准度、商品主图及详情页的制作水平。

2. 平均停留时长

平均停留时长是用访客总的停留时长除以访客数。平均停留时长越长反映出访客对具体商品的兴趣越大,也越有可能将访客的浏览行为转化为购买行为。提升平均访问时长的方法有很多,如美化产品主图、优化产品详情介绍页面、引导客户创造高质量买家秀等。

3. 跳失率

跳失率指的是买家访问页面后没有进行其他操作就登出页面的次数占总访问次数的比例。通常情况下,跳失率越低体现的流量质量更好,但也要结合其他数据进行分析。如果跳失率很低但人均停留时长也很低,说明商品的详情页对客户而言缺乏吸引力,客户访问商品后会迅速被页面展示的其他商品吸引从而离开当前商品详情页；如果跳失率很高但人均停留时长也很高则说明商品的详情页制作较为精美，客户能在此页面停留很长的时间，但并没有发展到下一步的交易行为，商家需要思考其中的原因，如客单价的设置是否过高。

4. 下单转化率

下单转化率是下单买家数除以访客数，即来访客户转化为下单买家的比例。这个数据很好理解，下单转化率越高意味着客户在访问过商品后越倾向于下单。商家可以采取多种方式，如发放优惠券等来提升店铺的下单转化率。

5. 店铺评价

店铺评价往往由多个维度组成，不同的电子商务交易平台对店铺评价的组织是不同的，但一般都会包含描述相符评分、物流服务评分及商家服务评分等几个要素，如图 6-10 所示。当店铺评价过低时，往往会给新访客的购买行为带来阻力。当描述相符评分较低时，商家需要注意详情页对商品的描述是否有过度夸大之嫌；当物流服务评分较低时，商家需要慎重选择物流合作伙伴；当商家服务评分较低时，商家需要从售前和售后两个方面来进行客户管理。

图 6-10 店铺评分

6. 店铺收藏人数

很多客户在消费时可能并不会直接选择购买商品，而会选择先收藏该商品，等观望一段时间后再决定是否购买。店铺的收藏人数一定程度上反映了客户对店铺商品的感兴趣程度，店铺收藏人数足够多，今后转化的可能性就越大。同时，店铺的收藏人数也会影响店铺的排名，高收藏量的店铺可以吸引更多新客户。

除此之外，还有访客-收藏转化率、访客-加购转化率、人均支付件数、连带率等一系列数据值得分析。总之，把握好客户行为规律是商家在激烈的电子商务竞争中取胜的不二法宝。

任务三 客户忠诚度分析

一、客户忠诚度分析概述

(一) 客户忠诚度概述

客户忠诚度指的是客户由于产品质量、售后服务等多方面因素的影响对品牌与商家产生一定的信任及依赖,从而表现出在固定的店铺重复消费,甚至推荐自己的亲友前来消费的倾向。忠诚度高的客户对产品价格的敏感度往往更低,他们能承受更大范围内价格的波动。当品牌推出新产品时,忠诚度高的客户会表现得更为积极;在购买产品的过程中,他们犹豫的时间往往更短;当产品质量出现问题时,忠诚度高的客户往往更愿意主动接受售后人员的帮助,他们对产品的宽容度也会更高;如果其他同类型商家用折扣活动等方式引流,忠诚度高的客户态度也会更加漠然;忠诚度高的客户还乐于参与品牌建设,他们会通过创作精美的买家秀、编写高质量的评价、发布产品宣传软文等方式吸引更多新客户前来店铺消费。从这些方面可以看出,衡量客户忠诚度的最佳方式之一就是对客户的行为进行分析。

拥有忠诚度高的客户对品牌而言具有诸多益处。首先,可以减少运营成本,有研究表明吸引新客户的成本比保留现有客户要高出 5 倍以上,同时新客户的转化率远远低于现有客户。其次,能够帮助品牌增加收益,客户会乐于在自己喜爱的店铺中进行更多的消费,因此忠诚度的提高会延长客户的终身价值;另外,如果品牌拥有众多拥护者,那么就能进一步提升自身的口碑和宣传度,从而吸引更多的新客户,形成良性循环。基于以上原因,培养高忠诚度的客户向来是商家运营的不懈追求。

(二) 影响客户忠诚度的主要因素

客户忠诚度会受到多种因素的影响,这里重点介绍客户满意度、唯一性、购物行为、转移成本、市场环境和部落主义六种重要因素。

1. 客户满意度

客户满意度和客户忠诚度是两个概念,满意度指的是客户心理层面上认为获得的商品和服务符合自己的预期,而忠诚度是指客户确有如重复购买等高忠诚度的行为产生。客户的满意度高不代表忠诚度也高,但满意度高确实会给客户的忠诚度带来积极影响，甚至许多研究者认为客户的满意度是忠诚度的决定性因素，当满意度达到一定程度时将直接带动忠诚度上升。

2. 唯一性

唯一性指的是品牌或产品可以提供给客户独一无二的价值和服务，也就是说在交易中缺少有力的竞争者。如果同行商家能为客户提供一样的产品并给出更具诱惑力的条件，那么消费者很容易就会放弃现有品牌。当然，选择任何产品都一定会遇到经营同类型产品的竞争对手，因此，商家应注重维护自身独特的品牌形象和品牌特色，如海底捞火锅店就利用了独特的服务体验来吸引客户。只有让客户留下了深刻的、与众不同的品牌印象，客户才会选择在店铺内进行重复购物。

3. 购物行为

客户在购物过程中发生的一系列行为也有利于提升客户的忠诚度，商家应刻意转化并强化这类行为。例如，客户如果在店铺购买商品的频率高、购买的数量多，一定程度上可以反映出客户对店铺有着不错的信任度，那么商家就应当把这些客户视为重点客户进行培养。又如，如果客户在店铺内出现交叉购物行为，即买了一种产品又买了不同类型的另一种产品，也说明客户对店铺的认同感较高。

4. 转移成本

转移成本指的是客户从现有品牌转移到其他品牌所耗费的成本。如果客户认为更换品牌需要牺牲的利益过大，也会倾向于留在现有品牌中继续消费。转移成本是个很复杂的概念，包括了经济、时间、精力和情感等多种成本。例如，如果客户 A 想选择另一个品牌的护肤品，但这个护肤品是个进口产品且没有翻译，客户 A 研究了 10 分钟该产品的使用方法仍感觉十分复杂，想到后续如果继续选择该品牌的产品可能还要面临这种学习困境，客户 A 感到麻烦从而放弃转移。由此可见，转移成本高也会使客户忠诚度变高。

5. 市场环境

有些时候市场环境的变化也会影响到客户对品牌的评估进而使忠诚度有所转变。因此商家应该注重观测市场的环境变化从而灵活地调整自身的营销策略。

6. 部落主义

部落主义其实是一种身份或群体效应，人们总是会趋向于跟随与自身相似或有联系的人，有点类似于很多明星偶像会刻意经营自己的粉丝群，赋予粉丝名字、口号等标志，从而使粉丝有群体性的身份感，这样粉丝会变得更加忠诚。商务领域也可以利用这一点，店铺可以重视品牌社区的建设，形成自身的粉丝部落，这样也可以带动客户忠诚度上升。

二、店铺复购率的计算流程

（1）我们可从商家后台导出所需的客户数据到Excel表格中，主要需要买家ID、下单时间、付款时间、交易状态、产品ID、购买数量、实付金额等数据。抓取的数据产生时间可以依照产品的种类而定，如像食品店可能1个月或几个月就能统计出有效的复购数据，但购买大家电的时间跨度往往较长，短时间内往往无法进行充分的数据分析。

（2）观察这些数据并进行数据清洗，在交易状态一栏除了交易成功的订单可能还有一些“付款以后用户退款成功，交易自动关闭”的失效订单，这类交易数据需要删除。点击“开始”，选择“排序和筛选”，在“筛选功能”中筛选出“交易自动关闭”的订单，进行删除。

（3）选中所有数据，插入数据透视表，选择“新工作表”。行设置为“付款时间”“买家ID”，值设置为“购买数量”“实付金额”。点击“付款时间”的下拉箭头，选择“字段设置”，在“分类汇总和筛选”中，选择“无”；在“布局与打印”中，选择“以表格形式显示项目标签”“重复项目标签”，如图6-11和图6-12所示。

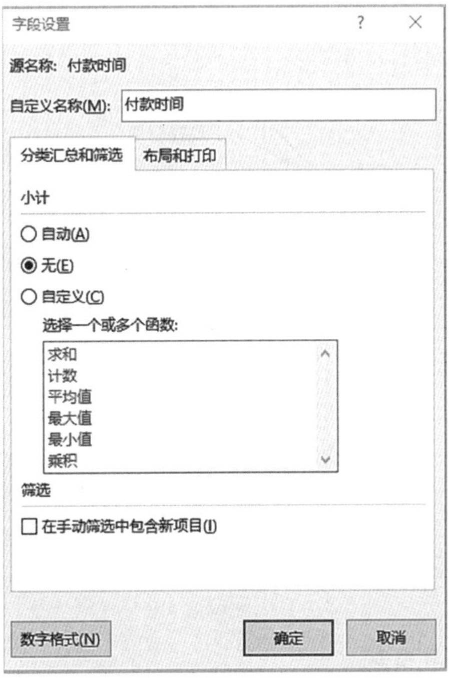

图6-11 分类汇总和筛选

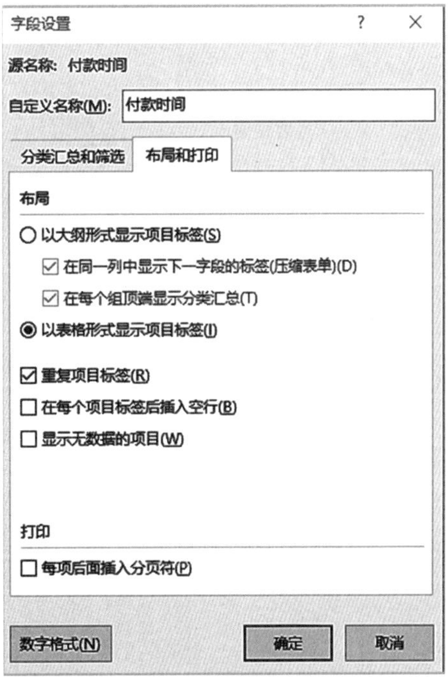

图6-12 布局和打印

（4）接下来可以简单美化新表格，点击“设计”，在“总行”中选择“对行和列禁用”，同时在行标签中取消空白的数据选择。

（5）最后计算店铺复购率，选择新表格数据建立新的透视表，利用 COUNT IF 和 AVERAGE IF 函数即可统计各购买频次的客户比例。

任务四 基于 RFM 模型对电子商务用户价值进行分析

二维码 6-2 基于 RFM 的客户价值分析模型

RFM 模型基于“企业 80%的业务来自 20%的客户”的营销观点之上，该模型可以帮助商家确定店铺内的客户结构并判断出各部分的客户价值。RFM 模型由 3 个指标构成，分别是最近一次购买商品的时间间隔 R(recency)、近期购买商品的频率 F(frequency)以及近期消费的金额 M(monetary)。R 值越大表示客户最近一次消费距离现在时间越长，对应的维度上分值就越小。F 值越大表示客户近期消费的频率越低，对应的维度上分值就越大。M 值越小表示最近消费的金额越大，对应的维度上分值就越大。根据这三个数据从小到大进行排序可以建立相应的坐标轴，从而把空间分为八部分，分别对应八类用户，如图 6-13 所示。

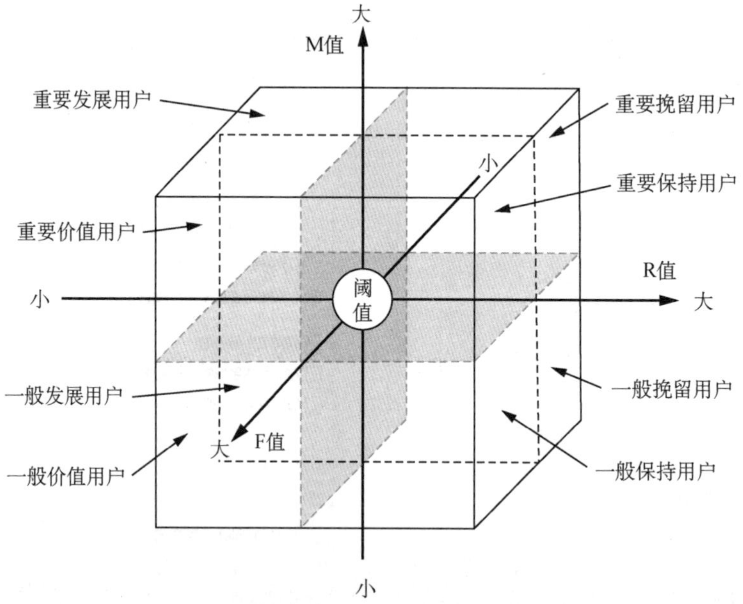

图 6-13　RFM 模型

从图 6-13 中可以看出，所有客户被分成了重要价值客户、重要发展客户、重要保持客户、重要挽留客户、一般价值客户、一般发展客户、一般保持客户和一般挽留客户，每类客户对应的指标如表 6-1 所示。

表 6-1 RFM 客户指标

R	F	M	客户类型
高	高	高	重要价值客户
高	低	高	重要发展客户
低	高	高	重要保持客户
低	低	高	重要挽留客户
高	高	低	一般价值客户
高	低	低	一般发展客户
低	高	低	一般保持客户
低	低	低	一般挽留客户

所有客户中，重要价值客户无疑是价值最高的客户。商家需要重视维护重要发展客户、重要保持客户及重要挽留客户，努力将其转化为重要价值客户。以下主要介绍重要发展客户、重要保持客户和重要挽留客户。

1. 重要发展客户

重要发展客户指的是最后一次消费距离现在时间间隔短，消费金额也较大，但消费频次较低的客户。这类客户有很大的发展可能性，这类客户可能是店铺的新客户且对店铺有一定的兴趣，商家需要对其彰显自身的品牌特色、增强客户的体验感，从而促使客户重复消费或交叉消费。

2. 重要保持客户

重要保持客户指的是很长时间没来消费，但之前消费频次和消费金额都很高的客户。这种客户之前对店铺的忠诚度很高，但最近黏性有所减弱，需要商家重点关注，提供针对性的服务来加强与客户的关系。

3. 重要挽留客户

重要挽留客户指的是很久没来店铺消费，消费频率也很低，但之前在店铺消费金额较大的客户。这类客户数据表现较为危险，很容易流失，因此商家应进行重点挽留，想办法了解客户不继续购买的原因，从而找到针对性的改进方法。

对于很多商家来说，如果对客户进行无差别的广告营销往往会投入大量的成本，而且转化率比较低。针对这种困境，RFM 模型提供了一种高效简单的方法来对客户进行分类，商家可以利用这种分类方法快速了解目标客户的特点，从而选用个性化的方式来推销自身的产品和服务，大大降低了商铺的运营成本，通常也能取得不错的转化率。对传统商贸交易而言，RFM 模型分析需要的大量数据靠人力的方法很难统计，但电子商务数据平台解决了这个问题。在大数据时代，客户产生的每一笔交易都已被记录在案。只要设定好条件，很多数据分析软件甚至可以直接帮助商家抓取交易数据进行 RFM 模型分析。因此，在电子商务客户数据分析方法中，RFM 模型是目前最主流也最受商家青睐的分析方法。

项目习题

一、单项选择题

1. 影响客户忠诚度的主要因素有(　　)、唯一性、转移成本和部落主义。

   A. 客户满意度　　　B. 购物行为

   C. 市场环境　　　D. 以上都是

2. RFM 模型由三个指标构成，分别是(　　)、近期购买商品的频率以及近期消费的金额。

   A. 最近一次购买商品的时间间隔

   B. 最近一次购买商品的日期

   C. 最近一次购买商品的地点

   D. 最近一次购买商品的数量

3. RFM 模型中 F 值越大表明(　　)。

   A. 消费金额越大

   B. 客户交易越少

   C. 消费频率越小

   D. 客户交易越频繁

二、判断题

1. 忠诚度高的客户对产品价格的敏感度往往更低，他们能承受更大范围内价格的

波动。（　　）

2. 在 RFM 模型中，R 高、F 低、M 高的客户是重要价值客户。（　　）

3. 如今市场逐渐由“企业生产什么就买什么”转换成“客户需要什么就生产什么”。（　　）

三、简答题

1. 什么是客户行为分析？

2. RFM 模型由几个指标构成？每个指标分别代表什么意思？

3. 影响客户忠诚度的主要因素有哪些？

4. 请简述客户分析的作用。

项目七

流量数据分析

知识目标

1. 了解电子商务店铺流量的构成
2. 了解不同种类流量的来源
3. 理解店铺流量分析的作用
4. 掌握流量分析的思维和流程
5. 掌握店铺流量取数分析的作用

技能目标

1. 能进行电子商务店铺的流量分析
2. 能熟练进行取数分析
3. 能应用流量分析软件解决问题

思政目标

1. 树立正确的价值观
2. 提出自己的想法的创新意识
3. 能在电子商务数据分析中坚持社会主义核心价值观

思维导图

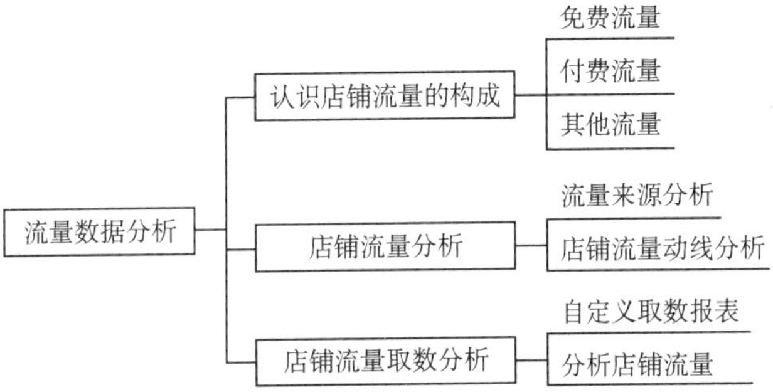

案例导入

小王在淘宝开了一家童装店，但是现在店铺的流量出现急剧下滑，他首先想到的是：店铺是否有违规通知，店铺有没有被降权。查看后发现店铺既没有违规通知，也没有被降权。那为什么店铺流量开始持续走低呢？

小王咨询了电商前辈，前辈指出，在流量下滑时一定要找到流量下滑的核心原因，如店铺标签是否明确、产品生命周期问题、店铺是否及时根据市场动态推陈出新、退款指标表现如何等。

在小王若有所思的时候，前辈说，最重要的是要学会分析店铺的流量数据，只有这样才能有的放矢地解决流量问题。

案例思考

通过上述竞品分析的案例，请思考：

（1）对于店铺来说，一般哪些原因会造成流量下滑？

（2）店铺流量数据分析可以从哪些内容展开？

任务一　认识店铺流量的构成

二维码 7-1
流量的定义

对于每一个电子商务店铺来说，如何获取源源不断的流量是店铺后续发展的关键一步。流量是店铺的根本，有了流量之后，才能有销量、评价，从而能够获得更多的展现机会，有了更多的展示机会，就能获得更多的流量，从而形成一个良性循环。因此，店铺流量至关重要。

根据来源渠道，流量可以分为免费流量、付费流量以及其他流量。

一、免费流量

免费流量中，店铺通过发布产品可以获取搜索流量和类目流量，且因为客户会通过搜索来寻找产品，说明客户有需求，所以从此渠道获得的流量，转化率高。如图 7-1 所示，该店铺的最近 30 天的淘内免费流量中，手淘搜索占比较大。

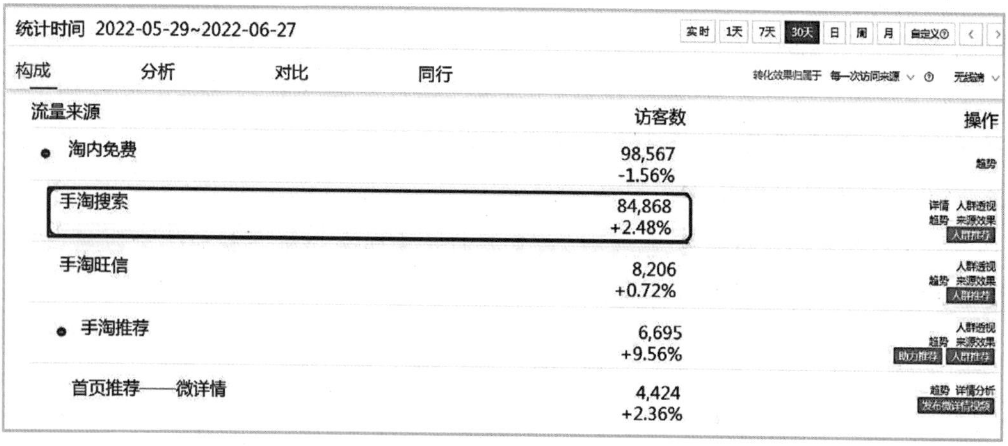

图 7-1　店铺免费流量来源

商家能获得的搜索流量高低，取决于店铺的经营数据和淘宝排序规则之间的匹配程度。商家若想获得活动平台的流量，只能在日常经营中打好基础，有活动机会时及时报名，但最终能否上活动平台，不可控。

二、付费流量

付费流量又称推广流量，是指商家通过付费方式获得的流量，如淘宝平台中的直通车、钻石展位、淘宝客、品销宝等，京东平台的京东快车、京东展位，京东购物触点、京东挑客、京搜客等。推广流量的特点是容易获取，精准度高，但由于是付费推广，商家更希望每一笔钱都花在刀刃上。因此，在投放推广计划后，商家需要运营人员和数据分析人员监测推广支出与收益的对比，实时诊断，并给出具体建议。

例如，某淘宝店铺的运营人员分析该店铺在 1 个月内的付费推广投资及收益，如图 7-2 所示。

BBB　　12月　　电商平台运营数据分析

类别	超级推荐	直通车	超级钻展	万相台	品销宝	合计
消耗	32,017.02	99,053.36	0.00	1,619.58	1,611.10	134,301.06
点击量	39,689.00	40,453.00	0.00	330.00	1,765.00	82,237.00
成交订单量	565.00	1,678.00	0.00	31.00	645.00	2,919.00
成交金额	64,707.31	142,101.26	0.00	2,573.35	49,539.36	258,921.28
点击转化率	1.42%	4.15%	0.00%	9.39%	36.54%	3.55%
投资回报率	2.02	1.43	0.00	1.59	30.75	1.93

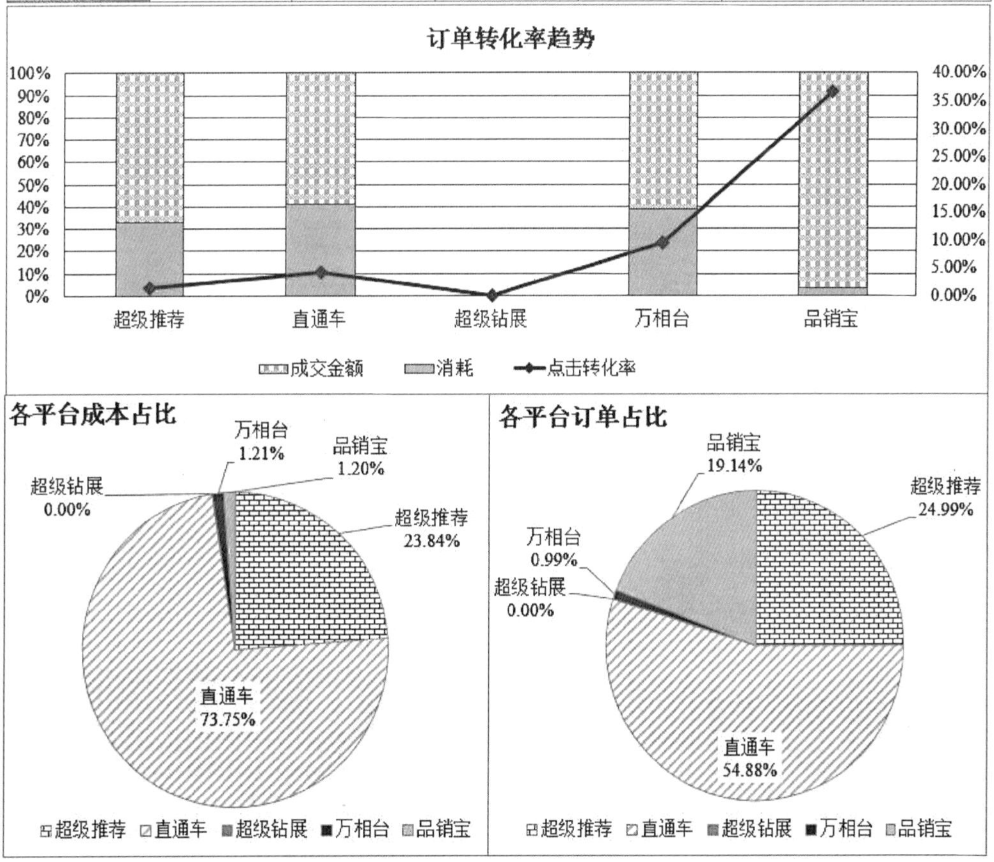

图 7-2　付费推广数据分析表

根据运营数据及可视化图表，可以分析得出，该店铺在直通车的订单占比较高，在品销宝上的投资回报率最高，因此，该店铺可根据这些数据，对下个月店铺的推广计划进行调整，如加大对直通车、超级推荐、品销宝的推广投入，对超级钻展也进行试探性投入，从而达到最大的收益。

三、其他流量

在电子商务平台中，除了系统推荐以及付费推广，还有一些其他流量的存在，如站内、站外的推广。数据分析人员会根据其流量的多少来规划推广投入。

（一）其他流量获取方法

1. 采用“图文＋短视频”的方式

在站外平台发布内容时，商家需要有一定的软文撰写能力和材料整合能力，在平时要积累自己的产品素材，图文的方式适合大多数平台，短视频可以最直观表现自己的产品，如图 7-3 所示。

图 7-3　站外推广

2. 围绕“差异化”的核心点

有些商家可能觉得自己不会写软文,不会做短视频,其实获取流量最重要的是找到自己产品和同行有差异的地方,包装并突出这个差异点;如果产品完全一样,那就通过表现形式来突出,用图片、软文、视频来拉开差距。

3. 坚持更新内容

内容的发布是需要一段时间积累的,对于没有资源的商家来说,可能还要“养号”,积累粉丝,这个过程就是需要坚持,保持一定的产出。

(二) 其他流量获取途径

商家将内容做好后,还要把用户引流到自己店铺,这才能达到目的。若想引流到店铺,不要一来就在图文或者视频中加入自己店铺的推广信息,可以先发布一些行业的资讯、产品的相关信息,让客户看到想看的,建立客户信任感;再发布自己产品相关的信息,以及其具体可以帮客户解决什么问题,客户自然会反馈商家。

1. 微信、微博和贴吧

在微信、微博、贴吧发表文章,这些平台可以为店铺带来较为精准的客户。如果商家店铺在微信、微博上拥有一定的粉丝量,可以针对粉丝做一些新品预售、抽奖等活动进行推广;商家也可以针对自己产品的客户群体,在一些相对活跃的论坛、贴吧,发布广告。

2. 抖音和快手等短视频

在如今这个短视频全民化的时代,短视频带货早就已经成了一种趋势,在优质内容和网络红人的带领下,产品销量可以轻松破百万件。

3. 社交群推广

简单地说,社交群推广就是找到产品对应的客户群体,建立微信群或者 QQ 群,潜移默化地宣传自己的产品,也可以不定时地进行秒杀活动。

4. 其他渠道推广

只要找到了店铺的潜在客户群体,哪里都是开拓市场的渠道,百度知道、百度问答、小红书等都是很好的渠道。

任务二 店铺流量分析

电子商务商家需时常关注店铺的流量来源和流量动线等，本任务着重介绍这两个部分。

一、流量来源分析

店铺流量主要有免费流量、付费流量和其他流量，由于行业和运营模式的不同，店铺的流量结构并无统一的标准，一般而言，一个健康的流量结构是免费流量占比最多，付费流量和其他流量占据剩下的份额。例如，一个店铺的免费流量占比为75%，付费流量占比15%，其他流量占比10%，这个流量结构就较为健康。

（一）店铺流量来源分析

商家可借助生意参谋来查看店铺的流量构成，执行生意参谋“流量”|“店铺来源”命令，设置需要查看的时间段为“30天”，设置流量渠道为“无线端”，店铺近30天无线端的流量情况如图7-4所示。

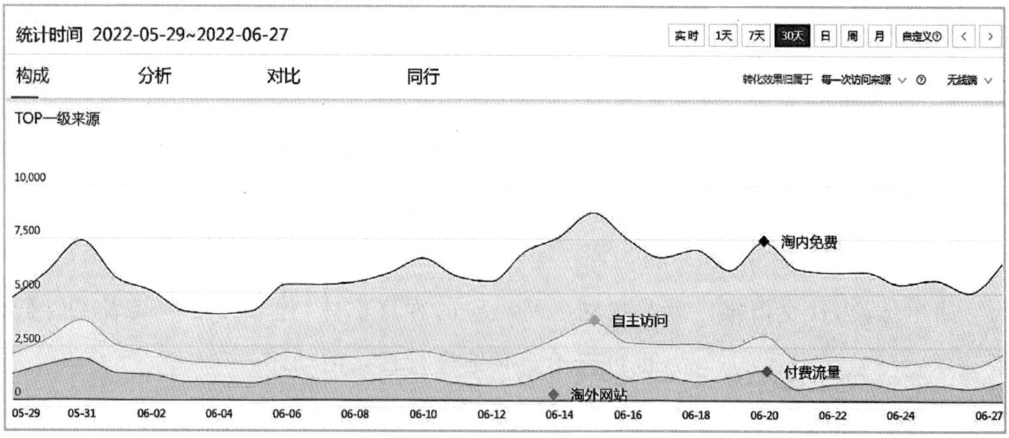

图7-4 店铺流量来源构成

从图7-4中可知，近30日，店铺的淘内免费及自主访问流量均高于付费流量，说明该店铺流量是以免费流量为主，后期可以考虑通过参加平台大促活动或其他付费推广等方式提高付费流量数据。

在流量趋势图下方的“流量来源”区域单击右侧的“下载”，可将该店铺的流量来源数据下载，然后利用 Excel 进一步分析该店铺的流量来源构成情况，具体操作步骤如下：

步骤 1：打开下载的“【生意参谋平台】无线店铺流量来源. xlsx”文件，选择每项流量来源的来源汇总项，如图 7-5 所示。将该部分数据汇总至新表格并使用函数计算出各流量的占比，如图 7-6 所示。

	A	B	C
1	数据说明：以下数据为您所选时间周期的相关扌		
2	收藏网址：d.alibaba.com，让数据帮您生意参谋！点		
3			
4			
5			
6	流量来源	来源明细	访客数
7	淘内免费	汇总	98,567
8	淘内免费	手淘搜索	84,868
9	淘内免费	手淘旺信	8,206
10	淘内免费	手淘推荐	6,695
11	淘内免费	首页推荐-微详情	4,424
12	淘内免费	其他猜你喜欢	1,525
13	淘内免费	购中推荐	474
14	淘内免费	购后推荐	374
15	淘内免费	淘内免费其他	4,071
16	淘内免费	手淘问大家	2,937
17	淘内免费	手淘拍立淘	2,866
18	淘内免费	手淘淘宝直播	1,035

图 7-5 流量来源原始数据

	A	B	C	D
1	流量来源		访客数	流量来源比例
2	淘内免费		98,567	63.48%
3	付费流量		27,862	17.94%
4	自主访问		27,290	17.58%
5	大促会场		1,154	0.74%
6	淘外网站		400	0.26%
7	淘外App		0	0.00%
8	其他来源		0	0.00%
9		求和	155,273	

图 7-6 整理后数据

步骤 2：对整理后的数据进行可视化处理，选择流量来源和流量来源比例，插入三维饼图，如图 7-7 所示。从图 7-7 中可知，该店铺的主要流量来源是淘内免费，占据 63.48%的比例，付费流量占 17.94%。

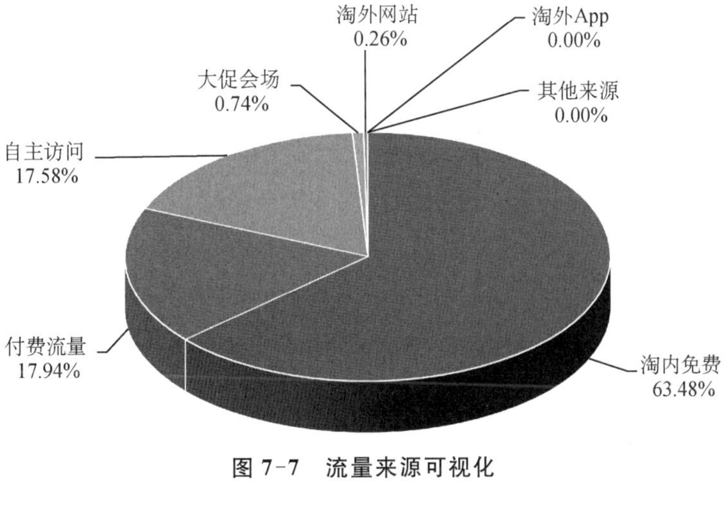

图 7-7 流量来源可视化

通过借助生意参谋和 Excel 可视化分析可知，整体流量结构较为健康，但流量类型过于单一，后期可开发其他流量进一步提高转化率。

（二）商品流量来源分析

商家可借助生意参谋来查看商品的流量来源，执行生意参谋“流量”|“商品来源”命令，设置需要查看的时间段为“30 天”，设置流量渠道为“无线端”，商品近 30 天无线端的流量情况如图 7-8 所示。

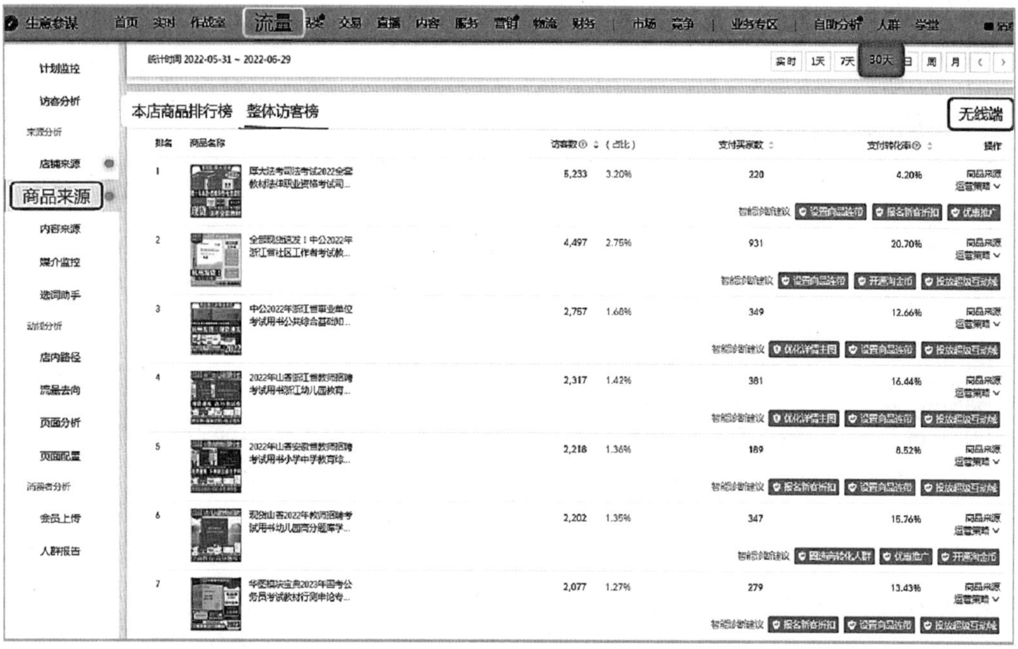

图 7-8 商品流量来源

从图 7-8 可知，该图书店铺的访客最高的商品，其支付转化率较低，而访客数排行第二、第三的商品等，其支付转化率较高。商家可加大折扣力度，进行一些优惠推广，如设置新客折扣、优惠券等，在提高商品访客数的同时，提高支付转化率。

二、店铺流量动线分析

店铺有不同的页面，页面功能也不同，页面流量也不同。例如，商品详情页面的流量一般高于店铺导购页面的流量。通过对店铺页面的流量进行分析，可以了解各页面的功能，对流量不足的页面进行装修优化。

（一）店内路径分析

1. 页面入口流量分析

借助生意参谋对某图书店铺的店内流量路径进行分析。打开生意参谋，执行

“流量”|“店内路径”命令，设置时间为“最近 30 天”，选择无线端，如图 7-9 所示，可查看到店铺在无线端的各入口页面的访客数和其他交易数据。从图 7-9 可知，相较于其他页面，该店铺的商品详情页的引流效果及下单转化率都较高，可能是因为消费者通过搜索点击商品主图就直接进入商品详情页。首页的下单转化率较高，但引流效果不佳，商家可通过引导消费者收藏店铺、加入会员等方式来提高店铺的首页访问量。

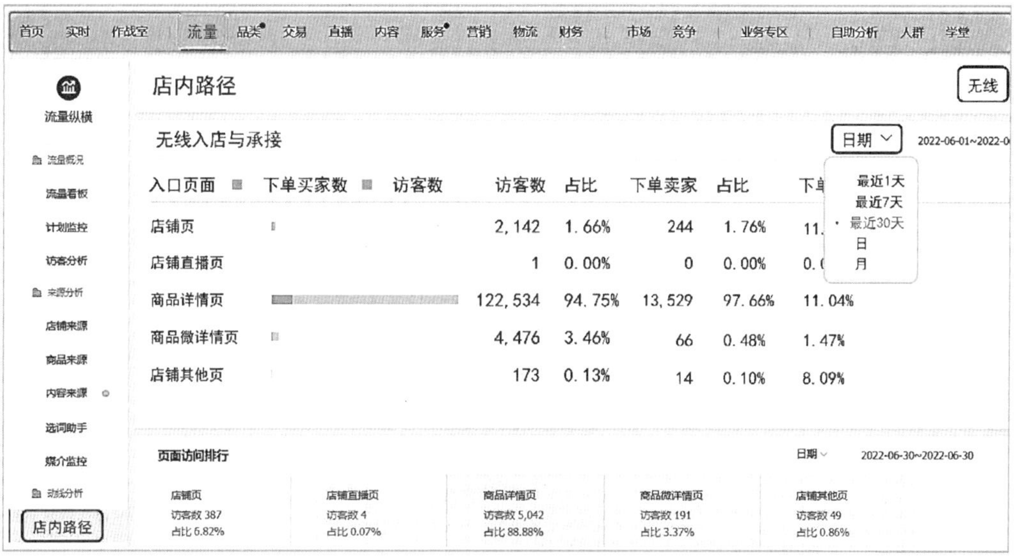

图 7-9　无线入店与承接

2. 页面访问排行分析

查看页面访问排行，设置时间为 7 天，如图 7-10 所示。可知在选取的 7 天时间内，该店铺无线端的商品详情页访问量最高，占比高达 88.25%，评价图览的访客数较多，说明顾客比较重视商品的评论，商家在保证产品质量及服务的同时，也要对顾客的评价进行适当引导。

下载店铺最近 7 天在淘宝无线端的页面访问数据，然后利用 Excel 进行整理分析，具体操作步骤如下：

步骤 1：打开“【生意参谋平台】无线页面访问排行 2022-06-24_2022-06-30.xls”文件，在“浏览量”列左侧插入列，在插入的新列中创建“页面”，如图 7-11 所示。

步骤 2：选择所需分析的单元格区域，执行“插入”|“图表”命令，选择合适的图表，进行可视化。例如，分析商品详情页中各页面的浏览量、访客数以及平均停留时

图 7-10　页面访问排行

	A	B	C	D	E	F	G
1	数据说明：以下数据为您所选时间周期的相关指标，如需查看其他时间周期的数据，请重新选择后下载						
2	收藏网址：d.alibaba.com，让数据帮您生意参谋！点此进入>>						
3							
4							
5	店铺分类名称	访问页面标题	访问页面URL	页面	浏览量	访客数	平均停留时间
6	店铺页	店铺首页		店铺页1	3097	1331	8.57
7	店铺页	全部宝贝页		店铺页2	3105	1015	12.26
8	店铺页	搜索结果页		店铺页3	2363	865	10.27
9	店铺页	搜索入口页		店铺页4	1376	578	4.08
10	店铺页	分类结果页		店铺页5	852	356	11.40
11	店铺页	分类入口页		店铺页6	508	179	8.21
12	店铺页	新品页面		店铺页7	31	22	2.26
13	店铺页	店铺印象页		店铺页8	30	18	3.17
14	店铺页	商家群签到店铺承接		店铺页9	40	15	3.83
15	店铺页	Page_Detail		店铺页10	15	3	5.73
16	店铺直播页	领取优惠 下单更便宜		店铺直播页1	26	21	11.73
17	店铺直播页	公卫难点剖析备考策		店铺直播页2	24	18	47.58
18	商品详情页	评价图览		商品详情页1	6305	3123	8.30
19	商品详情页	全部现货速发！中公	//detail.tm	商品详情页2	6504	1318	19.89
20	商品详情页	厚大法考司法考试20	//detail.tm	商品详情页3	3102	1082	32.78
21	商品详情页	正版现货！2022年协	//detail.tm	商品详情页4	2931	651	13.08
22	商品详情页	中公2022年浙江省事	//detail.tm	商品详情页5	1888	573	21.02
23	商品详情页	2022年山香安徽省教	//detail.tm	商品详情页6	2878	532	12.85
24	商品详情页	2022年山香浙江省教	//detail.tm	商品详情页7	2497	520	14.95
25	商品详情页	华图模块宝典2023年	//detail.tm	商品详情页8	2018	503	16.03
26	商品详情页	山香2022年浙江省教	//detail.tm	商品详情页9	2031	484	14.38
27	商品详情页	山香备考2022年教师	//detail.tm	商品详情页10	1287	431	7.86
28	商品详情页	正保会计网校2022年	//detail.tm	商品详情页11	1898	430	10.70
29	商品详情页	现货山香教育2023年	//detail.tm	商品详情页12	2049	430	7.69
30	商品详情页	正版2022年浙江省普	//detail.tm	商品详情页13	1543	421	13.43
31	商品详情页	现货2022年山香教师	//detail.tm	商品详情页14	1225	413	11.90
32	商品详情页	现货山香教育2022年	//detail.tm	商品详情页15	1476	400	7.18
33	商品详情页	正版山香2022年贵州	//detail.tm	商品详情页16	873	380	16.55
34	商品详情页	现货】2022年中公教	//detail.tm	商品详情页17	1346	356	13.11
35	商品详情页	2022年浙江省专升本	//detail.tm	商品详情页18	1121	343	12.04
36	商品详情页	浙江社区工作者2022	//detail.tm	商品详情页19	860	321	24.51
37	商品详情页	2本套】现货2022年扌	//detail.tm	商品详情页20	1504	318	6.85
38	商品微详情页	现货山香教育2022年	//detail.tm	商品微详情页1	218	192	67.89
39	商品微详情页	现货2021执业兽医师	//detail.tm	商品微详情页2	96	87	4.65
40	商品微详情页	正保会计网校2022年	//detail.tm	商品微详情页3	81	65	4.30
41	商品微详情页	2本套】现货2022年扌	//detail.tm	商品微详情页4	76	58	2.75
42	商品微详情页	山香备考2022年教师	//detail.tm	商品微详情页5	39	35	5.82
43	商品微详情页	正版现货！2022年协	//detail.tm	商品微详情页6	29	24	3.86

【生意参谋平台】无线 页面访问排行2022-06-24_202

图 7-11　页面数据整理

间，选择 E18:G37，插入组合图，结果如图 7-12 所示。

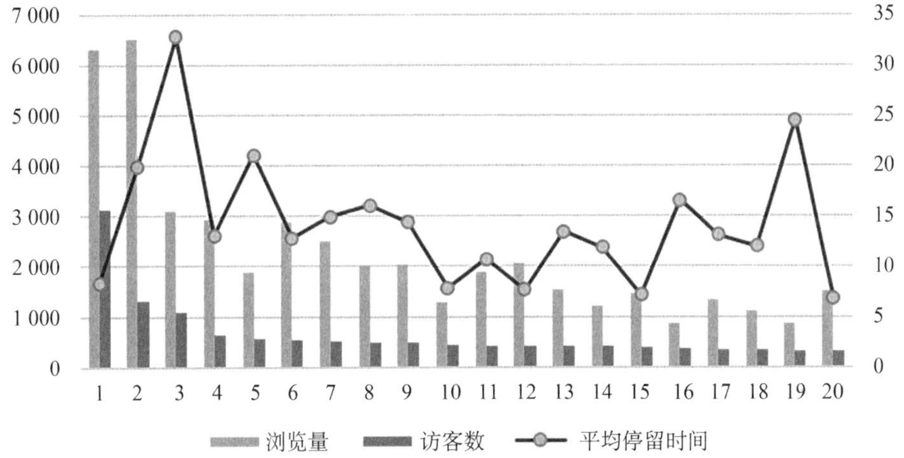

图 7-12 商品详情页数据可视化

从图 7-12 可知，商品详情页 2 的浏览量较高，访客数亚于商品详情页 1，顾客可能反复浏览该页面；商品详情页 3 及商品详情页 19 的平均停留时长较长，说明顾客对这两个商品较为感兴趣，商家可制定营销策略提高这两个商品的访客数，同时，根据这两个商品的详情页的内容形式，对其他商品详情页作出改进。

3. 页面访问路径分析

查看近 30 天的店内路径，点击商品详情页，如图 7-13 所示。

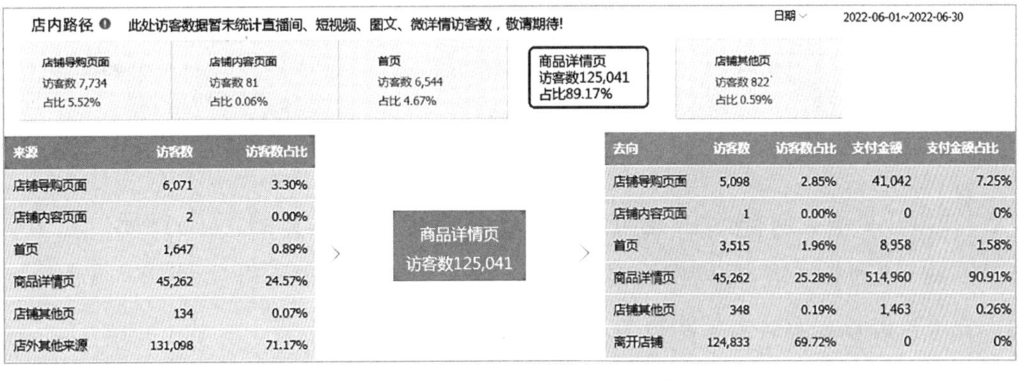

图 7-13 商品详情页店内路径情况

由图 7-13 可知，从流量来源看，顾客访问商品详情页的主要路径是店外其他来源。另外，通过商品详情页访问商品详情页的流量占比也达到了 24.57%，说明店铺在关联销售这方面做得较好，消费者在访问某款商品的同时，会产生访问其他商品的兴趣。而从流量去向分析来看，69.72%的顾客访问商品详情页后会离开店铺，说明店铺的消费者黏性较差，这与商品价格、评价等各方面因素都有关系，需要作进一步分析。

（二）流量去向分析

在生意参谋“流量”|“流量去向”版块中，可以分析店铺 PC 端页面的流量去向，目前无线端的流量去向还未开发，如图 7-14 所示，可展示各页面的离开页面排行及离开页面去向排行。

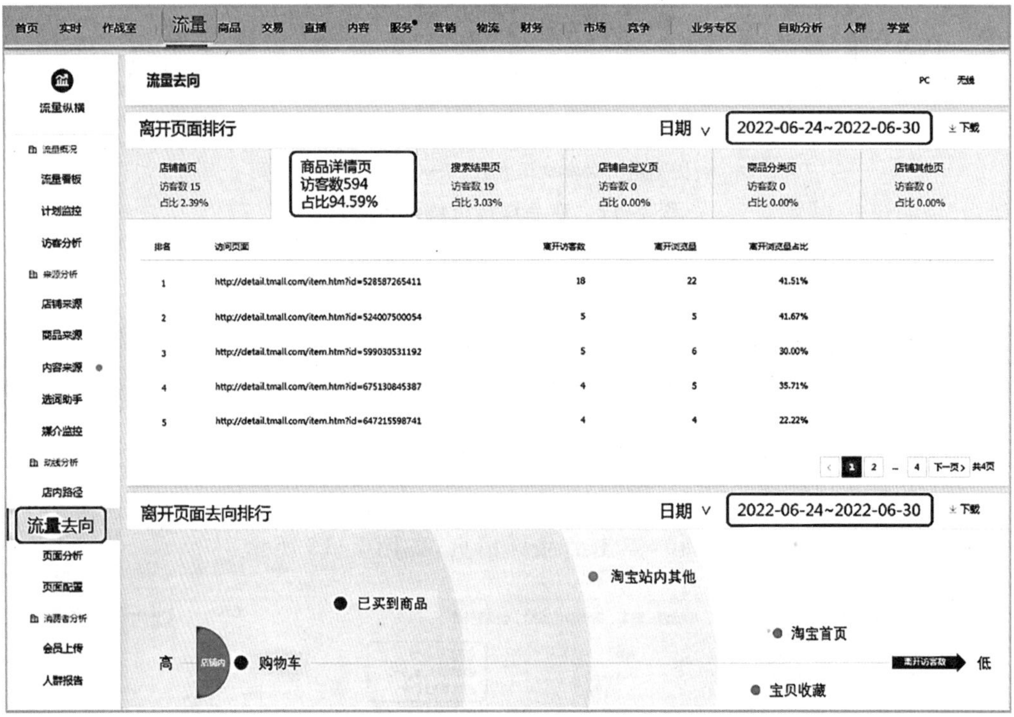

图 7-14　页面流量去向

在离开页面去向排行中，还可以查看各去向具体数据，如图 7-15 所示。点击去向“购物车”查看详情，可以发现显示“访客离开您店铺后去查看‘购物车’页面”，有 12 位访客离开页面后去了购物车。

（三）页面流量分析

若商家要进一步分析各页面流量的具体情况，打开生意参谋，执行“流量”|“页面分析”命令，如图 7-16 所示。

采集页面的访客数、跳失率，整理至表格，插入新列“商品”命名各商品，并对数据进行可视化操作，如图 7-17 所示。

图 7-15　离开页面具体情况

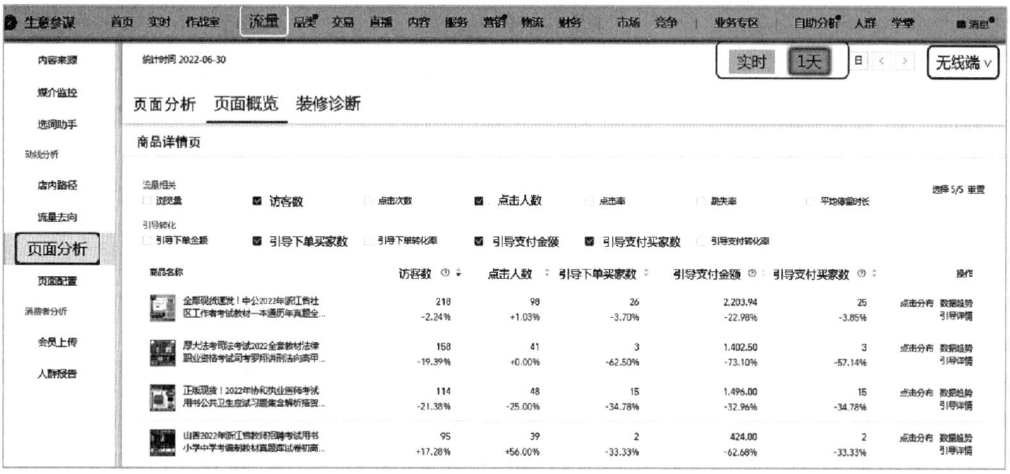

图 7-16　商品详情页数据

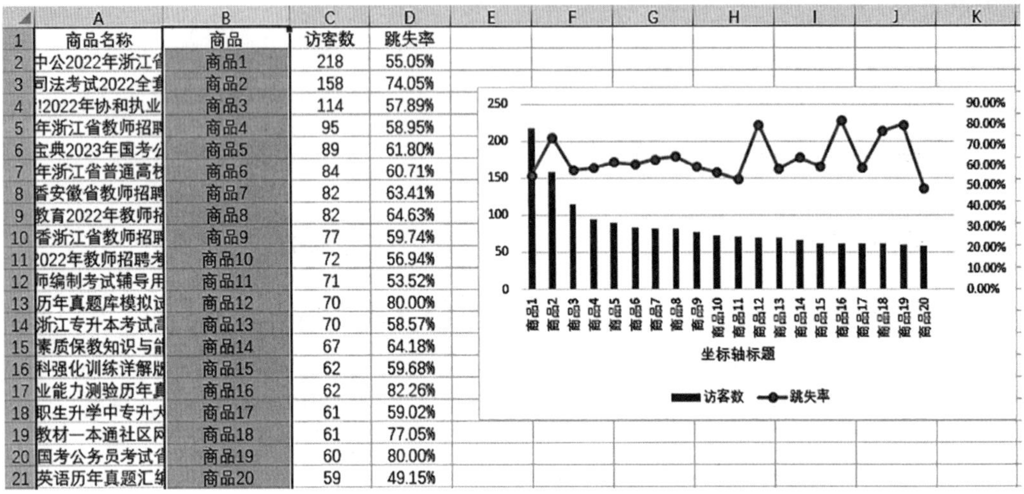

商品名称	商品	访客数	跳失率
中公2022年浙江省	商品1	218	55.05%
司法考试2022全套	商品2	158	74.05%
!2022年协和执业	商品3	114	57.89%
年浙江省教师招聘	商品4	95	58.95%
宝典2023年国考公	商品5	89	61.80%
年浙江省普通高校	商品6	84	60.71%
香安徽省教师招聘	商品7	82	63.41%
教育2022年教师招	商品8	82	64.63%
香浙江省教师招聘	商品9	77	59.74%
2022年教师招聘考	商品10	72	56.94%
师编制考试辅导用	商品11	71	53.52%
历年真题库模拟试	商品12	70	80.00%
浙江专升本考试高	商品13	70	58.57%
素质保教知识与能	商品14	67	64.18%
科强化训练详解版	商品15	62	59.68%
业能力测验历年真	商品16	62	82.26%
职生升学中专升大	商品17	61	59.02%
教材一本通社区网	商品18	61	77.05%
国考公务员考试省	商品19	60	80.00%
英语历年真题汇编	商品20	59	49.15%

图 7-17　商品的访客数及跳失率

从图 7-17 可知，商品 1 的访客数最高，其跳失率也较高，这较为正常，需注意商品 12、商品 16 以及商品 19，这三个商品的访客数较低，但跳失率却很高，说明它们不能吸引消费者的兴趣，需进行优化。

任务三　店铺流量取数分析

如果已经确立明确的分析目标和需要观察的流量指标，就可以通过使用生意参谋中的取数功能获得相关指标并生成报表，从而获得所需数据并进行数据分析工作。

一、自定义取数报表

在生意参谋中，我们如果需要利用已有的报表，则可以在“自助分析”版块中先选择“新建报表”功能选项，再在“取数报表”版块点击“取数模板”，选择需要的数据模板并通过下载获取对应的数据，如图 7-18 所示。

如果需要自定义报表，则可以选择“新建报表”功能选项，选择“取数报表”版块，再点击“新建取数”，填写报表名称、依次选择维度、时间和指标，如图 7-19 所示，填写并选择完成后单击“生成报表”按钮。

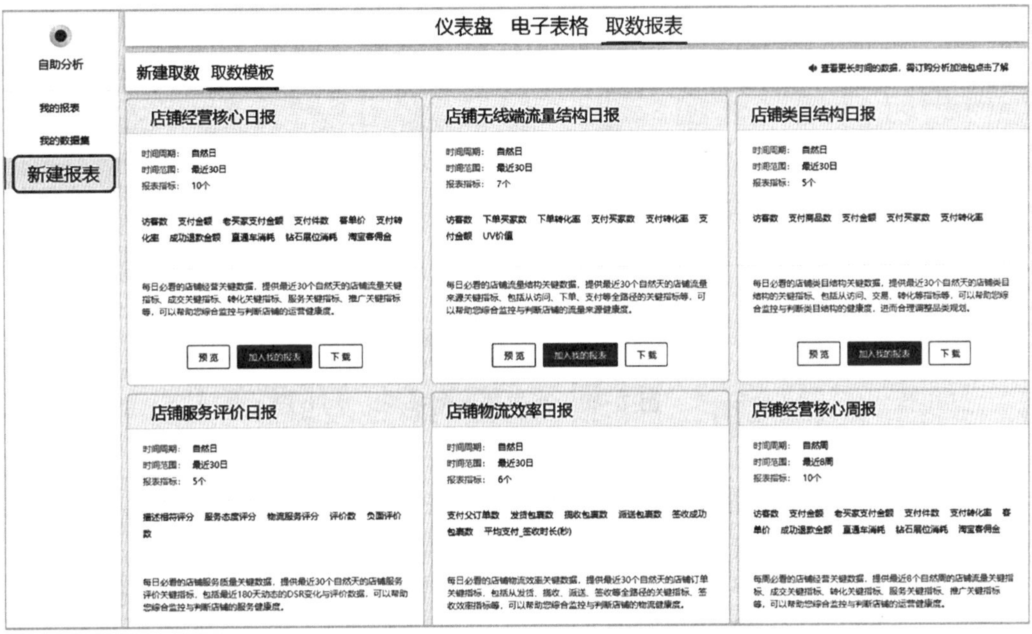

图 7-18 生意参谋“取数模板”

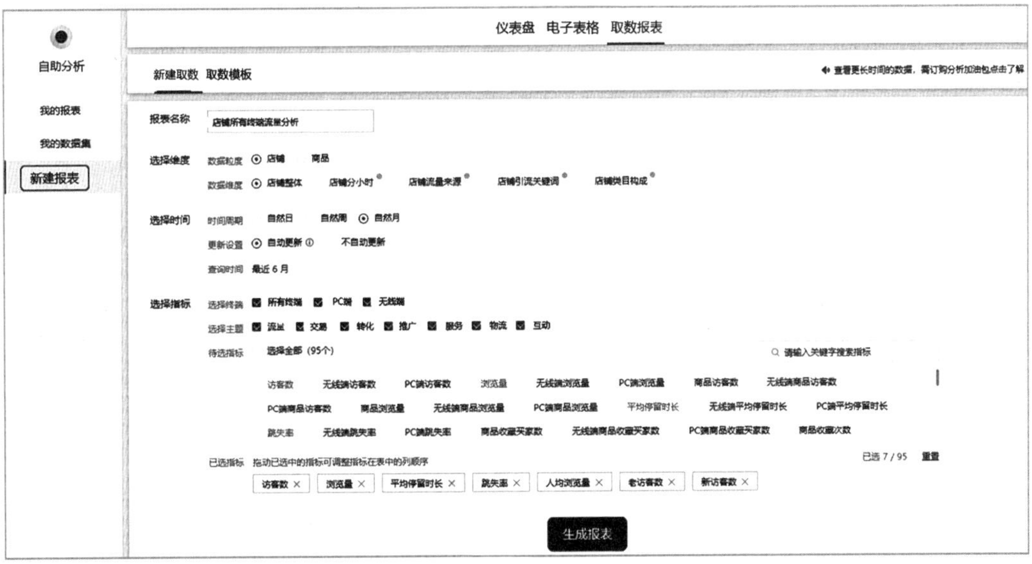

图 7-19 “新建报表”设置内容

生成的自定义报表将显示在生意参谋页面中，如图 7-20 所示。点击“下载报表”按钮即可将生成的自定义数据报表保存到计算机中，以供商家通过其他工具作进一步分析。

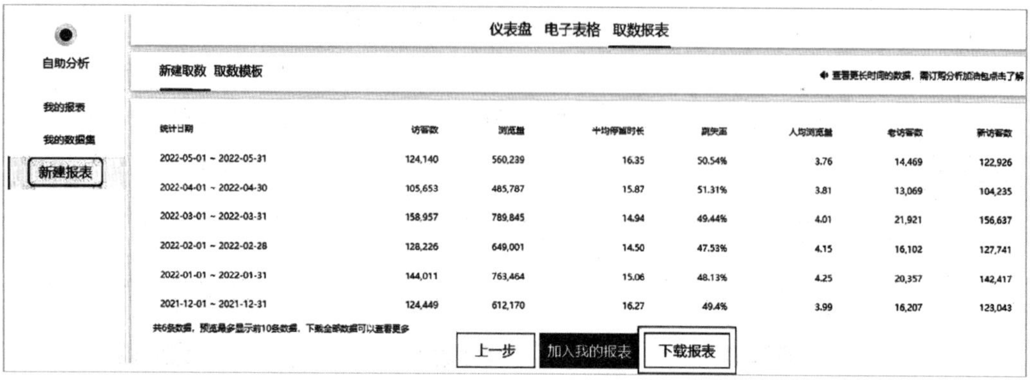

图 7-20　生成并下载报表

二、分析店铺流量

通过生意参谋下载好所需要的数据报表后，可以在 Excel 中对这些数据作进一步分析。下面以获取的店铺所有终端最近 6 个月的流量指标为例，介绍店铺流量情况分析的具体操作步骤。

（1）打开下载好的“店铺所有终端流量分析. xlsx”报表文件，将 “统计日期”项目下的数据进行修改并简化处理，如图 7-21 所示。

	A	B	C	D	E	F	G	H
1	店铺所有终端流量分析							
2	统计日期	访客数	浏览量	平均停留时长	跳失率	人均浏览量	老访客数	新访客数
3	2021年12	124,449	612,170	16.27	49.40%	3.99	16,207	123,043
4	2022年1月	144,011	763,464	15.06	48.13%	4.25	20,357	142,417
5	2022年2月	128,226	649,001	14.5	47.53%	4.15	16,102	127,741
6	2022年3月	158,957	789,845	14.94	49.44%	4.01	21,921	156,637
7	2022年4月	105,653	485,787	15.87	51.31%	3.81	13,069	104,235
8	2022年5月	124,140	560,239	16.35	50.54%	3.76	14,469	122,926

图 7-21　数据简化处理

（2）以表格中的数据为来源在新工作表中创建一个数据透视表，即在选中表格中的所有数据后选择“插入”选项卡中的“数据透视表”，在弹出的窗口中选择“新工作表”并点击确定；将弹出的“数据透视表字段”窗口中的“统计日期”拖动到行标签（即“行”下面的空白处），此处将自动显示“年”和“季度”，将“季度”点击删除，将“年”拖曳到“统计日期”下方；再将“访客数”拖动到值标签（“值”下面的空白处），如

图 7-22 所示。

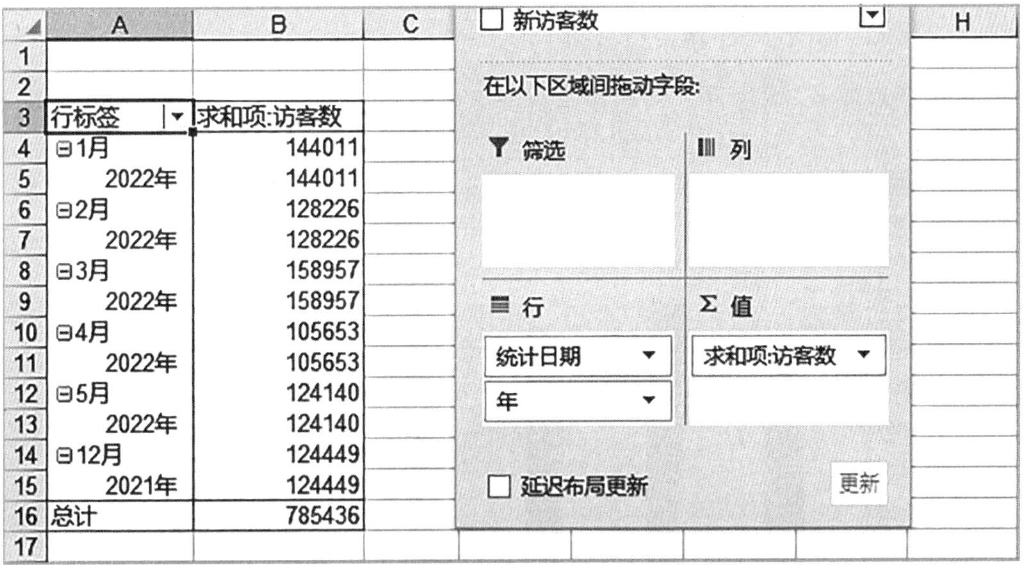

图 7-22　创建数据透视表

（3）此时会发现 2021 年 12 月份的数据在 2022 年 5 月份的后面，可以通过选择行号的方式选择 2021 年的整行数据，然后拖曳所选区域的下边框调整位置，将 2021 年 12 月数据移动到 2022 年 1 月数据的上方，如图 7-23 所示。

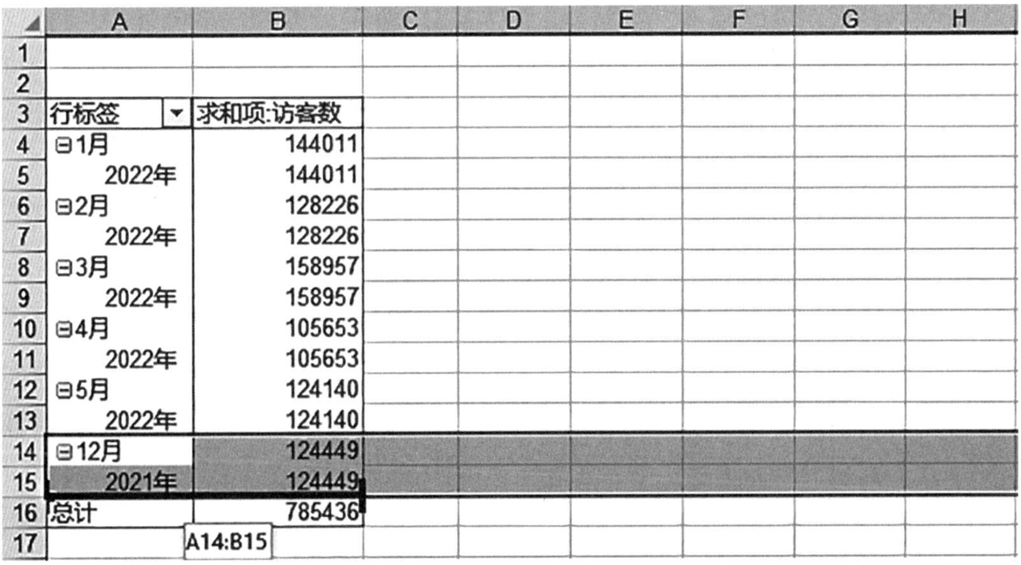

图 7-23　调整数据位置

(4) 以数据透视表为基础来创建一个数据透视图,即在“插入”选项卡中选择柱形图的第 1 种图表类型,在“添加图表元素”中将图表标题和图例设置为“无”,适当增加图表尺寸,如图 7-24 所示。由图 7-24 可知,该店铺在最近 6 个月中,2022 年 3 月的访客数最多,2022 年 4 月的访客数最少,2022 年 5 月的访客数有所回升。

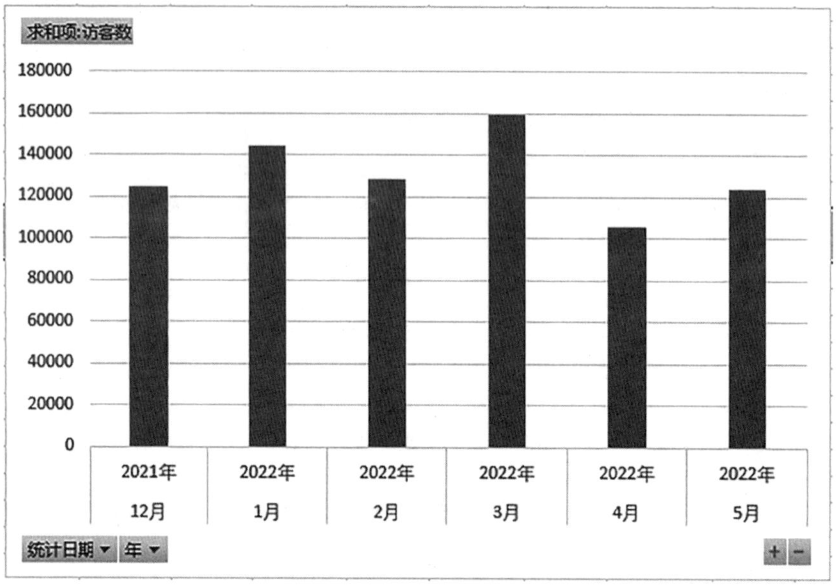

图 7-24 创建访客数据透视图

(5) 将“访客数”字段从值标签中删除,重新在其中添加“跳失率”字段,如图 7-25 所示。此时数据透视图中将显示近 6 个月店铺所有终端的跳失率情况。结合访客数可以发现,在访客数较低的几个月,跳失率数据指标较高。在实际分析中,可以结合季节等因素来确认是淡旺季还是其他原因导致这几个月的店铺客流量低。此例中涉及的店铺经营职业考试图书在此时期处于销售淡季,因此这里可以明显分析出这几个月流量较少是正常现象,可以考虑清理库存。

(6) 从值标签中删除“跳失率”字段,在其中添加“老访客数”字段和“新访客数”字段,如图 7-26 所示。从图 7-26 中可以看出,在淡季也有老客户在访问店铺,因此他们应该是店铺的忠实消费者,应该加以维护,可以为他们提供诸如促销活动或者可以吸引其兴趣的新品信息。对比新老客户的访客数,可以发现每个月的新老客户比例相对稳定,这表明店铺的运营相对成熟并且处于稳定阶段。

(7) 在值标签中删除“老访客数”和“新访客数”字段,添加“人均浏览量”和“平均停留时长”字段,在上方“数据透视图工具”的“设计”版块中单击“更改图表类型”,

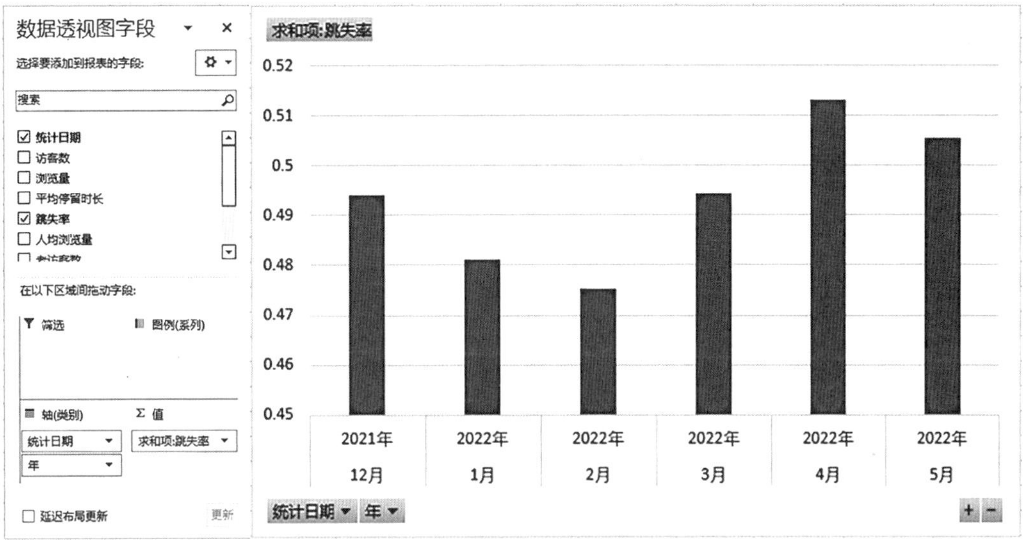

图 7-25 跳失率数据透视图

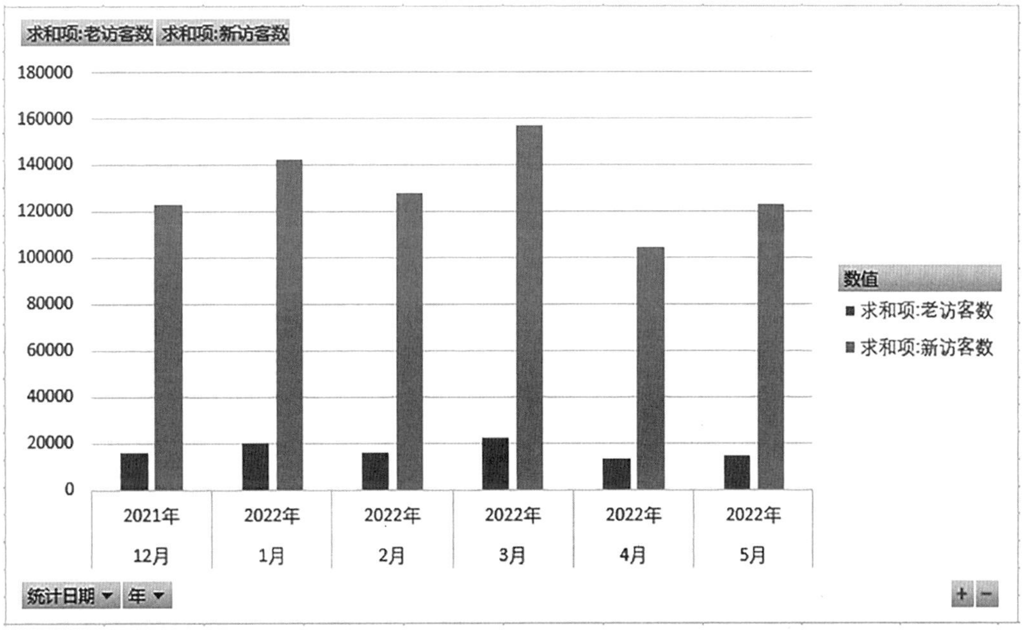

图 7-26 所有终端新老访客数分析

将会弹出“更改图表类型”对话框；在“所有图表”列表框中选择“组合图”选项，设置“人均浏览量”系列和“平均停留时长”系列相对应的图表类型为“簇状柱形图”和“折线图”，并选中“平均停留时长”系列右侧的“次坐标轴”复选框，再单击“确定”按钮，如图 7-27 所示。

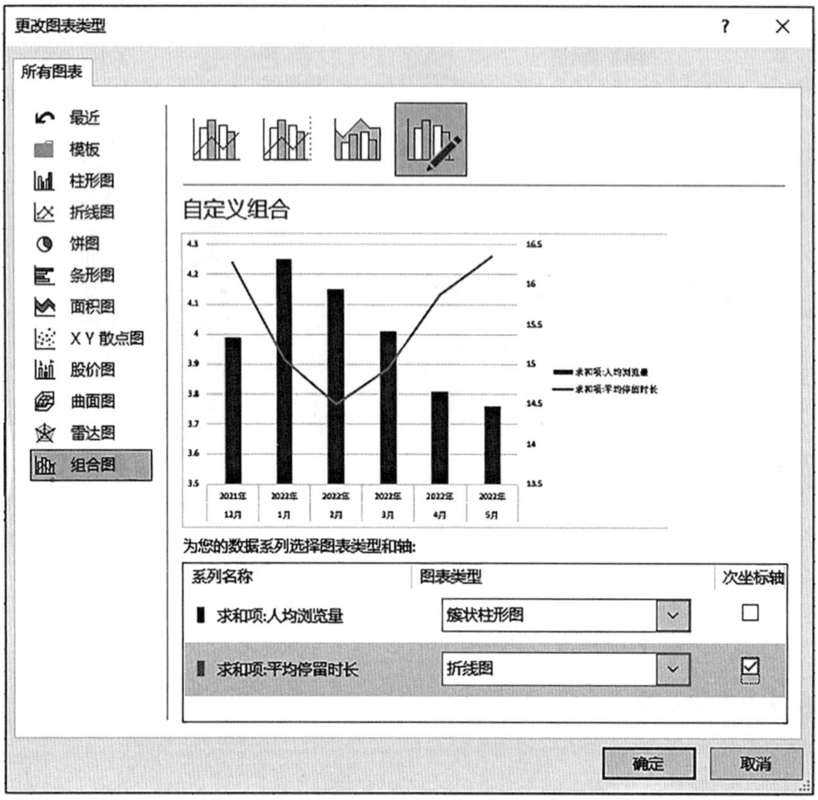

图 7-27 更改图表类型

(8) 在上方“数据透视图工具”的“设计”版块中单击“添加图表元素”,在弹出的下拉列表框中将“图例”设置为“底部”,如图 7-28 所示。从图 7-28 中可以看出,店

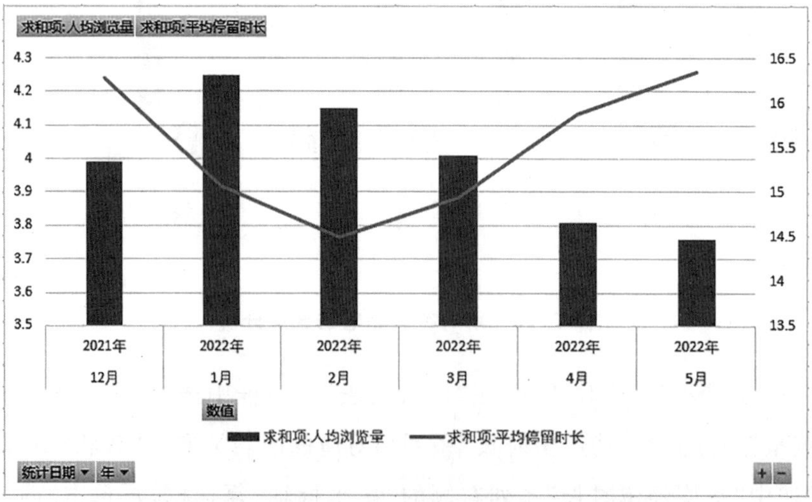

图 7-28 所有终端人均浏览量与平均停留时长分析

铺近6个月的人均浏览量基本维持在四个页面左右，说明该店铺运营比较成熟。通过平均停留时长的折线图可以发现该指标的数据从2022年2月开始呈逐步上升趋势，说明店铺内容对消费者的吸引力在逐渐增加，客户黏性也在增强，可以着手考虑商品上新活动。

项目习题

一、单项选择题

1. 一个访客若查看了5个商品，对这5个商品来说(　　)。

A. 只算一个浏览量，即1个PV，合计为店铺的5个浏览量

B. 分别算一个浏览量，即分别算1个PV，合计为店铺的1个浏览量

C. 分别算一个浏览量，即分别算1个PV，合计为店铺的5个浏览量

D. 以上说法都不对

2. 生意参谋的首页中看不到(　　)数据。

A. 浏览量　　B. 访客数

C. 物流服务情况　　D. 支付金额

3. 下列选项中，(　　)可以判断产品的质量、附加值、包装可能有问题。

A. 中差评或者负面评价多　　B. 买家不愿意秀图

C. 问大家见面回答多　　D. 以上答案都对

4. 如果需要自定义取数报表，应该进行(　　)操作。

A. “新建报表”|“新建取数”|“取数报表”

B. “新建报表”|“取数报表”|“新建取数”

C. “新建报表”|“取数报表”

D. “新建取数”|“取数报表”|“新建报表”

5. 下列各项中，不属于店铺流量情况分析具体操作步骤的是(　　)。

A. 打开下载好的报表文件，将数据进行修改并简化处理

B. 以数据透视表为基础来创建一个数据透视图

C. 删除添加字段

D. 撰写分析报告

二、判断题

1. 跳失率越低,往往表示该店铺流量的质量越好。 (　　)
2. 一个访客若查看了5个宝贝,对这5个宝贝来说,只能算一个浏览量,即1个PV。 (　　)
3. 通过观察转化率可以判断的转化率是否低于行业平均值,如果低于行业平均值就应该提高的转化率。 (　　)
4. 如果关键词的转化率很低,那么一定是这个关键词和产品不匹配。 (　　)
5. 客单价并不能直接决定消费群体的层级。 (　　)

三、简答题

1. 淘宝的付费流量主要分为几种?请简要叙述。
2. 店铺页面流量分析主要有哪几个方面?
3. 如何在生意参谋中利用已有的报表?

项目八

运营数据分析

知识目标

1. 了解交易构成
2. 掌握影响客单价的因素
3. 掌握影响转化率的因素
4. 掌握店铺利润的计算方法

技能目标

1. 学会对交易数据进行分析
2. 学会对客单价和转化率进行分析
3. 学会对店铺利润进行分析

思政目标

1. 培养诚实守信、遵纪守法的素养
2. 培养爱岗敬业的职业观
3. 培养互联网运营思维
4. 培养正确的消费观

思维导图

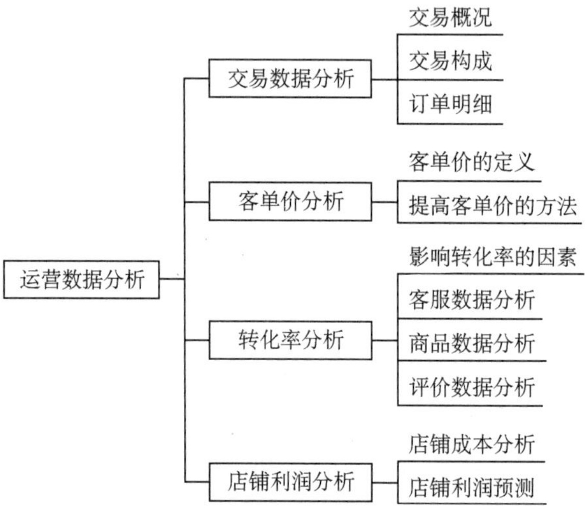

案例导入

小王在淘宝上经营着一家书店，店铺运营多年，是该领域的领头者之一，各项数据指标相对比较稳定。某天小王发现店铺的订单量连续两天明显下跌。一般情况，店铺的订单量受节假日、促销、竞争对手活动等影响，日订单量有所起伏是正常现象，所以一开始小王并没有太在意。

但是又过了两天，店铺的订单量并没有恢复到正常水平，小王猜测可能是竞争对手在搞活动或者是某类商品缺货、价格异常导致的。于是小王决定通过生意参谋对店铺的运营数据进行分析，试图找到订单下降的原因。

通过分析发现，店铺咨询详情转化率有明显下降，但是调查客服并没有发现异常情况。他进一步对咨询信息分类统计后发现，新用户的咨询量几乎为0，明显不合常理。于是小王自己注册了一个新用户，发起咨询，但是没有得到回复。查询后台，发现咨询信息没有到达客服。于是小王向平台反映了该情况，问题得以解决。

案例思考

通过上述运营数据分析的案例，请思考：

（1）店铺需要每天都作运营数据分析吗？

（2）你认为应该从哪几个方面分析网店的运营数据？

任务一　交易数据分析

一、交易概况

商家可以通过生意参谋看到店铺整个交易情况，从买家浏览产品开始，到下单完成最后支付，整个流程的数据都一目了然。

如图 8-1 所示，通过点击“交易”进入交易面板，商家可以看到交易的概况。通过右上角的“日期”可以选择查看的周期，点击“所有终端”可以选择想要查看的终端，页面中间部分展示的是一些交易数据和转化效果数据，页面低端展示的是对交易波动和转化率的解读。

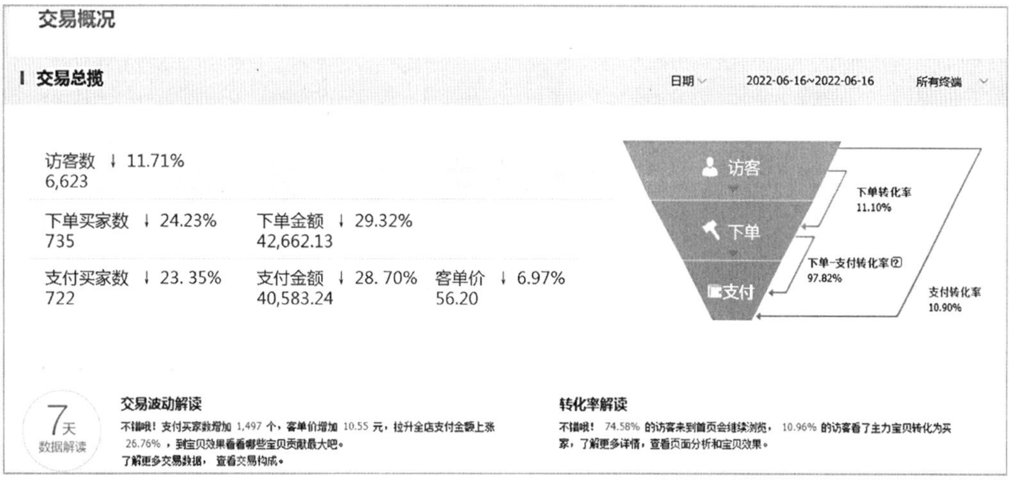

图 8-1　交易概况

在“交易趋势”版块，可以选择“同行对比”查看和同行间的数据对比，通过上方的“日期”可以选择查看数据周期，通过“指标”可以选择自己想查看的一些指标数据，并且通过右上方“下载”，商家可以将这些数据下载下来，如图 8-2 所示。

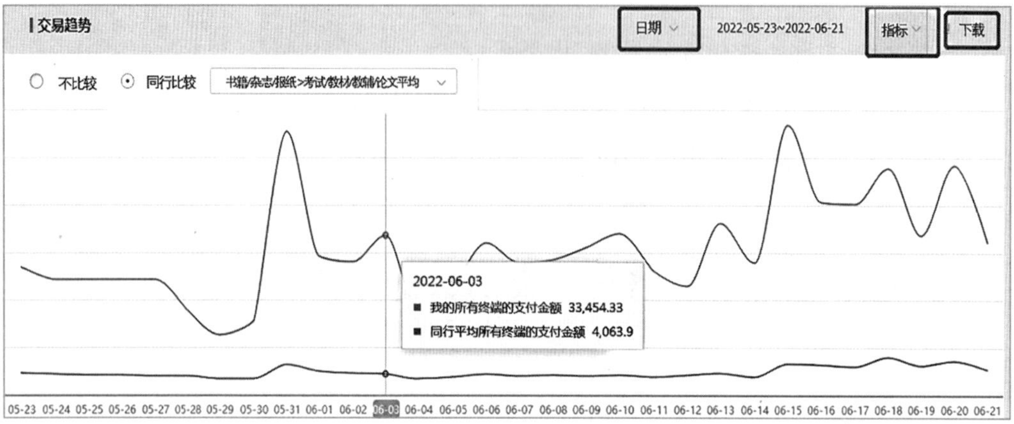

图 8-2 交易趋势

二、交易构成

通过生意参谋，商家点击“交易”进入交易面板，点击“交易构成”可以了解网店的交易构成。小王经营着一家书店，我们来了解一下他的店铺终端构成、类目构成、价格带构成、品牌构成和资金回流构成。

如图 8-3 所示，该店铺的交易主要在无线端，这是由于无线端的可视区域小，焦点更容易集中，相对点击率更高，而且现在人们使用手机的频率相对较高。因此，该店铺可对无线端加大营销力度。

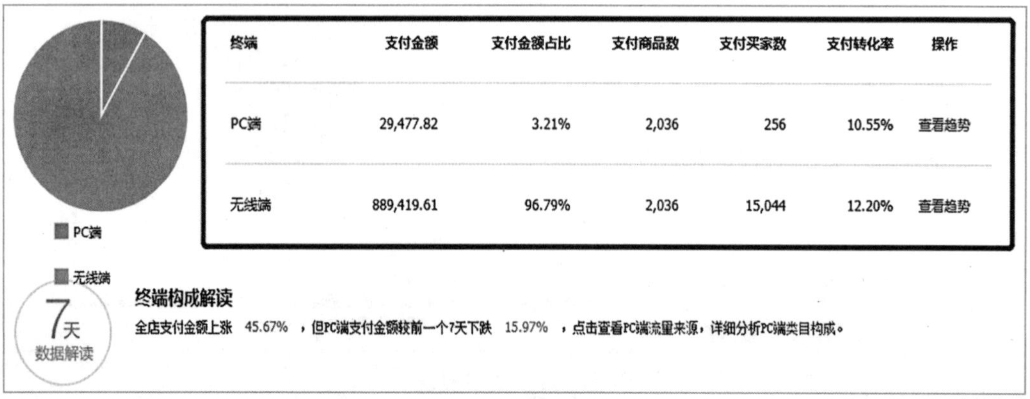

图 8-3 终端构成

该店铺的交易类目主要是书籍/杂志/报纸，如图 8-4 所示。

书籍/杂志/报... 占比：99.97%　　其他 占比：0.03%

类目	支付金额	支付金额占比	支付买家数	支付转化率	操作
教师资格/招聘考试	319,006.83	34.72%	7,599	13.95%	查看趋势
法律职业资格考试	189,191.35	20.59%	990	7.37%	查看趋势
公务员考试	120,507.29	13.11%	2,279	14.76%	查看趋势
执业医师	29,204.55	3.18%	540	17.39%	查看趋势
药学考试	27,496.34	2.99%	146	8.35%	查看趋势

图 8-4　类目构成

从“价格带”版块可知：该店铺的价格带有 0～10 元、10～20 元、20～30 元、30～60 元以及 60 元以上，如图 8-5 所示。其中 30～60 元和 60 元以上的支付买家占比是最高的。

价格带	支付买家占比	支付买家数	支付金额	支付转化率	操作
0-10元	0.17%	26	499.65	7.72%	查看趋势
10-20元	3.77%	576	9,031.13	13.72%	查看趋势
20-30元	3.48%	532	11,560.50	11.80%	查看趋势
30-60元	37.43%	5,723	151,553.78	13.55%	查看趋势
60元以上	59.81%	9,146	746,252.35	11.13%	查看趋势

图 8-5　价格带构成

该店铺的主要品牌为“中公教育”，如图 8-6 所示。

该店铺订单未确认收货时长主要集中在 12 天以上，比例高达 46.69%，如图 8-7 所示。

品牌名称 ?	支付金额	支付金额占比	支付金额较上期	支付买家数	支付件数	操作
中公教育	3,929.13	12.26%	↓24.07%	98	106	店铺详情 行业详情
SHANXIANG EDUCATION/山香教育	882.00	2.75%	↑8.92%	24	25	店铺详情 行业详情
中华会计网校	485.02	1.51%	↓34.90%	9	9	店铺详情 行业详情
POSTS & TELECOM PRESS/人民邮电出版	126.33	0.39%	↑94.56%	2	2	店铺详情 行业详情
机械工业出版社	122.86	0.38%	--	2	2	店铺详情 行业详情

图 8-6 品牌构成

未确认收货时长	支付金额占比	支付金额	支付商品数	支付买家数	操作
1-2天	23.51%	2,327.06	36	37	买家详情
3-5天	16.04%	1,587.78	33	32	买家详情
6-8天	13.77%	1,363.24	20	22	买家详情
12天以上	46.69%	4,621.79	38	21	买家详情

图 8-7 资金回流构成

三、订单明细

1. 订单时间分布

商家通过生意参谋获取订单数据，将数据统计到 Excel 中，绘制订单量按小时波动的簇状柱形图，不同时段的订单量就一目了然。如果按小时、日、月、周、季度、年的维度统计，商家可以统计出买家相应的购买趋势；如果按分钟和秒维度统计，商家就可以分析大促活动的实施效果。

2. 订单金额

在 Excel 中，商家可以根据小时、订单金额，绘制订单金额由大到小的条形图。当订单金额和订单量的波动基本一致的，可以适当保留目前参与的活动和上架的产品，防止客单价和客单量突然下滑，也可以根据上架产品的详细信息对产品进行更详细的分析。

3. 不同年龄段的订单量和订单金额

在 Excel 中，商家可以先根据订单数据创建透视表，统计各年龄的订单量；再划分年龄段，绘制出不同年龄段的订单量和订单金额的饼图，以此来分析哪个年龄段的买家购买力最强，然后根据订单记录分析其偏好和购买习惯，对产品进行优化，实现精准营销。

4. 区域订单量和购买金额

在 Excel 中，商家可以根据订单数据创建透视表，统计不同区域的订单量和买家实际支付金额，再绘制出订单量和消费金额的组合图。对比分析不同城市的消费水平差异，对于购买力较高的省份，优化产品结构，提升高端商品的占比。

任务二 客单价分析

一、客单价的定义

客单价(per customer transaction)是指每一位顾客平均购买商品的金额，即平均交易金额。其计算公式是：

$$客单价=销售额\div成交顾客数 \tag{8-1}$$

客单价是影响网店盈利的因素之一，在流量相同的情况下，客单价的高低直接决定了网店的销售额。销售额的计算公式是：

$$销售额=购买人数\times客单价 \tag{8-2}$$

在流量相同的前提下，客单价越高，销售额就越高。

影响客单价的因素主要有宝贝类目广度与深度、店铺促销活动、宝贝关联营销、客户购买能力、店铺定位，如图 8-8 所示。

图 8-8　影响客单价的因素

二、提高客单价的方法

(一) 利用爆款提高客单价

爆款是指在商品销售中，供不应求、销售量很高的商品。通俗点说，爆款就是卖得很多、人气很高的商品。爆款商品可以在最短的时间内给店铺带来大量流量和商品成交转化率。商家可以把客户的购物流程(图 8-9)作为打造爆款商品的切入点。

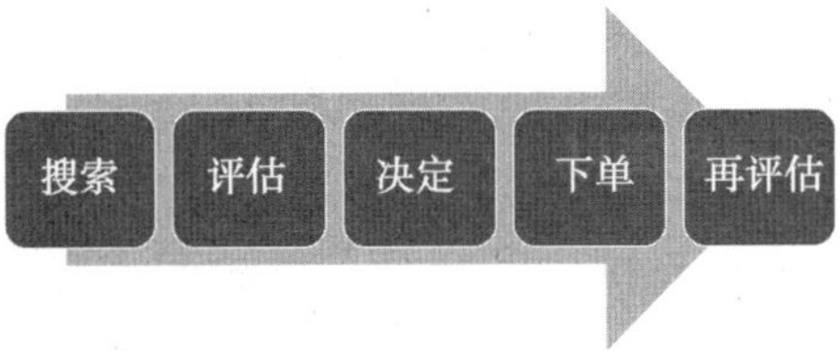

图 8-9　客户购物流程

(1) 搜索：买家寻找自己感兴趣的商品。

(2) 评估：查看商品详情页，判断是否满足自身需要。

(3) 决定：评估商品的性价比，是否购买。

(4) 下单：下单并支付，完成交易。

(5) 再评估：收到商品之后，对商品进行评价，评价好坏决定着下一次消费。

爆款分为引流爆款和盈利爆款，其具体表现形式都是高流量、高曝光量、高成交转化率。一般爆款商品能够在一段时间内持续为店铺带来大量流量。商家打造爆款商品之后，可以从这个周期中循环获得利益。

爆款商品为店铺带来大量流量的同时，也会提升店铺的平均访问深度和访客回头率。平均访问深度从侧面反映了店铺对买家的黏性，当买家的平均访问深度越高，说明对店铺的其他的商品也比较感兴趣。此时商家可以通过一些营销方法和技巧，提高店铺潜在客单价。

（二）利用店铺优势提高客单价

1. 以低价为切入点

商家在店铺经营过程中经常用到关联营销，在一个商品页同时放其他的同类、同品牌、可搭配等关联性较强的商品，以此可以达到增加商品的浏览量和提升商品成交转化率的目的。这时商家可以将低价商品作为提高客单价的切入点，逐步把买家注意力吸引到中等价位和高价位的商品上去。

2. 提升商品类目的广度和深度

一般来说，商品类目的广度越广，买家的可选择范围越大，越有利于提高客单价。商品类目的深度则反映了店铺的专业程度，类目细分越多、越专业，买家越容易精准地找到所需商品，店铺越能得到买家的认可。

3. 提高人均购买数

商家可以通过提高商品的单价和提高人均购买数来提升客单价。直接提高商品的单价有一定的作用，但是一味地提高商品的单价，可能会导致买家数量减少。那么可以提高人均购买笔数，如果店铺的同类宝贝的人均购买笔数由 1 笔增加到 2 笔及以上，店铺的客单价和利润也将会增加。商家可以通过以下方式来提升人均购买笔数：

（1）x 件包邮，即买家购买商品达到一定数量，商家提供包邮服务。

（2）第 n 件 x 折，当买家购买商品达到一定数量，商家给予折扣优惠，来提升买家购买件数。

（3）SKU 的优化，通过对商品效果图与 SKU 的优化，充分提升买家的人均购买笔数，进而提高客单价。

4. 通过关联性商品提高客单价

商家可以利用关联营销对商品进行精准的营销，在一个商品页面里，放置其他几个相关性较强的商品，为店铺带来更多的流量，提高商品的客单价。

（1）相关型关联，根据两种或多种商品的相关密切程度进行组合营销。

（2）互补型关联，对功能互补的商品进行搭配营销。例如，面包＋牛奶、牙膏＋牙刷＋杯子、床单＋被套＋枕头套＋枕芯等。

二维码 8-1 店铺转化率分析

任务三　转化率分析

一、影响转化率的因素

由于网店运营涉及的领域较多，所以，影响成交转化率的因素也非常多，主要有以下几个方面的因素：

（1）商品主图与详情页的图文细节。

（2）店铺装修、视觉设计、页面布局。

（3）同类商品价格。

（4）物流运费。

（5）店铺综合评分。

转化率就是所有到达店铺并产生购买行为的人数和所有到达店铺的人数的比率。其计算公式如下：

$$转化率=\frac{产生购买行为的客户人数}{所有到达店铺的访客人数}\times 100\%$$

转化率是店铺最终能否盈利的关键所在，如果一个店铺的流量和访客数都很高，但其转化率很低，店铺就很难实现盈利。

商家通过生意参谋，在“交易”版块就可以看到店铺的转化率情况。如图 8-10 所示，我们可以看到该店铺的下单转化率为 10.75%，支付转化率为 10.50%。

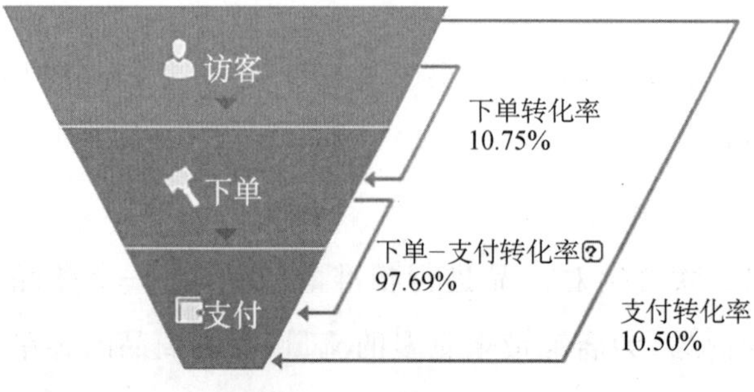

图 8-10　店铺转化率

二、客服数据分析

客服是影响商品成交转化的关键因素，也是网店人员构架中不可或缺的部分。每当一位访客进入店铺浏览时，第一个接触的就是客服，那么商品的成交转化率很大程度上取决于客服的服务态度和技巧。

二维码 8-2
店铺客服转化率诊断实操视频

商家通过生意参谋，点击“服务”进入服务板块，点击“客服绩效”就能查看本店客服的绩效情况。客服绩效包括咨询人数、有效接待人数、询单人数、下单人数、下单金额、销售人数、销售额、销售量、订单量等。还可以通过右上角下载按钮，将客服绩效数据下载下来，如图 8-11 所示。

旺旺昵称	咨询人数	有效接待人数	询单人数	下单人数	下单金额	销售人数	销售额	销售量	订单量	个人销售额占比	成功退款金额
曼静	885	196	延迟统计	41	2,415.30	40	2,345.30	47	47	44.04%	235.12
乐仪	712	150	延迟统计	28	1,752.65	28	1,719.65	32	32	32.29%	563.57
紫嫣	489	112	延迟统计	23	1,181.89	23	1,002.89	25	25	18.83%	225.75
芮涵	341	50	延迟统计	6	257.73	6	257.73	8	8	4.84%	73.62
售后	40	11	延迟统计	1	26.00	0	0.00	0	0	0.00%	0.00
酒歌	18	1	延迟统计	0	0.00	0	0.00	0	0	0.00%	0.00
杭州万卷图书专营店	964	1	延迟统计	0	0.00	0	0.00	0	0	0.00%	0.00
阳阳	4	0	延迟统计	0	0.00	0	0.00	0	0	0.00%	0.00
妙涵	13	0	延迟统计	0	0.00	0	0.00	0	0	0.00%	0.00
博容	0	0	延迟统计	0	0.00	0	0.00	0	0	0.00%	0.00
汇总值	3,512	521	延迟统计	99	5,633.57	97	5,325.57	112	112	—	1,098.06
平均值	219	32	延迟统计	6	352.10	6	332.85	7	7	6.25%	68.63

图 8-11 客服绩效

三、商品数据分析

通过生意参谋可以查看商品数据，如图 8-12 所示，主要有访客榜、加购榜、收藏榜和支付榜，这些数据都是影响成交转化的关键因素，商家需要重视这些细节因素。

商品销量越大，销售额越高，销售量占比也就越高，说明该商品能够直接为店铺创造利润，其成交转化率也较高。这类商品的生命周期正处于成长期，具有非常大的发展空间，流量大、转化高，可以打造成为爆款。

商品的收藏量越大，说明对商品感兴趣的人越多，在市场中能够获得较大的关

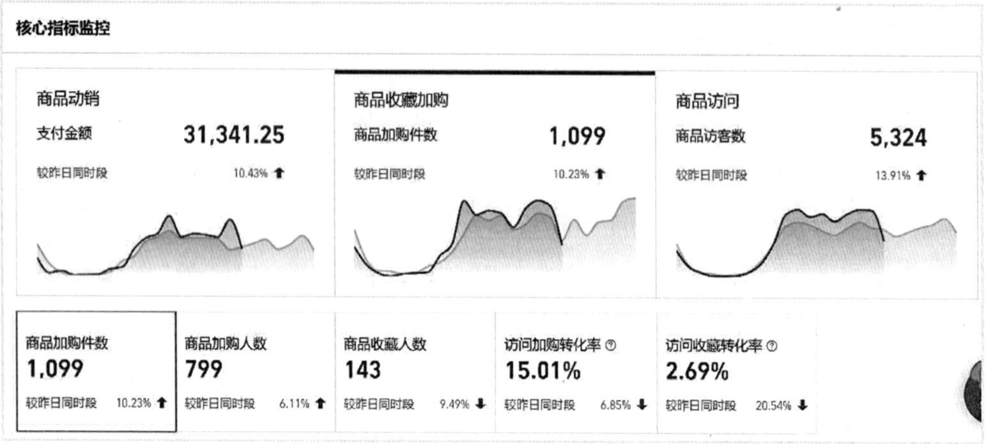

图 8-12　商品数据

注度。这类产品往往自带流量,能够吸引访客主动搜索和访问,降低商品的推广成本,并且这类产品具有非常大的市场可拓空间。

四、评价数据分析

商品的评价也是影响成交转化的关键因素,优质的商品、良好的购物体验以及全方位的售后服务能够让客户对店铺产生较好的印象,给商品五星好评。相反,劣质商品、较差的购物体验以及不及时的售后服务,只会给客户留下非常差的印象,以致客户会给店铺打低分,甚至差评,严重影响店铺的形象和信用。

可以通过生意参谋,点击“服务”进入服务版块,点击“售后评价”查看商品评价数据,如图 8-13、图 8-14 所示。

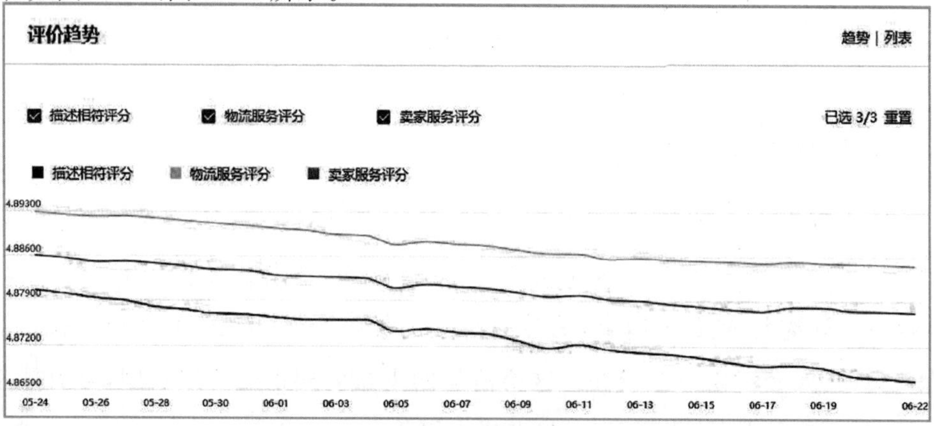

图 8-13　评价趋势

TOP负面评价商品（近30天） 评价分析 >

商品名称	负面评价数	手淘围观人数占比	PC围观人数占比	TOP负面评价关键词(评价数量)
现货】2022年中公教资幼儿园教师资格证教材考试用书综合素质保教知识...	3	11.78%	7.69%	没见过这么差劲的客服(2) 问全国卷和浙江省卷两套有什么区别(1) 性价比很高(1)
中公2022年浙江省事业单位考试用书公共综合基础知识教材历年真题库模...	3	6.51%	7.14%	物流很慢(3) 整体不满意(2) 售后服务态度太差(1)
现货】新版山香2022年幼儿园教师招聘考试考前冲刺试卷终极密押12卷...	3	8.58%	0.00%	整体不满意(2) 感觉质量不好(1) 性价比也很高(1)
含12月真题】正版现货备考2022年6月大学英语六级考试真题试卷 书课...	3	31.26%	40.00%	整体不满意(2) 纸薄(1) 解析不清晰(1)
全部现货！备考2022年执业兽医资格证考试用书应试指南教材全国职业兽...	2	8.69%	11.76%	整体不满意(1) 更新的太慢(1)
瑞达法考2022杨帆三国法精粹卷司法考试法考教材背诵资料三国杨帆精粹...	2	36.84%	0.00%	整体不满意(1) 书看到一半发现装订有问题就算了(1) 耽误备考进度(1)

图 8-14 TOP 负面评价商品(近 30 天)

任务四 店铺利润分析

一、店铺成本分析

一个店铺的成本主要分为商品成本、平台成本、人员成本和运营成本。

1. 商品成本

商品成本主要包括进货成本、物流成本、损耗成本和其他成本等。不同的进货渠道对商品成本有着直接的影响。例如，选择网络渠道批发商品，物流成本会更高。

2. 平台成本

平台成本属于电子商务运营的基建成本，对电子商务运营商来讲，平台成本是指店铺保证金、技术服务年费、实时划扣技术服务费等。

3. 人员成本

人员成本主要包括员工工资成本、办公场所及办公设备成本等。

4．运营成本

运营成本属于电子商务运营的建设成本，可以划分为硬运营成本和软运营成本两部分。硬运营成本是指电子商务运营中所需要的一次性或固定额度的硬件，以及后端软件的成本。软运营成本是指电子商务运营的推广费用。

二、店铺利润预测

利润预测是指在销售预测的基础上，根据店铺的目标和其他相关因素，对店铺未来应当达到和可望实现的利润水平及其变动趋势作出的预计和估算。

利润预测与分析是网店运营过程中非常关键的一个环节。商家需要根据影响网店利润的关键因素，对网店利润的变化趋势进行合理的预测和分析。网店利润预测分析方法包括线性预测法、指数曲线预测法、图表预测法、分析工具预测法。

1．线性预测法

线性预测法又称回归分析预测法，是用来确定两个变量之间的关系的一种数据建模工具。线性预测法经常用于根据已知变量估计和预测因变量的平均值，也就是预测一个变量随另一个变量变化的趋势。

2．指数曲线预测法

指数曲线预测法是用指数函数曲线拟合预测对象的历史统计数据，从而建立能描述其发展过程的预测模型，然后以模型外推进行预测的方法。其适用条件是预测对象的增长趋势近似于指数函数曲线，而且它在预测期限内不会出现突然的变化。

在店铺利润预测中，指数曲线预测法主要用于预测商品成交量随着时间的变化而按照某种增长率不断增加或减少的变化趋势。数据分析人员可以根据店铺的相关数据建立其指数曲线方程，并建立其数学模型，以此来预测店铺利润的发展基本趋势。

3．图表预测法

图表预测法就是通过对数据源的分析，根据数据源创建预测图表，并在图表中插入趋势线，最后通过对趋势线的分析来预测数据的走向趋势。

图表预测法是直接利用网店已知的各项总成本对店铺未来几个月的总成本进行预测，使商家能够很直观地根据预测的数据结果分析店铺的盈利情况。

4．分析工具预测法

分析工具预测法的本质是移动平均法。其利用近期数据对预测数据值的影响较大，而远期数据对预测数据值的影响较小的原理，对平均数进行逐期移动。移动期数视具体情况而定，移动期数少，其能快速反映预测数据值，但不能反映变化趋势；移动期数多，能反映变化趋势，但预测数据值有明显的偏差。

项目习题

一、单项选择题

1. (　　)通过对数据源的分析，根据数据源创建预测图表，并在图表中插入趋势线，最后通过对趋势线的分析来预测数据的走向趋势。

   A. 线性预测法　　　　B. 指数曲线预测法

   C. 图表预测法　　　　D. 分析工具预测法

2. 客户数据分析包括客户行为数据分析和(　　)等类型。

   A. 推广数据分析　　　　B. 客户画像数据分析

   C. 市场数据分析　　　　D. 供应链数据分析

3. 销售数据分析不包括对(　　)进行分析。

   A. 订单量　　B. 销售额　　C. 残次库存比　　D. 询单转化率

二、判断题

1. 客单价的计算公式是：客单价＝销售额÷顾客数。(　　)
2. 客单价是影响网店盈利的因素之一，在流量相同的情况下，客单价的高低直接决定了网店的销售额。(　　)
3. 销售额的计算公式是：销售额＝购买人数×客单价。(　　)
4. 商品销量越大，销售额越高，销售量占比也就越高，说明该商品能够直接为店铺创造利润。(　　)

三、简答题

1. 什么是客单价？
2. 影响客单价的因素主要有哪些？
3. 请简述客户购物流程。
4. 影响转化率的因素有哪些？
5. 转化率的计算方法有哪些？

项目九 综合实训

知识目标

1. 明确生意参谋的使用思路
2. 拥有清晰的运营思路

技能目标

1. 具备收集、整理和清洗数据的能力
2. 具备运用生意参谋进行选品分析的能力
3. 具备运用生意参谋进行产品定价的能力
4. 具备运用生意参谋进行流量分析的能力
5. 具备运用生意参谋进行客户分析的能力
6. 具备运用生意参谋进行运营分析的能力

思政目标

1. 培养数据思维，能够使用数据思维分析和解决问题
2. 了解电子商务运营相关的法律法规

思维导图

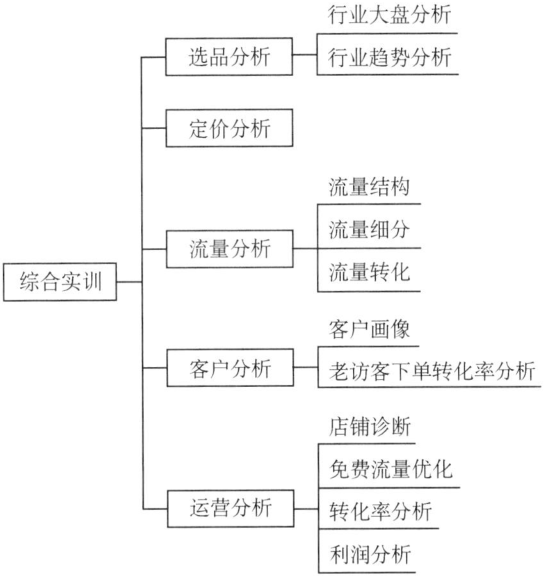

任务一　选品分析

小李是一个经营线下书店很多年的商家，随着电子商务行业的发展，他发现网上的客户需求量很大，所以希望开一个图书类的淘宝店。根据自己多年的线下经验，小李对图书的出版、印刷、装帧、销售和运输都有自己的见解，他希望选择出既适合自己经营又能满足市场需求的图书类目作为自己店铺的主打项目，从而制定有针对性的营销推广策略。

一、行业大盘分析

考虑了价格、货源和成本等多个因素后，小李决定将主打项目定在教辅类和小说类两个图书子类目。但由于前期资金受限，小李需要在这两个子类目中作一个抉择，小李决定选用生意参谋来帮助自己作出判断。

进入生意参谋页面后，输入商家的账号名和密码进行登录。点击上方"市场"功能，在左侧分类中选择"市场大盘"功能选项。选择"书籍/杂志/报纸"市场，右上角统计时间设置为"月"，在"行业构成"中即可查看近一个月图书类目下各子类目的市场数据，如图 9-1 所示。

书籍/杂志/报纸 专业版　　统计时间 2022-05-01-2022-05-31　7天 30天 日 周 月

所有终端　全部

行业构成

子行业	交易指数	交易增长幅度指数	支付金额较父行业占比指数	支付子订单较父行业占比	操作
考试/教材/教辅/论文 较前一月	3,916,152	+8.95%	30.79% -1.53%	34.31% 0.63%	趋势
儿童读物/童书 较前一月	3,635,454	+22.37%	22.44% 4.75%	24.43% 0.92%	趋势
小说 较前一月	2,204,207	-8.52%	12.52% -1.36%	5.56% -1.17%	趋势
进口原版书(含港台) 较前一月	2,170,363	+23.68%	12.50% 0.47%	1.96% 0.16%	趋势
艺术 较前一月	1,470,116	+19.47%	7.75% 0.11%	2.74% 0.13%	趋势
文学 较前一月	1,401,751	+14.69%	7.48% 0.01%	3.26% -0.16%	趋势
期刊杂志 较前一月	1,349,803	+1.96%	6.44% -0.61%	2.01% -0.13%	趋势

图 9-1　市场大盘数据

从图 9-1 中可见，在 2022 年 5 月的时间段中，教辅类书籍和小说的交易指数都很靠前。其中，教辅类书籍居第一位，交易指数为 3 916 152，小说类书籍居第三位，交易指数为 2 204 207。从交易增长幅度上来看，教辅类书籍增长幅度为 8.95%，小说类书籍为−8.52%。为了进一步了解这两个子类目的数据情况，小李需要分别进入这两个子类目的大盘数据分析页面。

单击“考试/教材/教辅/论文”类目名，进入该子类目的市场数据页面。在右上角统计时间中依旧设置到“月”，即可查看关于“考试/教材/教辅/论文”这个子类目的关键数据指标，如图 9-2 和图 9-3 所示。

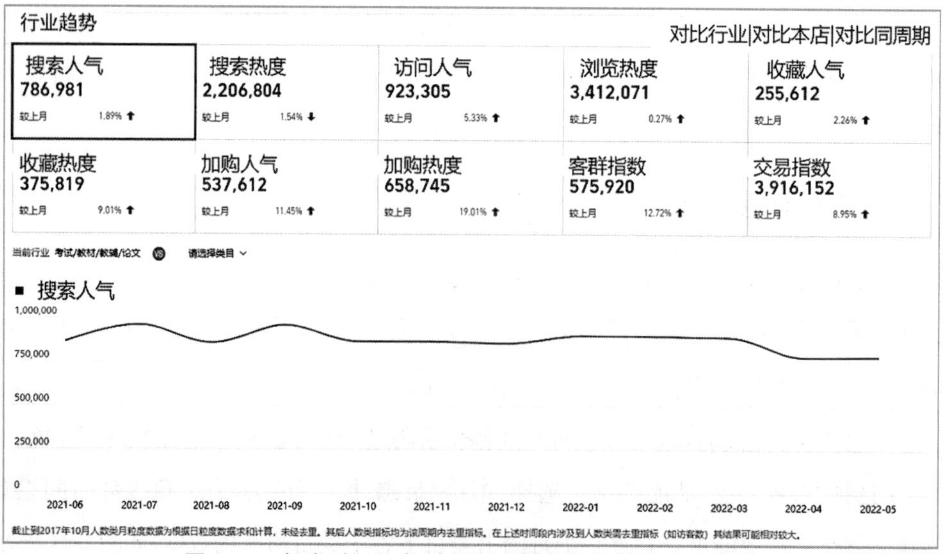

图 9-2　考试、教材、教辅、论文类图书子类目行业趋势

卖家概况

子行业分布

子行业	卖家数	父行业卖家数占比	有交易卖家数	父行业有交易卖家数占比
小学教辅	18,405	60.94%	8403	46.26%
较前一月	+3.13%	-0.36%	+1.94%	+0.35%
中学教辅	18,209	60.29%	8754	48.20%
较前一月	+4.19%	+0.67%	+2.29%	+0.70%
大学教材	12,704	42.07%	5768	31.76%
较前一月	+4.17%	+0.66%	+0.10%	-1.46%
高考	11,388	37.71%	3671	20.21%
较前一月	+4.19%	+0.67%	+3.00%	+1.40%
中学教材	10,397	34.43%	3067	16.89%
较前一月	+4.36%	+0.83%	+6.53%	+4.87%
小学教材	9,619	31.85%	2187	12.04%
较前一月	+3.35%	-0.14%	+6.27%	+4.61%
考研(新)	9,157	30.32%	2821	15.53%
较前一月	+3.15%	-0.33%	-7.99%	-9.42%
中考	8,836	29.26%	2396	13.19%
较前一月	+3.59%	+0.09%	+3.36%	+1.75%
高等成人教育	7,934	26.27%	1735	9.55%
较前一月	+3.05%	-0.43%	-7.22%	-8.66%

图 9-3 考试、教材、教辅、论文类图书子类目商家概况

单击“小说”类目名称，进入“小说”类目的市场数据页面，如图 9-4 和图 9-5 所

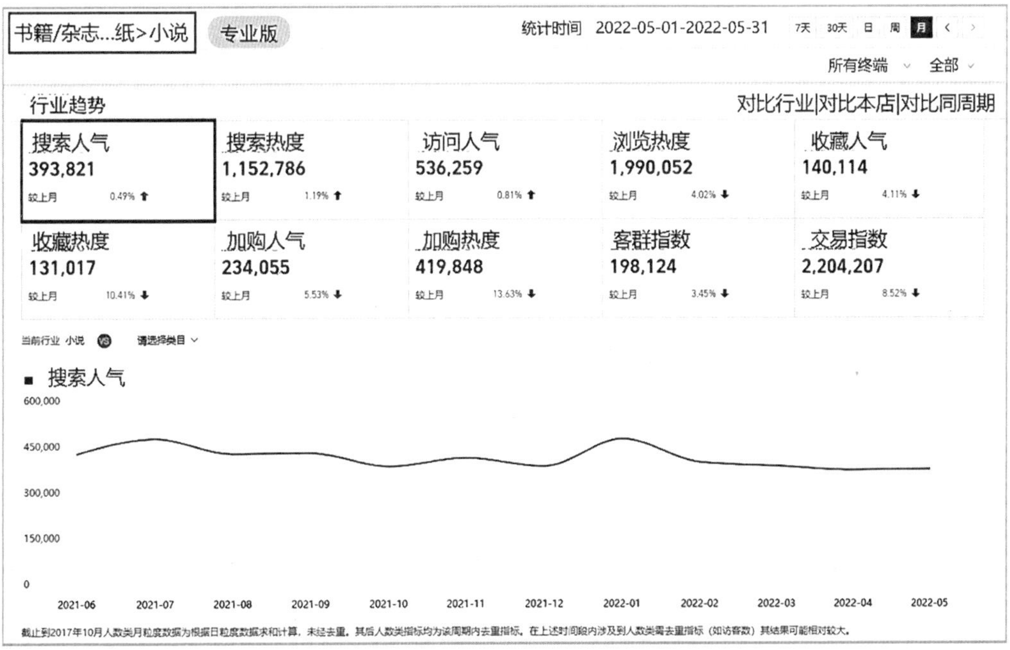

图 9-4 小说类图书子类目行业趋势

示。对比两个子类目的关键指标和商家数据可知，虽然“考试/教材/教辅/论文”类图书的商家数更多，但“考试/教材/教辅/论文”类图书的搜索人气、访问人气、客群指数等关键数据均远超过“小说”类图书，且“小说”类图书的交易指数有下降趋势，因此小李决定选用“考试/教材/教辅/论文”类图书作为自己的主打项目。

卖家概况

子行业分布

子行业	卖家数	父行业卖家数占比	有交易卖家数	父行业有交易卖家数占比
世界名著	11,748	68.14%	3519	47.03%
较前一月	+2.99%	-0.54%	+2.18%	+0.95%
其它小说	10,326	59.90%	2778	37.13%
较前一月	+3.54%	-0.00%	+0.80%	-0.41%
青春/都市/置情/轻小说	10,107	58.63%	3203	42.81%
较前一月	+3.57%	+0.02%	+1.55%	+0.33%
外国小说	9,468	54.92%	2575	34.42%
较前一月	+2.89%	-0.63%	+0.31%	-0.89%
侦探推理/恐怖惊悚小说	8,831	51.22%	2265	30.27%
较前一月	+2.85%	-0.67%	+2.17%	+0.94%
短篇小说/故事集	8,770	50.87%	1665	22.25%
较前一月	+3.07%	-0.46%	+0.36%	-0.85%
古/近代小说(1919年前)	8,041	46.64%	1218	16.28%
较前一月	+2.79%	-0.73%	+2.87%	+1.63%
科幻小说	7,887	45.75%	1693	22.63%
较前一月	+3.41%	-0.13%	+4.83%	+3.57%
玄幻/武侠	7,513	43.58%	1636	21.87%
较前一月	+2.79%	-0.73%	+0.12%	-1.08%

图 9-5　小说类图书子类目商家概况

二、行业趋势分析

选择了“考试/教材/教辅/论文”子类目后，小李需要继续分析这个子类目的整体趋势。他在生意参谋中“考试/教材/教辅/论文”这一子类目市场数据页面的行业趋势版块中可以看到“考试/教材/教辅/论文”这一子类目最近 12 个月的 10 种关键行情指标，如图 9-6 所示，分别是搜索人气、搜索热度、访客人气、浏览热度、收藏人气、收藏热度、加购人气、加购热度、客群指数和交易指数等。

借助生意参谋提供的数据分析直线统计图，可以很清晰地看到“考试/教材/教辅/论文”这一子类目各项数据的变化情况。当把光标移动到统计图中相应的月份上，即可显示当月该数据的具体数值，如图 9-7 所示。

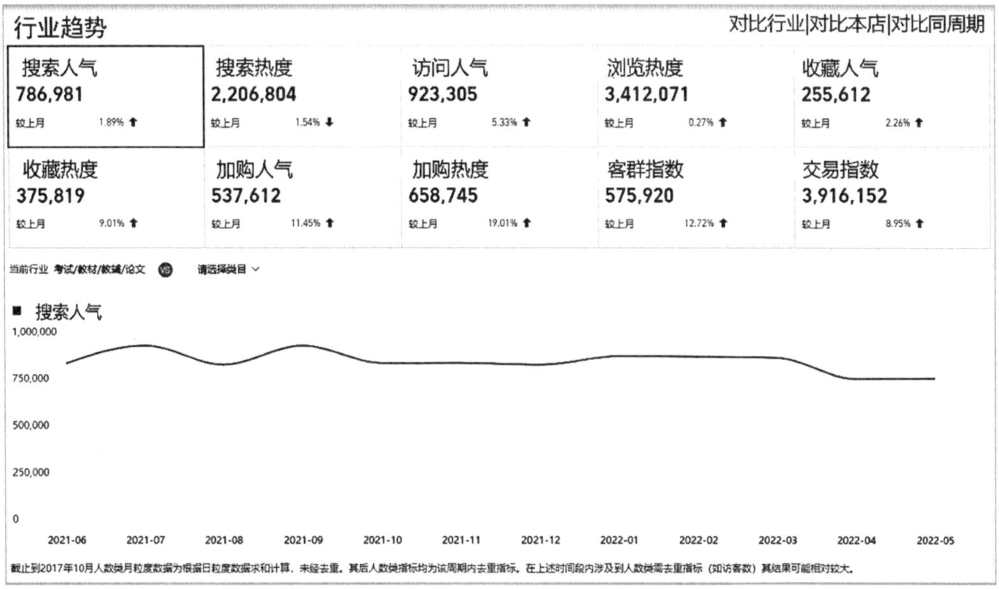

图 9-6　考试、教材、教辅、论文类图书子类目行业趋势

图 9-7　考试、教材、教辅、论文类图书子类目 2021 年 7 月访问人气

从图 9-7 可知，“考试/教材/教辅/论文”这一书籍子类目全年访问人气比较平稳，在 7 月和 9 月会迎来两个访问小高峰。这可能是由于 7 月暑假开始，家长和学生纷纷选购暑期学习教辅书。9 月新学年开始，学生也会集中购买教辅类书籍。与此相对的是，1 月到 3 月教辅类书籍的访问人气也有轻微上涨，但与暑期相比没有那么明显的变化，这也许是受到了过年因素的影响。

访客数量大表示需求量大，在需求量大的前提下，进一步查看并分析转化情况。此时可选择“客群指数”这一数据指标，查看全年客群指数变化数据，如图 9-8 所示。

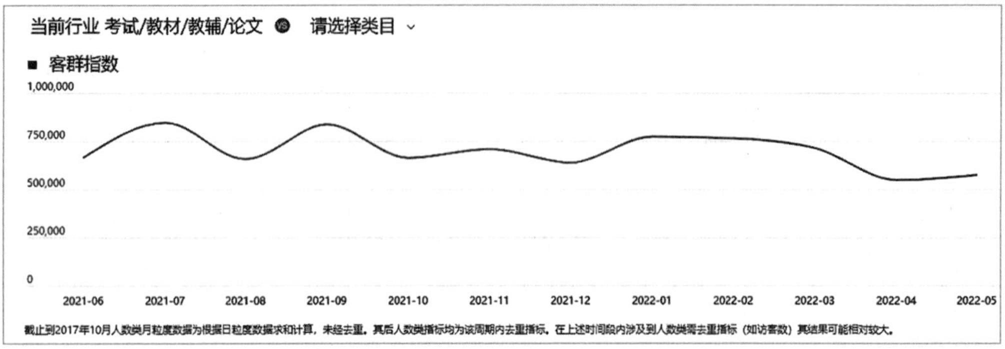

图 9-8　2021 年 6 月至 2022 年 5 月客群指数变化

从图 9-8 可知，1 月、2 月、3 月、7 月、9 月这几段销售旺季的客群指数确实较高。按同样的方法继续查看“交易指数”的变化趋势，如图 9-9 所示。

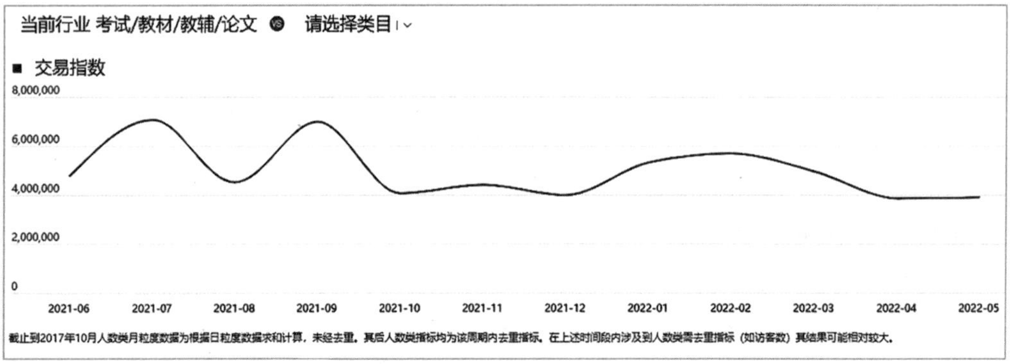

图 9-9　2021 年 6 月—2022 年 5 月交易指数变化

通过交易指数的趋势，我们可以进一步发现，“考试/教材/教辅/论文”子类目的交易量在 1 月、2 月、3 月、7 月、9 月达到相对较高，这与客户需求分析的结果达成一致。从整体来看，“考试/教材/教辅/论文”的市场还是很大的，有较明显的淡旺季之分，商家能够更好地运营和销售。

任务二　定价分析

为了了解“考试/教材/教辅/论文”这一图书子类目的价格带热度情况，小李登录淘宝网，搜索了“教辅书”后，发现有 30%的消费者青睐 0～19 元的商品，60%的消费者会选择 19～99 元的商品，9%的消费者青睐 99～191 元的商品，剩下 1%的消费者会选择大于 191 元的商品，如图 9-10 所示。

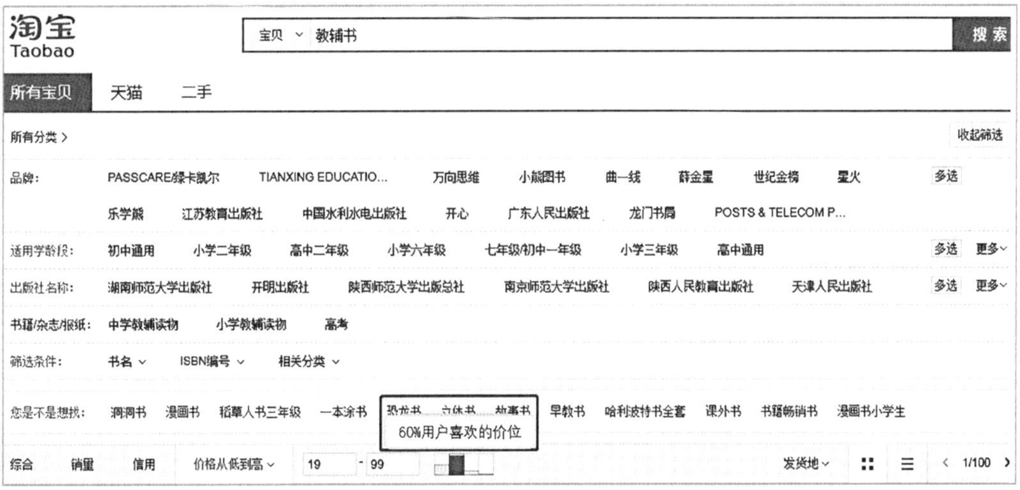

图 9-10 查看价格

在考虑了商品质量、商品成本等因素后，小李决定将自己的商品定价划入受 60%的消费者青睐的 19～99 元这个价格区间。接着，小李利用黄金价格法则（最优定价＝最低价＋(最高价－最低价)×0.618）计算出理论上的最好定价，也就是商品定价为 68.44 元[19＋(99－19)×0.618]。对于主推商品，小李认为利润空间仍较大，可以选择适当让利，使其处于该价格带的中低档位置，这样就能利用价格优势来提升流量和销量，因此暂时将该商品的销售价格确定为 49 元。

在销售价格确定之后，小李还需要确定商品的发布价格。他在淘宝上搜索了与主推商品属性一致的关键词，如“2022 高一教辅”，在系统默认的综合排序方式下，小李分别访问了首页（即排名前 48 位）的商品数据，并把他们的发布价和销售价采集到了 Excel 中，如图 9-11 所示。

在 Excel 中汇总所有发布价和销售价，用销售价除以定价得到折扣率，计算折扣率为 0.76(2 531.3÷3 325.3)，如图 9-12 所示。接着用前面确定的销售价除以折扣率，即 64 元(49÷0.76)。最终确定该主推商品的定价为 64 元，真实售价为 49 元。

除了主推的几款商品，小李将其他商品按照相同的办法确定最受青睐的价格带区间、销售价及发布价，但小李把这些商品的价格设置为该价格带的中上位置，这是为了保证经营利润，同时凭借商品质量打开市场。

	A	B	C	D	E
1	排名	发布价	销售价		
2	1	68	54		
3	2	75.8	60.6		
4	3	174.2	139.3		
5	4	65	52		
6	5	49.8	39.8		
7	6	54	54		
8	7	39.8	31.8		
9	8	34.6	34.6		
10	9	39.8	31.8		
11	10	239	209		
12	11	56.8	45.4		
13	12	34.8	26.1		
14	13	62.8	50.2		
15	14	14.9	14.9		
16	15	97	19.8		
17	16	73.9	59.1		
18	17	68	54		

图 9-11 价格数据采集

40	39	68	54	
41	40	49.8	39.8	
42	41	69.9	45	
43	42	46	29.9	
44	43	55.8	48.8	
45	44	75.8	56.8	
46	45	59.8	41.8	
47	46	75.8	39.8	
48	47	49.8	39.8	
49	48	26.8	21.4	
50	合计	3325.3	2531.3	
51	折扣率	0.76		

图 9-12 计算折扣率

任务三 流量分析

在众多网购方式中，手机购物凭借着方便快捷的优势受到了绝大部分消费者的欢迎。在店铺运营中，小李非常重视无线端的经营活动，这使得小李的店铺在经营初期就有着不错的流量数据表现。为了更好地掌握目前店铺的流量结构，发现并弥补其中的不足，从而制订高效的经营策略，小李决定借助生意参谋来进行分析。

一、流量结构

打开生意参谋，执行“流量”|“店铺来源”命令，点击进入，将日期设置为“30天”，流量入口设置为“无线端”，如图 9-13 所示。

从图 9-13 可以看到，在“流量来源构成”版块中展示的就是店铺近 30 天的流量来源情况，可见店铺的流量以淘内免费、自主访问、付费流量和淘外网站为主。

在“流量来源构成”版块中选中“整体”，在“流量来源”部分选中“访客数”“下单买家数”“下单转化率”，如图 9-14 所示。

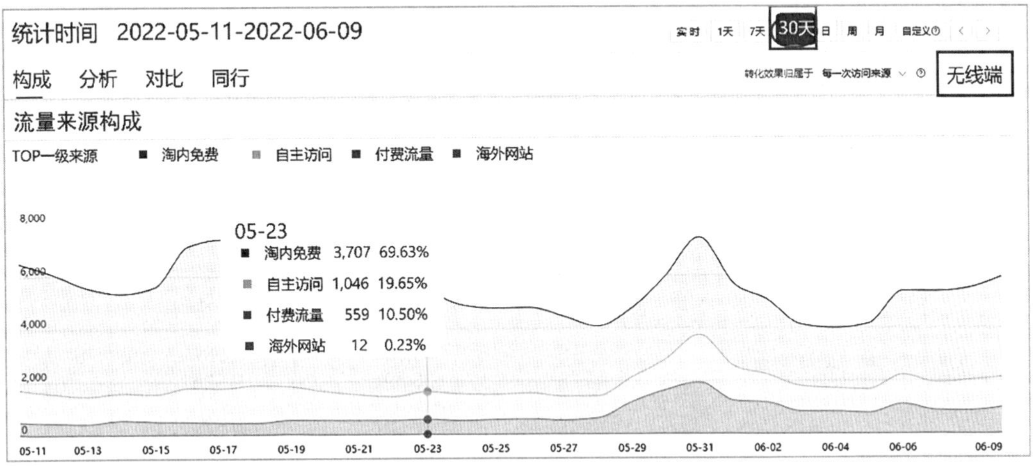

图 9-13　查看流量来源

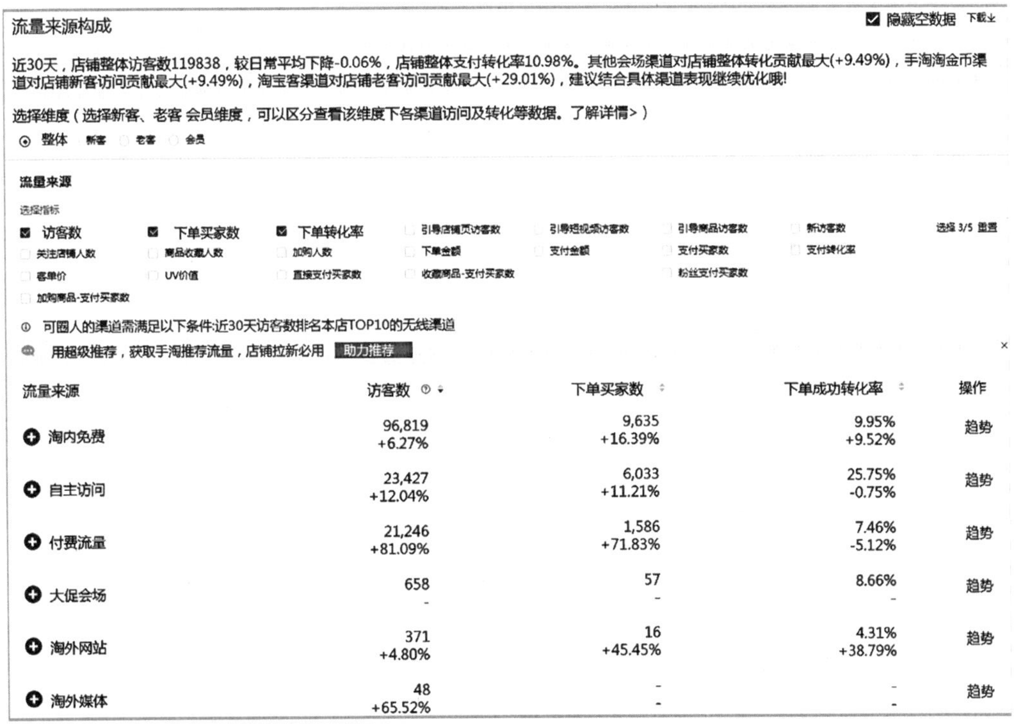

图 9-14　访客与转化率

从图 9-14 中数据可知，店铺的主要流量来源是淘内免费流量，但淘内免费流量的下单转化率没有自主访问的下单转化率高，可见自主访问得来的流量质量更高。相对来说，店铺的流量结构不太平衡，淘内免费流量遥遥领先，自主访问流量和付费流量相对较少，其他来源流量微乎其微，小李在之后的运营中可进一步优化流量结构，扩大流量规模。

二、流量细分

为了进一步分析各渠道流量的构成，小李需要在“流量来源”中展开对应流量渠道的细分来源数据，如图 9-15 所示。

流量来源	访客数	下单买家数	下单转化率
淘内免费	96,819 +6.27%	9,635 +16.39%	9.95% +9.52%
手淘搜索	81,827 +13.37%	7,797 +18.97%	9.93% +4.93%
手淘旺信	7,698 -2.28%	2,074 -2.67%	26.94% -0.40%
手淘推荐	5,992 +4.01%	517 +11.18%	8.63% +6.90%
淘内免费其他	3,581 +11.84%	523 +1.36%	14.60% -9.37%
手淘拍立淘	2,696 19.19%	349 +34.23%	12.95% +12.62%
手淘淘金币	2,480 -69.93%	59 -63.58%	2.38% +21.11%

图 9-15　查看流量细分数据

将淘内免费流量下的流量来源、来源明细、访客数采集到 Excel 中进行整理，然后进行可视化呈现，结果如图 9-16 和图 9-17 所示。

	A	B	C
1	流量来源	来源明细	访客数
2	淘内免费	手淘搜索	81,827
3	淘内免费	手淘旺信	7,698
4	淘内免费	手淘推荐	5,992
5	淘内免费	首页推荐-微详情	4,029
6	淘内免费	淘内免费其他	3,581
7	淘内免费	手淘拍立淘	2,696
8	淘内免费	手淘淘金币	2,480
9	淘内免费	手淘问大家	2,311
10	淘内免费	其他猜你喜欢	1,300
11	淘内免费	手猫搜索	1,033
12	淘内免费	其他	5,556

图 9-16　淘内免费流量细分数据

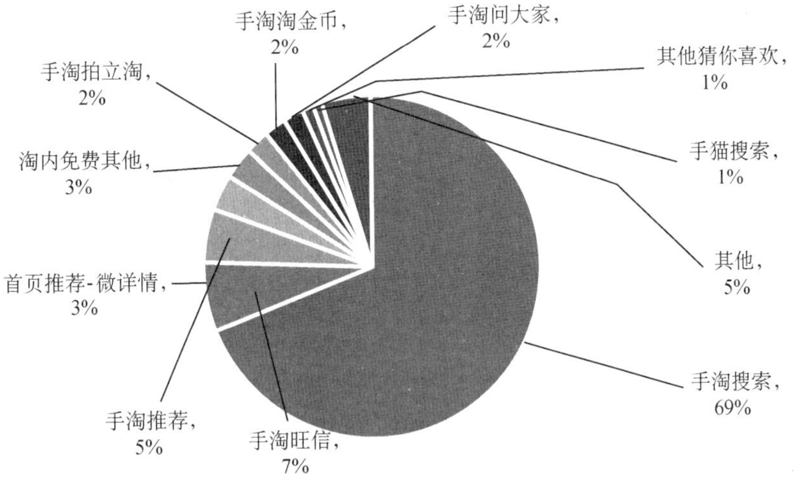

图 9-17 淘内免费流量细分数据及可视化

通过图 9-17 可见，手淘搜索是主要淘内免费流量来源，说明商品的标题和主图设计能够吸引消费者，同时商品综合排名位次好，消费者在搜索商品时能直接访问商品页面。淘内免费流量还来自手淘旺信、手淘推荐、首页推荐—微详情等多种渠道，来源比较丰富。这说明店铺比较重视免费流量的引流，采取的引流措施也小有成效。

用同样的方法分析自主访问流量、免费流量和付费流量具体的流量渠道，用对应的流量来源与访客数建立饼图，如图 9-18 和图 9-19 所示。从图 9-18 中可以看到，自主访问流量以我的淘宝和购物车为主，说明店铺产品介绍和产品服务做得较

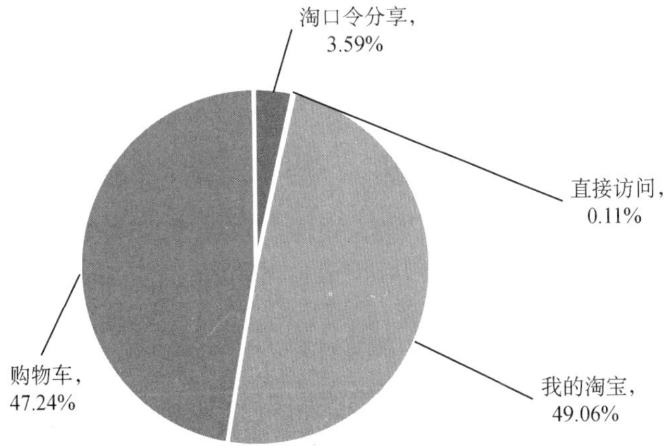

图 9-18 自主访问流量及免费流量细分数据分析

好，能吸引客户主动消费，但通过淘口令分享访问和直接访问的客户较少，店铺今后可以多开展相关活动，如分享折扣券，来鼓励客户推广商品。从图 9-19 可以看出付费流量以直通车和淘宝客为主，引力魔方引流效果不佳。由于店铺刚刚起步，引力魔方也是刚整合好的引流工具，目前引流少是正常的，但在今后的运营工作中小李需要进一步学习引力魔方的运作方式，利用好引力魔方优势进行商品推广。

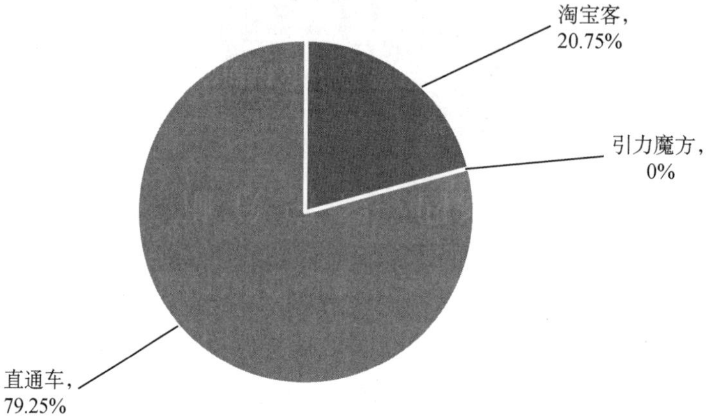

图 9-19　付费流量细分数据分析

三、流量转化

小李将各部分流量来源相对的下单转化率采集到 Excel 中进行整理，然后以流量来源和下单转化率为数据源创建条形图，如图 9-20 所示。

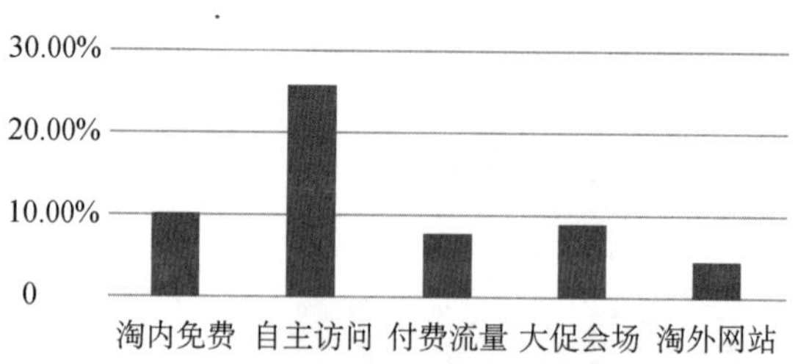

图 9-20　流量转化对比

同时将这些数据与行业平均转化率做对比，在生意参谋中执行“流量”|“店铺来源”命令，选择同行即可看到行业平均数据，如图 9-21 所示。

分析图 9-21 中数据可知，自主访问流量的支付转化率最高，说明这个渠道的流量质量最好，但仍旧低于行业平均支付转化率，小李在今后的运营中需要进一步维

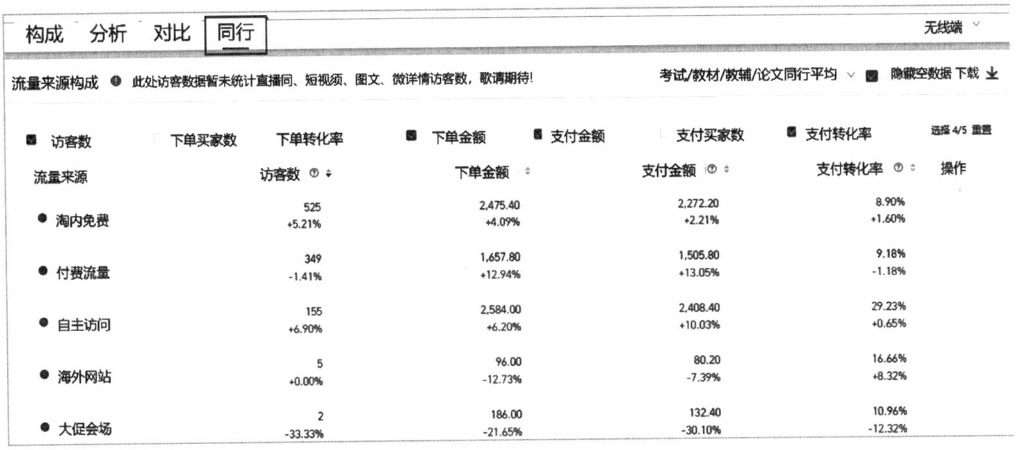

流量来源	访客数	下单金额	支付金额	支付转化率	操作
淘内免费	525 +5.21%	2,475.40 +4.09%	2,272.20 +2.21%	8.90% +1.60%	
付费流量	349 -1.41%	1,657.80 +12.94%	1,505.80 +13.05%	9.18% -1.18%	
自主访问	155 +6.90%	2,584.00 +6.20%	2,408.40 +10.03%	29.23% +0.65%	
海外网站	5 +0.00%	96.00 -12.73%	80.20 -7.39%	16.66% +8.32%	
大促会场	2 -33.33%	186.00 -21.65%	132.40 -30.10%	10.96% -12.32%	

图 9-21　同行数据

护优化。除了淘内免费流量，其他流量渠道的支付转化率都低于行业平均水平，店铺可以从自身入手，采取美化商品主图、设计详情页、平衡产品单价、提升客服质量等方式来提高支付转化率。

任务四　客户分析

经营了一段时间后，小李的店铺积累了一批初期客户。小李希望能通过生意参谋了解当前客户的结构类型，从而提出针对性的引流方案，吸引更多新客户，并促进新客户转化成老客户。

一、客户画像

打开生意参谋“市场”版块，在左侧“行业客群”功能版块中找到属性画像部分，即可看到各客户数据分析图。首先分析客户性别分析图，如图 9-22 所示。

从图 9-22 中可以看到，小李店铺的客户来源主要是女性客户，这可能是由于女性客户选择考公、考编的人数多，同时女性客户往往会负责监管孩子的学习，从而为孩子购买辅导书籍。店铺的运营不妨从女性客户入手，针对女性消费特点发展核心客户，利用她们的号召力吸引更多新客户，形成固定的消费群体，帮助店铺持续发展。

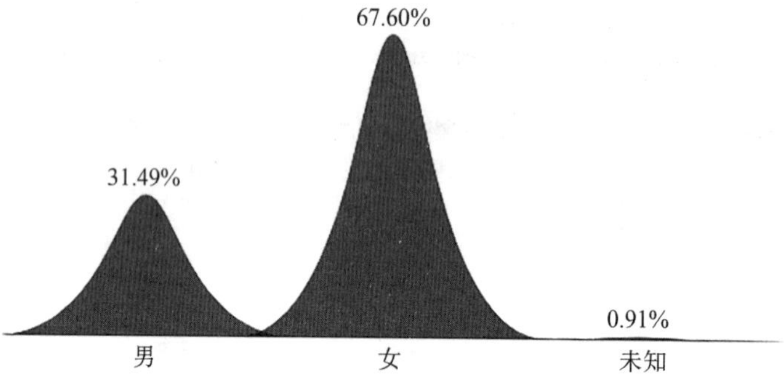

图 9-22　客户性别分析

小李继续查看客户年龄分析图，如图 9-23 所示。

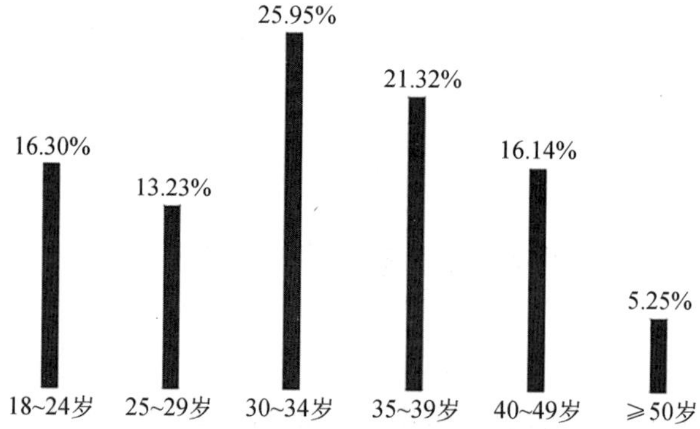

图 9-23　客户年龄分析

分析图 9-23 中数据可知，店铺的主要购买力为中青年客户。中青年客户往往有一定的积蓄，无论是为自己选购还是为孩子选购图书，他们更看重质量，因此可以针对中青年的消费特点指定相关营销策略。

分析完客户年龄后，小李可查看客户职业分析，如图 9-24 所示。

从图 9-24 中数据分析可得，最主要的客户来源是公司职员，其次是个体经营/服务人员，教职工、医务人员和学生群体也是店铺内不可或缺的消费对象。针对这些客户特点，商家可以制定专门的营销方案来满足相关客户需要。

最后可以分析客户的地域来源，如图 9-25 所示。从图 9-25 中数据分析可知，店铺客户主要来自广东省、江苏省、浙江省及上海市、北京市等经济发达地区，店铺

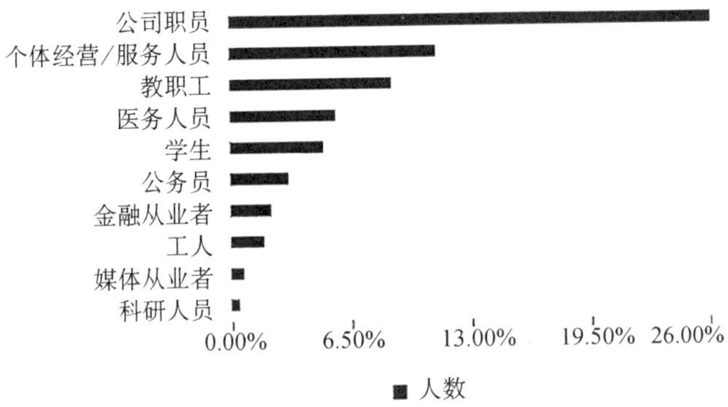

图 9-24　客户职业分析

今后的经营工作可结合这些地区不同的教育特点引进相应的图书资源。

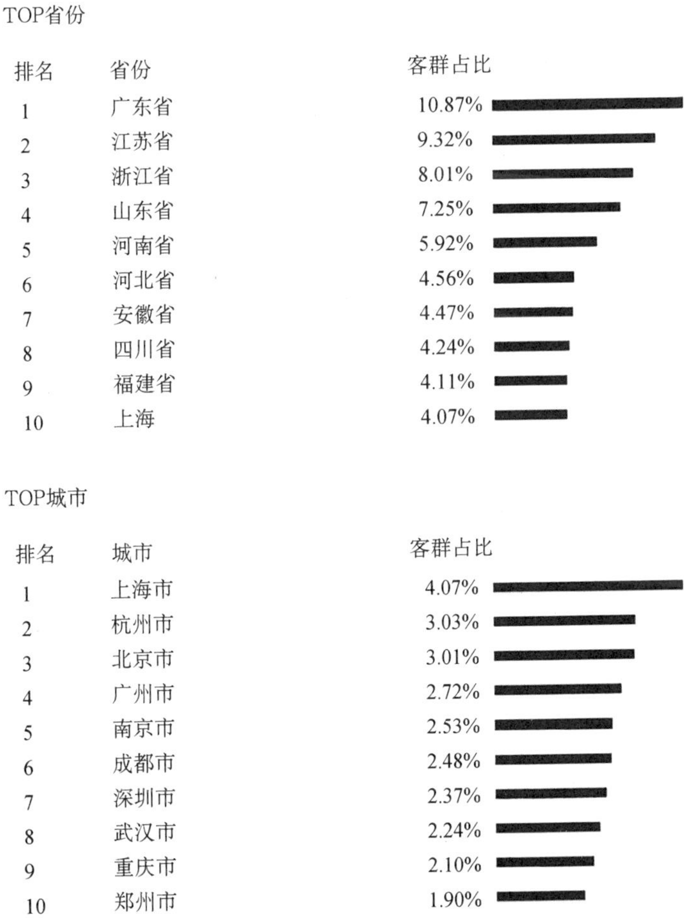

图 9-25　客户地域分析

二、老访客下单转化率分析

查询复购率是判断客户忠诚度的很好的方法，但目前生意参谋中并没有复购率的相关数据。我们可以借助另一个数据——老访客的“下单转化率”来辅助判断店铺内客户的忠诚度。

打开生意参谋，执行“流量”|“访客分析”|“特征分布”命令，在“店铺新老访客”部分找到老访客的下单转化率，如图 9-26 所示。

店铺新老访客

访客类型	访客数	占比	下单转化率
新访客	5 127	85.45%	10.10%
老访客	873	14.55%	13.97%

图 9-26　老访客下单转化率

按照生意参谋的定义，老访客指的是 6 天内访问过本店铺的客户。分析图 9-26 中数据可知，虽然老访客数量少于新访客，但下单转化率高于新访客的下单转化率，说明老访客的忠诚度高于新访客。因此，店铺需要从主图设计、商品介绍、客服质量等多方面下手加深新访客对店铺的印象，促进新访客向老访客转化，同时这样也有利于提升访客的下单转化率。

任务五　运营分析

二维码 9-1
认识店铺运营相关数据

小李现在需要利用店铺的运营数据对商品运营进行优化完善，他希望可以通过分析成交转化率进一步提升店铺主要流量的质量，采取针对性的措施促进店铺利润增长。

一、店铺诊断

打开生意参谋，执行“首页”|“运营视窗”命令，统计时间选择“周”，如图 9-27 所

示，此时显示的即是最近一周内店铺各项运营数据变化趋势。

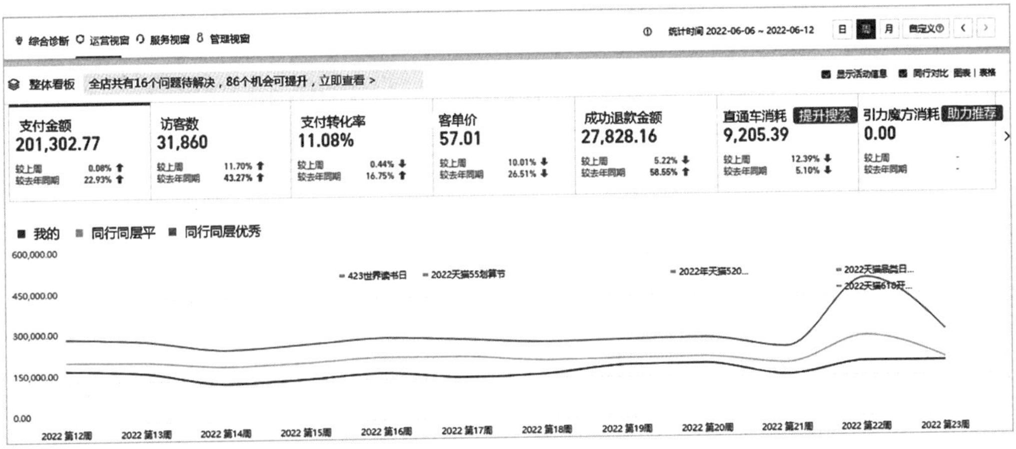

图 9-27 整体运营数据

从图 9-27 中可知，店铺的支付金额、访客数呈上升趋势，但支付转化率、客单价呈下降趋势，好在成功退款金额和直通车消耗也呈下降趋势。总的来说，店铺的整体趋势低于同行同层的平均水平，在今后的运营中有进一步优化的空间。

二、免费流量优化

小李店铺中最主要的流量来源是淘内免费流量，而淘内免费流量中又以手淘搜索流量为主，因此，搜索流量将直接影响着店铺的运营情况。小李决定拆分店铺内所有商品的标题，将其分解成单独的字词，利用生意参谋对行业关键词进行分析后重新设计商品的标题来提高商品的展示率。

在生意参谋的“市场”版块下选择左侧“搜索排行”功能版块，同时选中“考试/教材/教辅/论文”这一子类目，统计时间设置为 30 天，此时看到的就是该分类下最热门的搜索词，如图 9-28 所示。

用相同的方法查看修饰词、核心词、品牌词、长尾词的搜索排行情况，统计热门词语，便于进行筛选整理，如图 9-29 所示。

利用热门关键词结合店铺内商品内容设计一个相关搜索词，在“市场”版块下选择左侧“搜索分析”功能版块，输入新组合的搜索词，如图 9-30 所示，设置为“肖秀荣考研”，统计时间设为 30 天，查看该搜索词搜索人气、搜索热度、点击人气等数据表现。如果显示的所有数据情况都很好，那么就可以把这个搜索词保留下来。同时可

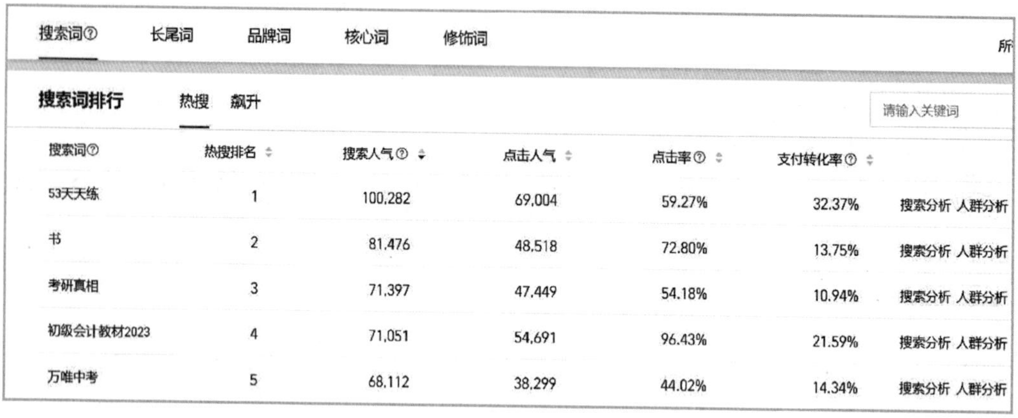

搜索词⑦	热搜排名	搜索人气⑦	点击人气	点击率⑦	支付转化率⑦	
53天天练	1	100,282	69,004	59.27%	32.37%	搜索分析 人群分析
书	2	81,476	48,518	72.80%	13.75%	搜索分析 人群分析
考研真相	3	71,397	47,449	54.18%	10.94%	搜索分析 人群分析
初级会计教材2023	4	71,051	54,691	96.43%	21.59%	搜索分析 人群分析
万唯中考	5	68,112	38,299	44.02%	14.34%	搜索分析 人群分析

图 9-28　搜索词排行

以继续组合其他搜索词，按相同的方法查询它们的数据概况，最终会获得一批优质的搜索词，将这些搜索词组合在一起就可以得到新的商品标题。

三、转化率分析

运营过程中另一个重要的指标就是支付转化率，它可以反映店铺在运营过程中出现的问题，商家如果能及时地采用针对性的优化方案，就能促进店铺营收。在生意参谋中选择“交易”版块，在“交易概况”功能版块中选择日期为最近一周，如图 9-31 所示。

从图 9-31 中可见，访客数、下单买家数、支付买家数和支付金额较前一周呈下降状态，且下单金额和客单价较前一周有所下降，可以采用营销推广、优化导航栏、客服鼓励消费等方式促进数据提升。从转化率上看，下单转化率、下单—支付转化率和支付转化率数据表现都很好，在今后的运营中可以继续重视商品介绍、详情页设计、售后服务等环节的质量把控，进一步促进从访客环节到支付环节的流量转化。

继续切换到“首页”版块，将时间设置为最近一周，下拉找到“转化看板”版块，如图 9-32 所示。其中访客—收藏转化率较前一周有所上升，访客—加购转化率和访客—支付转化率较前一周均有所下降，可以采取一些折扣活动调整商品定价，促进客户进行消费。

长尾词排行 热搜 飙升 请输入关键词

长尾词	热搜排名	搜索人气	点击人气	点击率	支付转化率	
53天天练	1	100,282	69,004	59.27%	32.37%	搜索分析
初级会计教材2023	2	71,051	54,691	96.43%	21.59%	搜索分析
万唯中考	3	68,112	38,299	44.02%	14.34%	搜索分析
53天天练 人教版	4	61,035	41,699	55.39%	34.96%	搜索分析
学霸笔记	5	53,613	31,662	56.46%	22.30%	搜索分析

品牌词排行 热搜 飙升 请输入关键词

品牌词	热搜排名	相关搜索词数	相关词搜索人气	相关词点击人气	词均点击率	词均支付转化率	
英语	1	21,572	477,269	341,124	72.29%	26.06%	搜索分析
一年级	2	6,702	297,039	222,576	79.15%	29.04%	搜索分析
语文	3	9,829	273,913	198,978	75.37%	28.79%	搜索分析
同步	4	4,041	264,923	198,077	75.81%	37.81%	搜索分析
阅读	5	6,020	247,608	178,351	73.15%	26.16%	搜索分析

核心词排行 热搜 飙升 请输入关键词

核心词	热搜排名	相关搜索词数	相关词搜索人气	相关词点击人气	词均点击率	词均支付转化率	
卷	1	4,459	218,948	151,851	63.99%	23.08%	搜索分析
书	2	3,135	185,819	126,996	74.23%	19.89%	搜索分析
本	3	2,664	166,118	111,785	64.77%	23.22%	搜索分析
练习册	4	2,349	162,683	118,691	75.47%	30.27%	搜索分析
粉笔	5	1,744	152,770	93,219	58.44%	10.64%	搜索分析

修饰词排行 热搜 飙升 请输入关键词

修饰词	热搜排名	相关搜索词数	相关词搜索人气	相关词点击人气	词均点击率	词均支付转化率	
英语	1	24,088	494,234	354,655	73.26%	25.85%	搜索分析
数学	2	19,172	427,516	306,359	70.10%	26.75%	搜索分析
教材	3	9,080	416,538	297,989	73.32%	20.97%	搜索分析
年级	4	15,385	374,333	274,887	68.66%	35.29%	搜索分析
语文	5	12,794	327,248	241,918	76.10%	30.29%	搜索分析

图 9-29 修饰词、核心词、品牌词、长尾词排行

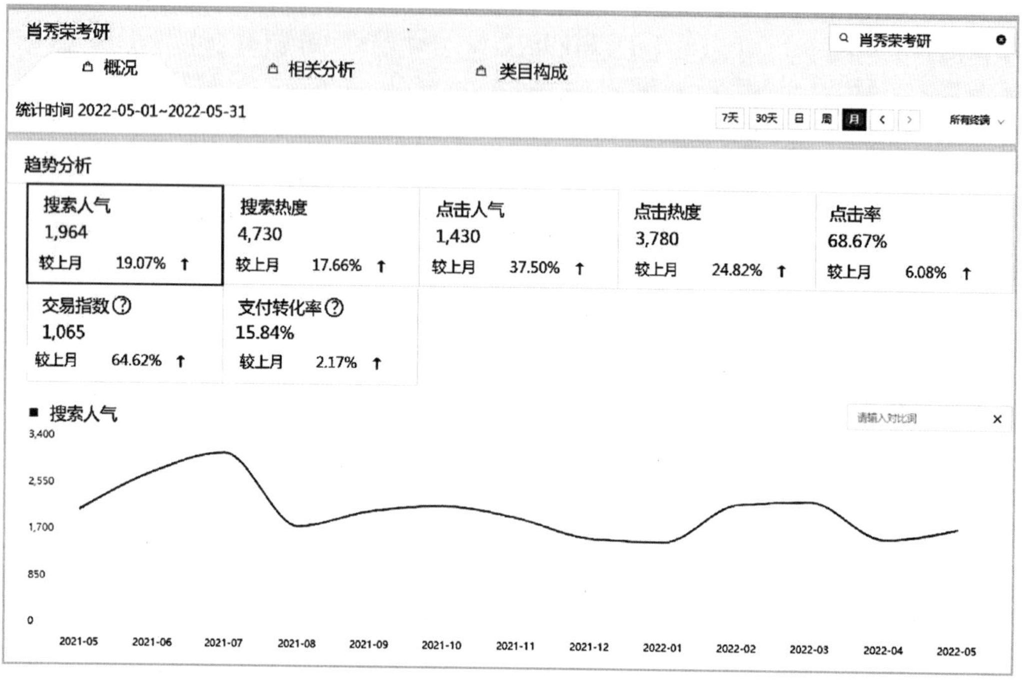

图 9-30 搜索词情况

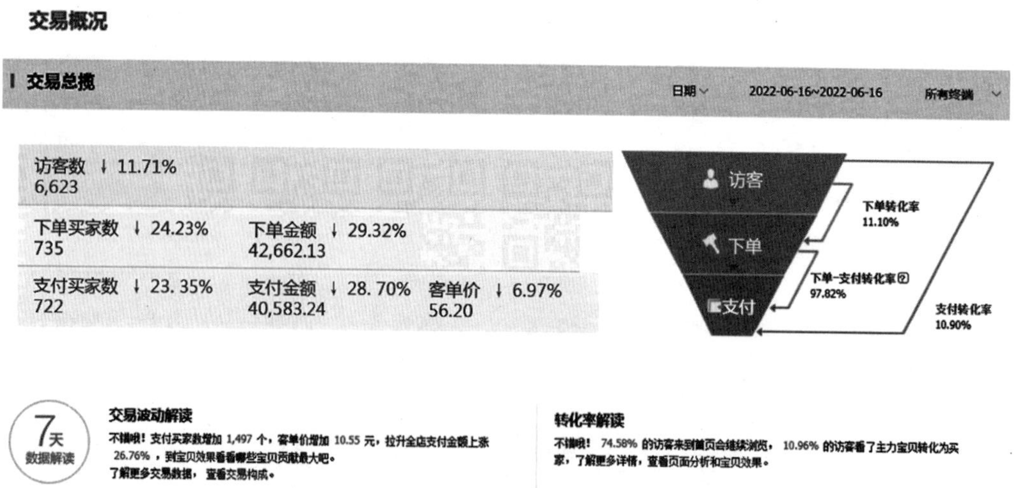

图 9-31 交易总揽

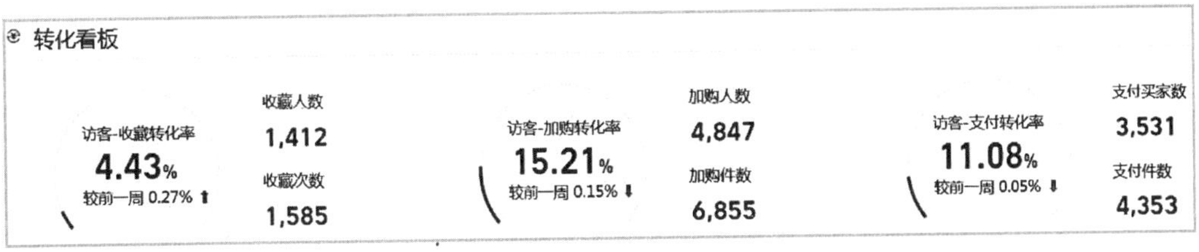

图 9-32 转化数据

四、利润分析

店铺运营一段时间后，小李的经验越来越丰富，他希望可以通过数据分析来推测未来店铺能获得的利润。他将店铺开店以来的成交金额、商品成本、推广成本和固定成本按周为单位整理到 Excel 表格中，如图 9-33 所示，设定好后几周的成交金额，即可通过函数预测接下来的各项成本从而推测店铺利润。

	A	B	C	D	E	F
1	时间	成交金额	商品成本	推广成本	固定成本	利润
2	第一周	¥156,850.00	¥92,740.00	¥420.00	¥22,560.00	
3	第二周	¥188,752.60	¥135,501.00	¥842.00	¥22,850.00	
4	第三周	¥191,404.90	¥136,561.60	¥1,260.00	¥23,625.00	
5	第四周	¥146,429.40	¥88,560.20	¥1,269.00	¥22,472.00	
6	第五周	¥195,175.10	¥138,799.00	¥1,498.00	¥24,586.00	
7	第六周	¥194,728.50	¥137,820.00	¥1,502.00	¥26,750.00	
8	第七周	¥192,520.20				
9	第八周	¥200,041.50				
10	第九周	¥192,463.70				
11	第十周	¥198,620.40				
12	第十一周	¥210,604.80				
13	第十二周	¥236,274.90				

图 9-33 成本与销售数据

选中第七周的商品成本单元格，点击公式栏中的“插入函数”按钮，在“插入函数”对话框中录入“TREND”函数并选择，单击“确定”按钮，在打开的“函数参数”对话框中设置各函数对应单元格区域，再次单击“确定”按钮，如图 9-34 所示。

图 9-34 应用函数

拖动第七周商品成本对应的单元格右下角填充至第十二周对应的固定成本单元格，即可快速利用填充公式预测接下来几周的各项成本数据，如图 9-35 所示。

	A	B	C	D	E	F
1	时间	成交金额	商品成本	推广成本	固定成本	利润
2	第一周	¥156,850.00	¥92,740.00	¥420.00	¥22,560.00	
3	第二周	¥188,752.60	¥135,501.00	¥842.00	¥22,850.00	
4	第三周	¥191,404.90	¥136,561.60	¥1,260.00	¥23,625.00	
5	第四周	¥146,429.40	¥88,560.20	¥1,269.00	¥22,472.00	
6	第五周	¥195,175.10	¥138,799.00	¥1,498.00	¥24,586.00	
7	第六周	¥194,728.50	¥137,820.00	¥1,502.00	¥26,750.00	
8	第七周	¥192,520.20	¥136,831.15	¥1,268.85	¥24,163.55	
9	第八周	¥200,041.50	¥144,892.55	¥1,285.03	¥24,125.81	
10	第九周	¥192,463.70	¥136,565.17	¥1,357.50	¥24,382.01	
11	第十周	¥198,620.40	¥142,767.36	¥1,387.76	¥24,642.24	
12	第十一周	¥210,604.80	¥155,818.18	¥1,268.96	¥23,972.49	
13	第十二周	¥236,274.90	¥183,411.10	¥1,116.16	¥22,231.38	

图 9-35 填充公式

利用公式“利润＝成交金额－各项成本”计算可得利润，如图 9-36 所示。

分析数据可以得出，小李对成交金额的设定相对合理，但考虑到进入 6 月即将迎来图书类特别是教辅类图书销售的高峰期，再加上经过合理的运营，店铺的流量应当会有所增长，因此小李预测，接下来的销售金额仍有一定上升空间。

	A	B	C	D	E	F	G
1	时间	成交金额	商品成本	推广成本	固定成本	利润	
2	第一周	¥156,850.00	¥92,740.00	¥420.00	¥22,560.00	¥41,130.00	
3	第二周	¥188,752.60	¥135,501.00	¥842.00	¥22,850.00	¥29,559.60	
4	第三周	¥191,404.90	¥136,561.60	¥1,260.00	¥23,625.00	¥29,958.30	
5	第四周	¥146,429.40	¥88,560.20	¥1,269.00	¥22,472.00	¥34,128.20	
6	第五周	¥195,175.10	¥138,799.00	¥1,498.00	¥24,586.00	¥30,292.10	
7	第六周	¥194,728.50	¥137,820.00	¥1,502.00	¥26,750.00	¥28,656.50	
8	第七周	¥192,520.20	¥136,831.15	¥1,268.85	¥24,163.55	¥30,256.60	
9	第八周	¥200,041.50	¥144,892.55	¥1,285.03	¥24,125.81	¥29,738.10	
10	第九周	¥192,463.70	¥136,565.17	¥1,357.50	¥24,382.01	¥30,159.00	
11	第十周	¥198,620.40	¥142,767.36	¥1,387.76	¥24,642.24	¥29,823.00	
12	第十一周	¥210,604.80	¥155,818.18	¥1,268.96	¥23,972.49	¥29,545.20	
13	第十二周	¥236,274.90	¥183,411.10	¥1,116.16	¥22,231.38	¥29,516.30	

图 9-36　计算利润

参 考 文 献

[1] 李新朋. 电子商务中的大数据分析综述[J]. 电子商务,2020(11):45-46.

[2] 吴瑕. 商务数据分析方法在电子商务企业运营与实施中的应用与实施[J]. 现代商贸工业,2020(25):45.

[3] 陈娥祥. 电子商务数据分析中基于 RFM 模型的客户价值分析研究[J]. 特区经济,2022(02):148-152.

[4] 郝浩宇,任杰成. 电子商务平台用户行为分析系统研究[J]. 信息与电脑(理论版),2021(21):84-86.

[5] Michael Milton. 深入浅出数据分析[M]. 李芳,译. 北京:电子工业出版社,2012.

[6] 贾树生,刘琪. 商务数据分析[M]. 北京:中国铁道出版社,2022.

[7] 邵贵平. 电子商务数据分析与应用[M]. 北京:人民邮电出版社,2018.

[8] 陈晴光,龚秀芳,文燕平. 电子商务数据分析:理论、方法、案例(微课版)[M]. 北京:人民邮电出版社,2020.

[9] 郑常员,邓竹,舒军. Excel 电子商务数据分析与运营实战[M]. 北京:北京大学出版社,2021.

[10] 贺辉阳. 新电子商务数据分析[M]. 北京:人民邮电出版社,2020.